中國學術思想研究輯刊

二三編

林慶彰 主編

第8冊

《管子》倫理思想研究

韓廣忠 著

花木蘭文化出版社

國家圖書館出版品預行編目資料

《管子》倫理思想研究／韓廣忠 著 -- 初版 -- 新北市：花木蘭文化出版社，2016〔民105〕

序4+目4+194面；19×26公分

（中國學術思想研究輯刊 二三編；第8冊）

ISBN 978-986-404-559-4（精裝）

1. 管子 2. 研究考訂

030.8 105002144

ISBN-978-986-404-559-4

中國學術思想研究輯刊

二三編 第八冊 ISBN：978-986-404-559-4

《管子》倫理思想研究

作　　者　韓廣忠

主　　編　林慶彰

總 編 輯　杜潔祥

副總編輯　楊嘉樂

編　　輯　許郁翎

出　　版　花木蘭文化出版社

社　　長　高小娟

聯絡地址　235 新北市中和區中安街七二號十三樓

電話：02-2923-1455／傳眞：02-2923-1452

網　　址　http://www.huamulan.tw 信箱 hml 810518@gmail.com

印　　刷　普羅文化出版廣告事業

封面設計　劉開工作室

初　　版　2016年3月

全書字數　169992字

定　　價　二三編24冊（精裝）新台幣46,000元

《管子》倫理思想研究

韓廣忠　著

作者簡介

韓廣忠，1978 年生，山東濟寧人，高級經濟師，哲學博士，研究方向爲中國傳統倫理思想，大學、碩士、博士先後畢業於青島海洋大學（現名爲中國海洋大學）、南京大學、中國人民大學，現就職於中海石油氣電集團有限責任公司，任秘書兼政務經理，曾在譯林出版社、中國人民大學出版社分別出版《科學哲學》、《思維》等兩部譯著，先後發表學術論文十餘篇。

提　要

《管子》乃先秦子書中頗具綜合性質的一部巨著，其中圍繞「國之四維」生發出來的豐富倫理思想構成了貫穿全書始終的重要脈絡，也奠定了齊國完成「九合諸侯，一匡天下」霸業的主要思想根基。本書即是以這本先秦子集爲基本素材，借助古人的經典注疏和前輩時賢的研究成果，從道德基礎問題、德性規範、政治倫理、經濟倫理以及修養教化等方面，對《管子》中所蘊含的倫理思想作了較爲系統的梳理和分析。本書首先分析了《管子》倫理思想的基礎問題，包括「德爲道之舍、法天合德、氣水相合而生德」的道德本源論、與三晉法家不盡相同的經驗主義人性論以及「賢人出現、經濟先導」的社會條件倫；其後，介紹了《管子》倫理思想的核心——德性規範，重點剖析禮、義、廉、恥等國之四維，另外還論述了仁、智、孝等德性；《管子》倫理思想基本都是圍繞「強國」「富民」來展開的，故本書選取了政治和經濟領域來剖析《管子》應用倫理學方面的思想;本書又對《管子》的修養教化問題進行了研究，包括「長年、長心、長德」的個人修養功夫論以及小處著手、賞罰並舉的國家道德教化論兩個層面；在結語部分，本書對於《管子》倫理思想的基本特徵和現代價值作了探析。

序　言

金秋師生同收穫，《管子》研究結碩果

——韓廣忠著《〈管子〉倫理思想研究》序

蕭群忠

金秋是收穫的季節，九月二日，在暑假即將結束，新的學年即將來臨之際，我接到了 2010 年畢業的，由我指導的畢業博士生韓廣忠君的電子郵件，他告訴我，由我推薦，經學術審查通過，出版社已經正式通知他，根據其博士論文修改而成的《管子倫理思想研究》一書將由臺灣花木蘭文化出版社出版，請求我爲他的書寫篇序言，我懷著收穫的喜悅之情，滿口答應下來並承諾很快給他。

臺灣花木蘭文化出版社近兩年來推出了一套《中國倫理思想研究文叢》叢書，旨在推廣出版大陸地區該領域的研究成果，邀請與我交往已經三十餘年的同道好友，湖南師範大學倫理學研究所所長王澤應教授擔任叢書主編，每輯大概出書五種左右，已經出了兩輯，大概十多種了，三年前畢業的博士弟子歐陽輝純副教授的博士論文《傳統忠德研究》經他自己的努力，已經在第二輯中出版了，反映我近八年（2006-2014）學術研究成果的論文集《倫理與傳統論集》也忝列第三輯，按計劃是九月份就可見書了。在與出版社交往過程中，他們又檢索出我指導的學生論文名單，要我推薦出版。我就推薦了 2010 級畢業的兩位博士的論文：一是韓廣忠的《管子倫理思想研究》，二是霍國棟的《傳統義德研究》，結果都通過了學術審查，均要在這套叢書出版。雖說是專題性的叢書，但在十餘種中，師生能有四本同時出版，也算是學林佳話之一。

這不由得使我想簡單回顧一下自己的研究生教學生涯，愚自 2003 年在中國人民大學哲學院擔任博士生導師以來，已經畢業的博士有 10 位，在學的還有 6 位，這十多年來，大多是每年招一名，一年招兩名的並不多，唯有 2007

年這一年，三名報考男生並均上線的都是報我的，由於最多只能招兩名，只好把另一位轉給了別的導師帶，這位博士早在兩年多前就已經破格晉升爲雲南省社會科學院研究員，哲學所副所長。而另外兩名就是廣忠和國棟，他們在校時，又雙雙獲得優秀研究生，這在一個導師名下也是很少見的，當然，這與我並無多大關係，主要是學生自己優秀，但想起這些事來，作爲爲人師者，總還是會產生孟子所言的君子三樂之一：「得天下英才而教育之，不亦樂乎？」畢業的十名博士，從事教職和學術研究的三位弟子的博士論文都已經在大陸公開出版，都由我作了序言。爲學生的論文出版作序，是一件令人快樂的事。而廣忠和國棟，兩人畢業後都不曾服務於教學研究單位，因此，論文出版也就不那麼急。其實，當年他們的論文寫的都還是不錯的。當出版社讓我推薦時，我首先考慮的是學術標準，當然也考慮到了他們兩個的論文還未在大陸出版，這是兩全其美的事。記得當年他們的論文答辯時，我作爲導師覺得也不錯，但並未覺得了不起，但答辯主席、中國倫理學會前會長、中國社會科學院哲學所研究員陳瑛先生（也是我研究生時期的授課業師）對兩篇論文都給予了眞誠的高度評價，他說這兩篇論文體現出人大近年來博士生培養水平的提高，我只是把此當作老師對我和徒孫的鼓勵吧！

想起與廣忠的師生交誼，令人感到溫馨。廣忠是山東人，大學本是一位學韓語的，畢業後在山東一家大型煤礦企業工作，在此單位工作期間認識其妻，結婚成家，兩人都是有志青年，不甘心在礦山工作一輩子，決心考研，媳婦考上了中國政法大學的法學研究生，廣忠則考上了南京大學的研究生，其妻在學期間，認識了周紀蘭教授，她曾經是倫理學界的前輩、我的婚姻介紹人，經過周老師的介紹，夫妻倆來拜訪我，表達了要報考我的博士的意願。實際上提前聯繫導師是很正常的事，在人大招生過程中，還主要是依賴自己考試的成績，考完試後，廣忠本身考的也不錯，位居國棟之後，居第二，招兩名自然也就上了。

廣忠父親是一位大夫，英年早逝，廣忠具有山東人身上所具有的厚道，兒時經歷使這個帥小夥又多了幾分做事的認眞、細心。其實，這一屆學生（廣忠與國棟），他們倆都是學外語的，但經過自己的努力，論文寫的還都不錯，由此看所謂科班出身之說並不是絕對的。兩人的人品都是很不錯的。這裏只說一件事：兩兄弟在求職時，曾經一起去廣忠現在的就職單位面試，說老實話，我還以爲勝出的是國棟，國棟爲人做事也是非常不錯，又是研究生會主席，老師們普遍反映良好，是人見人愛的。可是通過幾輪筆試和面試，最後勝出的是廣忠。他們回來都曾向我報告，說面試官有一道考題，就是問你如何評價師兄弟對方？兩人是就業機會的競爭者，但兩人都是說對方的好話，聽了這些，說老實話，我比他們今天出版博士論文還高興。學習倫理學的人，不能僅是學知識，還要學做人。

廣忠在學期間自己學習很努力，是響鼓不用重棰敲，要得優秀研究生獎，肯定學業成績要好，除了學習專業知識外，他在校期間就還曾應譯林出版社和中國人民大學出版社之約，翻譯出版了兩本科技哲學方面的著作，看來，不僅是韓語好，而且英語也很不錯。他除了學習外，也隨我參加一些學術活動，記得我 2009 年被韓國聖山孝大學院大學授予孝學名譽博士學位，並受邀與時任校長助理、哲學院院長郝立新教授赴韓參加授予儀式時，由廣忠擔任韓語翻譯，做事得體、翻譯到位，很好的完成了任務，經過學術交流，帶回了很多韓國孝道研究和立法方面的資料，我指導他撰寫了介紹分析韓國弘孝運動的學術論文，刊發在《道德與文明》雜誌上。記得還有一次帶他去湖北孝感參加孝道學術會議，他不僅陪同左右，也撰寫了論文並在大會上做專題演講，演講前一天提前練習到深夜的那股認眞勁至今還留在我的腦海中，以至於演講時做到了既入理三分又聲情並茂，獲得與會學者一致好評。總之，爲師者對於學生，只要他學習好，做人好，做事好，就不由得生出幾分喜歡，這是一種很自然的情感。唯一感到有點遺憾的是廣忠沒有服務於教學科研單位，本來他當時就業時找到了中國青年政治學院，試講獲得了第一名，但該單位簽約比較慢，他有點擔心，由於他妻子已經在北京就業，因此，他肯定是要在北京找工作的，當時他又應聘成功的這家中央企業催促簽約，於是就急急簽了這家企業，不過，這也只是我的想法，他沒有走學術道路，未必不幸福，唯願我的弟子人生幸福！

廣忠選擇《管子》倫理思想研究作爲博士論文，是他自己的選題，他當時給我說，他碩士論文就是寫的《管子》的經濟倫理思想，想在博士時期全面研究《管子》的倫理思想。我想，不管怎麼說，《管子》在中國文化史上是一個重要的文本，其思想也比較全面綜合，另外，在當時，專門研究《管子》倫理思想的博士學位論文和專著並不多見甚至可以說是沒有，加之又是在碩士階段基礎上繼續做，這樣文獻也比較熟，因此，我就同意了。我對《管子》本身研究不多，與他討論提綱，只能是從邏輯架構、思想概括方面給他一點建議。廣忠思維清晰，讀書紮實，博士論文下了很大功夫，論文質量還是不錯的。並且從倫理思想的視角與維度，對《管子》倫理思想進行了系統全面疏理，也在學術建設方面具有填補空白的作用。

《管子》的倫理思想在歷史與現實生活中影響深遠，比如，其國之「四維」即禮義廉恥的思想在宋代就是所謂的「八德」即孝悌忠信、禮義廉恥的重要內容，國民黨及其民國政府又曾將孫中山提出的新八德「忠孝仁愛、信義和平」加上「禮義廉恥」成爲「四維八德」，是他們長期弘揚的核心價值觀與道德觀。其「倉廩實，則知禮節。衣食足，則知榮辱」的思想，由於其強調精神文明對物質文明的依賴作用，在改革開放的這三十多年裏，也經常被提及，當然思想史上也曾有人（比如王夫之）對這個命題提出過批評。管子不僅是一位思想家，而且是一位實際執政者，因此，他的治道理論堅持德法並重，這種思想平實而科學，對於我們今天正確處理德治與法治的關係也深有啓發。因此，《〈管子〉倫理思想研究》一書的出版對於我們繼承弘揚傳統倫理思想，實現創造性轉化與創新性發展，並進而對當代中國文化建設與道德建設是會有所助益的，是有價值的，有意義的，因此，我祝賀該書出版並希望讀者們能夠喜歡，是爲序！

中國人民大學哲學院教授、博士生導師：蕭群忠

2015 年 9 月 2 日

目次

引　言

《管子》是一部奇書，內容包羅萬象，融合了儒、墨、道、法、陰陽等諸家的思想，並且結合齊國之實踐，提出了自己獨到的見解，可謂是獨具匠心的一部先秦思想巨著。但是在歷史上，由於《管子》一書駁雜難懂，常常被學者所忽視。再加上經常被誤解爲純法家功利之學說，在漢代「獨尊儒術」之後，進一步受到學者的冷落，正如明代趙用賢所說：「夫五霸莫盛於桓公，而管仲特爲之佐。自其事羞稱於聖門，而其言悉見絀，以爲權謀功利，學者鮮能道之」。(《管子書序》) 近代以來，隨著梁啓超的《管子傳》、羅根澤的《管子探源》等一批研究《管子》的專著問世之後，管學研究才開始興盛起來，但是相對於其它子學研究來說，仍有薄弱之感，正如李學勤先生指出，「從學術史角度來看，《管子》仍然是諸子範圍中有待開拓的園地，許多疑難問題，迄未得到理想的解決」。〔註 1〕當然對於這種古代經典的挖掘過程必然是困難重重、荊棘密佈，然而郭沫若先生卻告誡我們：「研究工作有如登山探險，披荊斬棘者縱盡全功，拾級登臨者仍須自步。不入虎穴，焉得虎子？不知勤勞，焉能享受？關於《管子》全書之進一步研究，將尚有待。」〔註 2〕

0.1《管子》的版本、作者與成書時代

由於《管子》時代久遠，其內容又非常龐雜，歷史上的流傳版本幾經更

〔註 1〕李學勤：「《管子新探》序言」，載自胡家聰：《管子新探》，北京：中國社會科學出版社，1995 年版，第 6 頁。

〔註 2〕郭沫若：《郭沫若全集》(歷史篇 5)，北京：人民出版社，1984 年版，第 18 頁。

改，種類繁多，其作者和成書時代問題也屢屢引起歷代學者的爭論。對文本思想的研究，當然應始於對文本本身的認識，故我們在研究其倫理思想之時，對上述爭議問題予以釐清應爲首要之任務。

0.1.1《管子》的版本流傳

在先秦的《春秋》《左傳》《國語》等早期典籍中都可以找到與《管子》文字相似的內容，雖然這幾部典籍與《管子》的成書時代先後無法考證，但是《管子》在這幾部經典成書之時即已存在的可能性還是無法排除的。到了韓非子那裏我們就找到了《管子》在先秦時期就已存在的可靠證據，韓非子在《難三》等篇曾引用過《管子》的原文內容，並且在《五蠹》篇又曰：「今境內之民皆言治，藏《商》、《管》之法者，家有之。」說明在戰國中後期《管子》一書已在民間流行開來。到了西漢建立之後，賈誼、劉安、司馬遷等人都曾引用過《管子》書中的內容，特別是司馬遷還提到了與現存《管子》一致的篇章名稱並對該書進行了簡短的評論，如《史記・管嬰列傳》曰：「吾讀管氏牧民、山高、乘馬、輕重、九府，及晏子春秋，詳哉其言之也。既見其著書，欲觀其行事，故次其傳。至其書，世多有之，是以不論，論其軼事。」以上都是關於《管子》在劉向整理《管子》之前該書的基本流傳情況，當然劉嚮之前的《管子》古本由於文獻缺乏，如今已很難恢復原貌了，但有一點可以斷定，《管子》在劉向校訂之前的版本形式應該是多種多樣的，因爲劉向在《管子敘錄》中寫到：「《管子》書三百八十九篇，太中大夫卜圭書二十七篇，臣富參書四十一篇，射生校尉立書十一篇，太史書九十六篇。凡中外書五百六十四，以校除復重四百八十四篇，定著八十六篇，殺青而得書可繕寫也。」〔註 3〕大意是，劉向在校訂時收集到的《管子》篇章總和有五百六十四篇，其中重複者就達四百八十四篇，〔註 4〕說明當時流行的版本絕不只一種，當爲多個版本並存，否則前後重複的大量簡單錯誤不可能在同一版本出現。

現今保存的《管子》主要來源於劉向校訂的版本。當時校訂後的版本是八十六篇，有《漢書・藝文志》爲證：「《筦子》八十六篇。名夷吾，相齊桓

〔註 3〕黎翔鳳撰，梁運華整理：《管子校注》（上冊），中華書局，2004 年版，第 3 頁。

〔註 4〕其重複的篇章中，應該存在部分重複而其它部分相異的篇章，故四百八十四篇重複篇章並非一概刪除，有些篇章只是刪除了重複部分而該章其它部分則得以保留，否則五百六十四減去四百八十四，得出的只有八十篇，而非八十六篇。

公，九合諸侯，不以兵車，有《列傳》。」根據顏師古注，「筦」同「管」，《筦子》指的就是《管子》。〔註 5〕這與今本《管子》的篇目數是一致的，都是八十六篇，但今本之《王言》《謀失》《正言》《言昭》《修身》《問霸》《牧民解》《問乘馬》《輕重丙》《輕重庚》等十篇內容缺失，僅存篇目，全書實際內容唯有七十六篇。隋朝時期對《管子》記載之文獻並不太多，僅有《隋書·經籍志·子部》記載：「《管子》十九卷，齊相管夷吾撰。」〔註 6〕清人嚴可均在《鐵橋漫稿》中認爲，《管子》十篇亡稿，基本都是在梁、隋時期丟失的。到了唐代，出現了無注本和有注本兩種版本形式，在有注本中，著名的有尹知章的《管子注》、杜佑的《管子指要》、房玄齡的《管子注》等。從唐代類書推斷，當時之《管子》形式與今本相差無幾，這也佐證了嚴可均的觀點，即《管子》十篇亡言基本是在唐之前佚失的。〔註 7〕南宋時期，出現了墨寶堂本和浙刻本兩種《管子》版本，前者已在民國期間亡佚，後者則成爲了現今保存最早的全本《管子》，序、跋、內容比較完整，印刷質量較高。〔註 8〕到了明代，又有劉績的《管子補注》版本以及趙用賢的《管子》刻本相繼問世，影響最大的是後者，即趙用賢本，其後的諸種刻本大多源於趙本。清代對於《管子》的注本較與前代增加了很多，如王念孫的《管子雜誌》、張文虎的《管子校》、劉師培的《管子斠補》、戴望的《管子校正》等諸多版本。

民國以來，對於《管子》文本的整理熱度不減，先後出現了顏昌嶢的《管子校釋》，黎翔鳳的《管子校注》，郭沫若的《管子集校》，趙守正的《管子注譯》，姜濤的《管子新注》，劉柯、李克和編著的《管子譯注》等等。其中郭沫若的《管子集校》，收集了諸多名家的注解，具有重要的參考價值，但不足之處是該集校本僅是相關詞句注解部分的整理，並未對《管子》的全部內容進行完整再現和解釋。而顏昌嶢的《管子校釋》、黎翔鳳的《管子校注》等注本，不僅再現了《管子》的現存全文樣式，而且還進行了系統的校勘注釋。本書的《管子》原文引用主要採用的是黎翔鳳的校注本（中華書局 2004 年版），有關古文的翻譯部分則參考了趙守正的《管子注譯》（廣西人民出版社 1987

〔註 5〕班固：《漢書》，顏師古注，北京：中華書局，1962 年版，第 1729～1732 頁。

〔註 6〕魏徵：《隋書》，北京：中華書局，1973 年版，第 1003 頁。

〔註 7〕參見郭麗：《〈管子〉文獻學研究》，青島：中國海洋大學出版社，2007 年版，第 2 頁。

〔註 8〕參見郭麗：《〈管子〉文獻學研究》，青島：中國海洋大學出版社，2007 年版，第 4 頁。

年版）和劉柯、李克和編著的《管子譯注》（黑龍江人民出版社 2003 年版）。

0.1.2《管子》的作者

關於先秦子書的作者問題，常成爲學者爭議的焦點，《管子》一書亦是如此，對於《管子》出自何人之手的問題歷來爭議不斷、莫衷一是，總結自古以來各種觀點，大致有如下幾種說法：

（一）管仲著書說

《管子》乃春秋管仲著作的說法，多爲古人之說，近人少有持此觀點者。尤其是古代的史書在記載《管子》一書時，大多都把該書置於管仲名下。始作俑者，當推太史公之《史記》，《史記・管嬰列傳》曰：「吾讀管氏牧民、山高、乘馬、輕重、九府，及晏子春秋，詳哉其言之也。」此後，史書多認同此說，《漢書》云：「《筦子》八十六篇。名夷吾，相齊桓公。」（《漢書・藝文志》）《隋書》曰：「《管子》十九卷，齊相管夷吾撰。」（《隋書・經籍志・子部》）《舊唐書》載：「《管子》十八卷，管夷吾撰。」（《舊唐書・經籍志》）《新唐書》亦曰：「《管子》十九卷，管仲著。」（《新唐書・藝文志》）《宋史》曰：「《管子》二十四卷，齊管夷吾撰。」（《宋史・藝文志》）從這些史書可以看出，雖然指稱《管子》的卷、篇數不太一致，但對於其作者，都堅信乃春秋齊國之管仲。

對於管仲著書說的觀點，歷來質疑之聲也不絕於耳。隋朝傅玄率先發難：「《管子》書過半是後之好事者所加，」〔註 9〕但其並沒有給出充分的反駁理由。葉適從具體篇章的內容矛盾指出《管子》非一人之筆，反駁了管仲著書說，如他認爲《小匡》篇「言管仲制國爲二十一鄉，商工六、士農十五，縱橫參亂，尤不盡理。蓋非一人之筆。……爲《管子》者，在《三匡》二卷，雜亂重複。」（《習學紀言》）朱熹認爲：「《管子》非管仲所著。仲當時任齊國之政，事甚多。稍閒時，又有三歸之溺，決不是閒工夫著書底人。著書者是不見用之人也。其書《老》、《莊》說話亦有之。想只是戰國時人收拾仲當時行事言語之類著之，並附以它書。」（《朱子語類》）朱子之說有些道理，但沒有多大的說服力。政務繁忙並不一定導致無時間著書，歷史上著名政治家著書立說者不乏其人，遠有唐朝魏徵，身居高位著有《隋書》，近有毛澤東，在繁忙的革命生涯以及後來治理國家的過程中仍筆耕不息，著作等身。後來之

〔註 9〕引自王應麟：《漢書・藝文志考證》，北京：中華書局，1955 年版，第 1412 頁。

學者對於管仲著書說的批評則逐漸犀利起來，例如胡適從歷史的角度舉例說：「《小稱篇》記管仲將死之言，又記桓公之死。管仲死於西曆前以 643 年。《小稱篇》又稱毛嬙、西施，西施當吳亡時還在。吳亡在西曆前 472 年，管仲已死百七十年了。此外如《形勢解》說『五伯』，《七臣七主》說『吳王好劍，楚王好細腰』，皆可見此書爲後人僞作。」〔註 10〕此後胡家聰等學者也是從歷史背景的角度反駁了管仲著書說。應該說，在今天之學術界中，管仲著書說已基本失去了市場。

（二）稷下學士著書說

明代朱長春在《校〈管子〉舊序》中認爲，《管子》至少有一半內容出自稷下大夫之手。近代以來也有許多學者持「稷下學士著書說」的觀點，如馮友蘭認爲：「稷下的人把它們收集在一起，加以形式上的整理，編輯成爲一書，可能如同我們現在某一個大學的學報之類。我們現在稱稷下爲稷下學宮，有學宮就應該有學報。《管子》就是稷下學宮的『學報』。因爲管仲是齊國最有名的人，所以用他的名字作爲這個『學報』的名字。」〔註 11〕也就是說《管子》一書在馮先生看來，類似於稷下學宮的學報，其編撰者就是稷下學宮的學士們。巫寶三先生亦認爲：「《管子》是以齊國爲背景，以管仲思想和功業爲指導，主要是由戰國時期稷下學士們對哲學、政治、經濟、陰陽五行、兵學、農學等方面所撰寫的論文集。」〔註 12〕其它學者諸如胡家聰、劉蔚華、趙守正等也都認爲《管子》一書基本是出自稷下學士之手。「但是，對於《管子》與稷下學宮的關係，學者多是推測之辭，缺乏有說服力的證據。」〔註 13〕張岱年先生就曾對「稷下學士著書說」進行了批駁：「近年來，有些學者認爲《管子》一書是齊國稷下學者著作的總匯。事實上，當時著名的稷下學者如田駢、愼到、鄒衍、鄒奭、魯仲連、荀卿都各有專著。……《管子》書中何嘗包含這些人的著作呢？說《管子》是稷下學者的總匯，是沒有根據的。」〔註 14〕當然「稷下學士著書說」具有妄加推測之嫌，但張先生的批評也並不是無懈可擊，因爲主張「稷下學士著書說」的學者並沒有強調《管子》是全部稷下學士的著作總和，僅是說

〔註 10〕胡適：《中國哲學史大綱》，北京：團結出版社，2006 年版，第 13 頁。

〔註 11〕馮友蘭：《中國哲學史新編》（第一冊），北京：人民出版社，1982 年版，第 103 頁。

〔註 12〕巫寶三：「《管子》研究小識」，《管子學刊》，1987 年創刊號。

〔註 13〕張連偉：《〈管子〉哲學思想研究》，成都：巴蜀書社，2008 年版，第 8 頁。

〔註 14〕張岱年：「《管子》學說的歷史價值」，《管子學刊》，1987 年創刊號。

該書出自稷下學士之手罷了。即使張先生列舉的稷下學者中的著名人士有專著，其它眾多稷下學士不一定全都有自己的專著，這種情況是很有可能的，對於《管子》之作者也就無法排除那些無專著者。退一步言之，即使學者有專著，也無法排除與其它人合作編輯另一部書的可能性。因此「稷下學士著書說」正確與否仍然無法得出定論。

（三）管子學派著書說

張岱年先生認爲《管子》乃後世學者依託管仲而撰寫的著作，這些依託者被張先生稱之爲「管子學派」。正如其在「《管子》學說的歷史價值」一文中所言：「齊國當時推崇管仲的學者依託管仲著書立論，故以『管子』作爲標題。這些依託管仲、以管子名義著書理論的學者，可以稱爲管子學派。管子學派是戰國時代齊國法家的一派。」〔註 15〕王德敏、劉斌等編著的《管子十日談》一書把《管子》的作者歸屬爲「管仲學派」，並且認爲該學派爲中國學術史上的一個獨立學派，其代表作便是《管子》一書。〔註 16〕其它如余敦康、池萬興以及日人金谷治等學者亦認爲《管子》是一個被稱之爲「管仲學派」的學者們撰寫而成的。這種說法其實也是一種無奈之舉，因爲確實不知道《管子》的作者是誰，只能把其作者稱之爲「管子學派」或者「管仲學派」了，他們對於「管子學派」存在的理由本來就是歸結爲《管子》一書存在之基礎上的。

筆者比較傾向於第三種觀點，雖然這是一種無奈之舉，但在沒有確鑿證據確定《管子》整部書的作者之前，也只能爲其作者起一個「後名」或「別名」了，以方便著書行文之需要，但贊同也是有條件的，筆者還要爲其補充一點。因爲第三種觀點只是把《管子》一書看成是後世之人依託管仲著書立論的，這樣就很容易把管仲對於《管子》一書的貢獻抹殺掉。《管子》一書主要是以管仲治國的事跡爲素材的，其事跡當然不一定全部符合管仲的眞實業績，但的確有一部分內容與《春秋》、《左傳》、《國語》等史書對於管仲相齊的事跡記載相一致的地方，例如《國語・齊語》中的相關記載與《管子・小匡》篇之內容基本一致，因此我們可以說《管子》中某些（我們不敢說全部）管仲之業績的確符合歷史事實，除非我們把這幾部史書的齊國歷史部分連同

〔註 15〕張岱年：「《管子》學說的歷史價值」，《管子學刊》，1987 年創刊號。

〔註 16〕參見王德敏、劉斌等著：《管子十日談》，合肥：安徽文藝出版社，1997 年版，第 19 頁。

《管子》一起都認爲是杜撰而不合實際的，這種可能性基本是不存在的。既然我們基本認同《管子》書中關於管仲之治國事跡有一些是確定符合實際的，我們就可以說《管子》的思想來源至少有一部分是管仲本人的治國思想，換言之，管仲應該是《管子》一書思想的創作者之一，即使是他人記錄到《管子》中去的，但也不能說作者就是記錄者，應該還是管仲本人，正如某一位教授的演講稿結集出版，我們不可能把記錄者看成是該書的作者，最多算是一位整理者而已，而作者應該還是那位教授，雖然該教授沒有動一筆一墨。由此看來，如果我們要認同「管子學派」爲《管子》的著作者，那麼我們也必須把管仲放入到該書的作者群中來，換言之，管仲應該也是「管子學派」的代表。有關學者對《管子》各篇所做的考證也能證實管仲乃該書作者之一，諸如 20 世紀中葉關鋒、林聿時經過縝密的考證後說道：「先把我們考察所得的結論，寫在這兒：《管子》書中的《經言》各篇，以及《外言》的《五輔》篇，基本上是管仲的遺著（其中有後人摻入的成分）；《外言》除《五輔》篇以外的各篇，以及《內言》各篇，一部分是解釋、發揮管仲思想的；一部分是記錄管仲的言論和行事，而且是信實可靠的。」〔註 17〕當然我們也不能走向另一個極端，把管仲看成是《管子》的唯一作者，因爲書中的相關部分還沒有得到確鑿的考證，並不能排除後人託名撰寫並附加至該書的可能。

0.1.3《管子》的成書時代

由於《管子》作者問題存在爭議，伴隨而來的《管子》斷代問題同樣也是仁者見仁、智者見智。對於《管子》斷代問題的研究也呈深入化的發展趨勢，甚至到每一篇每一節都產生了不同的斷代觀點。但是，縱觀歷史上對《管子》斷代的觀點，大致可以分爲如下幾種，由於斷代問題與上文作者確定問題關係密切，我們就不一一詳細評價，僅列舉一下，主要是爲本書關於《管子》斷代思考提供一個背景材料。

（1）春秋成書說。持此觀點者，無外乎司馬遷、班固、魏徵等史書撰寫者。因爲他們都認爲該書乃春秋管仲所著，自然其成書也是在春秋時期。這種觀點基本已被後世學者拋棄。

（2）戰國成書說。這一觀點又分爲兩種細化的斷代方式，一種是純粹戰

〔註 17〕關鋒、林聿時：《春秋哲學史論集》，北京：人民出版社，1963 年版，第 137 頁。

國成書說，馮友蘭等持稷下學士著書說的學者基本認同此說，因為稷下學宮在歷史上主要存在於戰國時期，因此該書也應該全部是戰國時期之作品。還有的學者認為《管子》一書寫作開始於春秋而成書於戰國，因為他們認為既有管仲的思想，亦有稷下學士的附議，並最終在戰國時期得以成書。該觀點代表人物為明代之朱長春。

（3）西漢時期成書說。持有此觀點者，基本都認同《管子》並非一時一世完成的，但最終成書是在西漢時期。其中一部分學者認為《管子》一書乃春秋時期開始撰寫，直到西漢時期得以完成。代表人物為梁啓超等。另一部分人士認為該書始寫於戰國而成書於漢代，與上面觀點相比較，主要是開始寫書的時間不一而已，羅根澤、郭沫若等學者都持這種觀點。

在瞭解以上各觀點的基礎上，本書認為《管子》的成書時期應該處於春秋管仲相齊時期至戰國末期這樣一個宏觀時間範圍之內。由於我們在上文把管仲確定為《管子》作者之一，該書又基本講述的是管仲相齊事跡，故該書之寫作最早也就是管仲相齊時期。為何把成書時間定在戰國末期呢？這是因為最早提及《管子》一書的是《韓非子・五蠹》篇，說明在該篇撰寫之前，《管子》一書已經成形，而按照學者考證，雖然《韓非子》在部分篇章的作者問題上也存在爭議，但一般學者都認為《五蠹》篇確實出自於韓非之手，〔註18〕而韓非子的生活年代已經是戰國末期，因此《管子》一書至少應該在戰國末期已經成書。

0.2《管子》倫理思想研究的狀況和問題

《管子》研究者歷來不乏其人，但對《管子》倫理思想專門研究的人士不多。不過在眾多管學的研究中，仍然可以窺見一些零星的關於《管子》倫理思想的真知灼見。

0.2.1 大陸學者的相關研究成果

在大陸對《管子》的研究可謂源遠流長。《韓非子・五蠹》篇說：「今境內之民皆言治，藏商、管之法者家有之。」說明在戰國末期《管子》就已經被民眾視為經典加以收藏了。《史記》也對《管子》的一些章節進行了評價。

〔註18〕參見張岱年：《中國哲學史史料學》，北京：三聯書店，1982年版，第76～77頁。

後來由於漢初的休養生息政策因襲了管子的治國思想，導致管學盛行，版本繁多，後經劉向整理校定之後，版本逐漸統一起來。唐代對於《管子》的研究主要有魏徵的《管子治要》、尹知章的《管子注》。宋代有張嵲的《讀管子》一文、丁度的《管子要略》等。明代有陳深的《管子品節》、文震孟的《管子評點》等。清代有王念孫的《管子雜誌》、戴望的《管子校正》等。可以說清末以前對《管子》的研究僅限於對文本的整理和注解上，倫理理論的發展和研究基本沒有。清末以來特別是新中國成立後對《管子》的倫理研究數量和深度都增加了很多。下面分三類擇其主要者加以介紹：

（一）中國倫理思想史著作中的研究

蔡元培先生之研究。蔡先生在留德期間寫成的《中國倫理學史》是中國第一本倫理學著作。在著作中蔡先生認爲《管子》的作者即是管仲本人，並把管子作爲法家第一位代表人物來看待。蔡先生的主要觀點是：其一，管子學說來源於姜太公的「尊賢尚功」的功利主義思想；其二，管子的理想國家類型爲「滿倉廩」，「安社稷」的至治國家，與孔子以堯舜爲至治、老莊以上古神話時代爲至治不同；其三，管子理清了道德與生計之關係，提出德教必先富之的思想；其四，管子提出了君民上下之義務的思想，並且管子之思想對於儒家孟子、荀子，法家商鞅、李悝等產生了深遠的影響；其五，管子爲代表的法家思想與儒道兩家關係密切，管子之學乃「以道爲體、以儒爲用」的思想體系；其六，管子認爲人心有「就惡」之趨勢，故管子之道德屬於防止人心變壞的消極之道德。〔註 19〕蔡先生對於管子倫理思想的認識是頗有見地的，特別是管學與儒道之關係、以義務來闡釋管子的君民倫理以及經濟建設爲德教前提等諸觀點對於後來的研究者具有重要的參考價值。當然，蔡先生的認識也有偏頗的地方，比如《管子》作者基本爲管仲的說法，這一點已被後來的歷史學者所推翻，另外，對管子人性以及道德乃消極道德的觀點也是值得商榷的，管子認爲人心或人性具有趨利避害性，《管子》書中並沒有認爲人性爲惡的觀點，即使趨利避害的人之本性按照邏輯可以推導出「人因本性而變壞的可能性」的觀點，但是同樣也可以推導出「人因本性而變善的可能性」的觀點，因爲管子之「利」也可以指道德向善之「利」，〔註 20〕故蔡先

〔註 19〕參見蔡元培：《中國倫理學史》，上海：上海古籍出版社，2005 年版，第 47～50 頁。

〔註 20〕參見本書第 1 章的人性論內容，該部分對此問題有詳細的論述。

生只是看到了前一個可能性，而認爲道德爲防惡之消極道德的觀點，而沒看到後一個可能性以及道德具有揚善的積極一面，其實從《管子》文本來看，管子之道德兼具防惡和揚善兩個方面的特性，這是蔡先生沒有考慮到的地方。

羅焌先生之研究。羅焌先生在民國期間在湖南大學的授課講義，以《諸子學述》之名在商務印書館出版，該書對管子之學進行了全面的研究。羅先生認爲管子可作爲道家學派來看待，理由是《管子》的部分篇章「所述皆眞人無爲之事，人君南面之術，其爲道家言，亦可無疑。」可見，《管子》與老子的道家思想頗有相近之處。此外，羅氏書中重點分析了《管子》的道德修養、政教和法治思想等內容。在倫理思想方面，羅先生認爲：管子之修養功夫與道家要求類似，重在養生之術；管子的政治與道德教化思想是不分的，其政教思想與老子如出一轍，例如「禁文巧爲省刑之要」的觀點與老子「絕巧棄利，盜賊無有」的觀點相通，管子的順民心爲行政之道的觀點類似於老子「聖人無常心，以百姓心爲心」的觀點，管子政治倫理思想中的予取之道理論在《道德經》中亦有類似說法：「將欲取之，必固予之」等；管子政治制度設立的根據有二端：一爲順應民心，一爲養成民德，「此二端乃管子政治原於道德之意者也」。〔註21〕羅先生的見解有其獨到之處，其道德爲政治制度之根據的思想是很深刻的，《管子》書中的確含有「法源於道德」的思想〔註22〕，並且這一認識與西方之自然法學派的思想有相近之處，自然法學派即認爲出於人類理性的正義道德之法是制定成文法令的立法根據。但是羅先生將《管子》個人修養與道德教化的思想看作道家之學的觀點，筆者不敢苟同。《管子》書中的確在個人修養方面非常重視道家式養生方面的功夫，但《管子》修養思想並不僅限於此，還包括養心和養德方面的思想。〔註23〕另外，《管子》的教化思想有道家的因素，也有儒家和法家等學派的思想痕跡，例如《管子》把聖賢看作其理想人格的思想絕不是道家思想，而與儒家之人格要求相類似。其實《管子》是融合儒墨道法等學派思想的一部綜合性子書，羅先生之錯誤在於把《管子》歸入了道家學派，從而其對《管子》思想的認識自然會產生偏頗之處。

〔註21〕參見羅焌：《諸子學述》，上海：華東師範大學出版社，2008 年版，第 289～312 頁。

〔註22〕參見本書第 3 章關於德法關係的論述，對此觀點進行了詳細的分析。

〔註23〕參見本書第 5 章修養功夫論方面的內容。

在改革開放後，許多倫理思想史的著作也對《管子》的思想進行了深入的剖析，在此僅舉幾個代表性的例子。首先，陳瑛、溫克勤等先生之倫理思想史研究。陳瑛、溫克勤等先生著作的《中國倫理思想史》把管子歸入到前期法家的行列，並與三晉法家區別，稱之爲齊法家。這與張岱年等先生的看法相近，因爲他們都看到了管子與三晉法家的顯著不同之處。書中認爲《管子》的道德起源思想排除了神秘主義的傾向，是從物質與道德的關係中尋求道德本源的，採取的是唯物主義的立場。〔註 24〕其次，唐凱麟、鄧名瑛等先生之倫理思想史研究。唐先生與鄧名瑛先生主編的《中國倫理學名著提要》一書中認爲，《管子》是管子學派的代表著作，管子學派與儒家學派、道家學派、三晉法家等是同等重要的學派。這種看法還是比較客觀的，因爲如果把管子硬性地歸入法家或道家都是與其內容有失偏頗的。該書還認爲管子學派的主張是民本思想、德法兼治，並且強調了道德與經濟的關係，這些觀點應該都是比較恰當的。〔註 25〕其三，沈善洪、王鳳賢先生之倫理思想史研究。兩位先生合著的《中國倫理思想史》也是把《管子》作爲管仲學派的著作來看待的。他們認爲「立君臣，等上下」、確立封建等級的王權，是管仲學派的基本出發點；還認爲管仲學派的道德論和人性論，是依據樸素唯物主義觀點建立起來的，是從如何更有效地維護王權的角度提出來的。這是有一定見地的，當然也有值得商榷的地方，其實《管子》全書的內容的確是爲了追求政治秩序的，但卻並不是一味追求維護王權的目的，《管子》書中也有大量的民本思想以及限制王權的思想。二位先生還對《管子》中道德觀念的產生基礎、道德的作用、人性與道德關係以及道德規範進行了分析。〔註 26〕

以上列舉了一些涉及《管子》倫理思想的倫理思想史代表性著作，當然還有許多其它的思想史著作對《管子》倫理思想進行了探討和研究，例如馮友蘭的《中國哲學史新編》、梁啓超的《先秦政治思想史》、關鋒的《春秋哲學史新編》等，這些思想史著作對於《管子》倫理思想的研究都具有重要的學術價值和意義。

〔註 24〕參見陳瑛、溫克勤等：《中國倫理思想史》，貴陽，貴州人民出版社，1985 年版，第 181～184 頁。

〔註 25〕參見唐凱麟、鄧名瑛：《中國倫理學名著提要》，長沙：湖南師範大學出版社，2001 年版，第 84～96 頁。

〔註 26〕參見沈善洪、王鳳賢：《中國倫理思想史》，北京：人民出版社，2005 年版，第 215～227 頁。

（二）專著類研究

梁啓超先生之研究。梁先生的《管子傳》共分 13 章，從管仲生平和所處時代開始談起，重點介紹了《管子》書中法治主義和經濟管理等方面的思想。梁任公在《管子傳》中基本是把管仲作爲《管子》的作者來分析的，但後來遭到胡適先生的抨擊之後，改變了自己的看法，又在《先秦政治思想史》中認爲《管子》一書「小部分爲春秋末年傳說，其大部分則戰國至漢初遞爲增益」。梁先生把管子的政治思想稱之爲強調法治的立憲政治形態，並爲管子「尊君」學說進行辯護，認爲在當時的背景下，貴族林立，政出多門，國家處於主權不統一的狀態，如果不加強君權以制服專橫的貴族勢力，國家就會滅亡。任公對管子的「禮治」主張給予了很高的評價，認爲管子雖重視法治，但並沒有廢棄禮治，這是理想的治國之道，其思想高度超越了秦晉法家。梁任公積極評價了管子的經濟倫理思想，認爲管子不僅重視農業的基礎地位，而且大力支持工商業的發展，並利用輕重之術對市場供求進行調節。另外還不惜筆墨地讚揚了管子的公平分配的經濟調劑思想，並利用管子的經濟倫理思想抨擊了歐美自由放任主義經濟政策，對我們研究管子的經濟倫理思想提供了有益的借鑒。梁啓超也對管子的教育、軍事、外交等思想進行了評述，產生了很多獨到的見解，對我們研究管子的道德教化思想、邦國外交倫理思想等具有重要的參考價值。但是梁啓超畢竟是舊民主主義革命時期的學者，故時常把管子用君主立憲的政治思維加以改造，有失歷史人物的原貌，另外又沒有把後人的依託之言與管子本人的思想加以區別，這是他在研究管子思想過程中的一種缺失。〔註 27〕

胡家聰先生之研究。胡先生所著的《管子新探》分門別類地對《管子》全書進行了剖析，其對於倫理思想的探討也是建立在政治學分析之上的。胡先生認爲《管子》管理國家的學說是法、教兼備的，法治和禮教同時起著維護封建等級制的作用；針對德治與法治的地位問題，胡先生認爲《管子》更加重視法治，而德治雖不可缺少，但主要被看作是法治的補充；他從君主專制政體的矛盾的角度分析了《管子》的明君、忠臣政治倫理思想，並對君主「無爲」和「自禁」的思想進行了深入的探討；針對《管子》書中出現的「輕刑罰」與「重刑罰」以及「民本」與「法本」兼有的思想，胡先生認爲這兩

〔註 27〕參見司馬琪主編：《十家論管》，上海：上海人民出版社，2008 年版，第 5 頁。

對概念並不矛盾，因爲《管子》非常重視因時、因俗而動的權變思想。〔註 28〕胡先生這種從篇章細化中展開分析的思路顯然增加了其分析的理論深度。當然胡先生的法治重於德治的思想亦有不嚴謹之處，因爲在《管子》書中並不能找到確鑿的證據支持這一觀點。

王德敏先生之研究。王德敏先生是山東齊文化研究和《管子學刊》的主要創始人之一，其代表作《管子十日談》分十章對《管子》一書進行了分析，關於倫理問題他重點介紹了禮法關係、社會教化、天道觀、義利問題等。王先生認爲：《管子》的政治倫理思想主要表現爲尊賢尙功、選賢任能、愛民富民和禮法兼用等方面；《管子》的經濟倫理思想體現爲「務本飭末」的產業倫理、「相地而衰徵」的稅收倫理、「富上而尊下」的分配倫理、「輕重調節」的市場調控倫理、「儉奢相濟」的消費倫理等；在道德教化方面，《管子》主張的是「政教合一、移風易俗」的政策；在價值觀方面，《管子》主張的是「義利並重」的價值觀點等。可以說王先生對於《管子》倫理方面的思想總結是比較全面的，但由於該書篇幅所限，許多倫理思想都沒有得到深入的闡述，因此，其對於《管子》思想的分析，略顯理論深度不夠，這是很遺憾的。

池萬興先生之研究。池萬興先生的博士論文《〈管子〉研究》2004 年在高等教育出版社出版，該著作對於《管子》的文本和思想內容進行了較爲深入的剖析。其中對於道德的形而上學部分作了精彩的分析：《管子》的「道」與老子之「道」不同，指的是「精氣」及其運動規律，「道」具有實存性、流變性和永恒性；德爲道之舍，道與德的關係就是道與萬物的關係，是不能相互分離而存在的；人和萬物都是因得到道之精氣而有生命的。可以說池先生對於《管子》道德觀的認識是非常深刻的。另外池先生對於《管子》的德法並舉、無爲而治、以民爲本的政治倫理思想和賞罰分明、愼重用兵的軍事倫理思想進行了詳細的考察。但不足之處是，池先生在著作中並沒有涉及四維等道德規範、道德教化以及經濟倫理方面的內容。

此外，馬非百先生的《管子輕重篇新詮》、巫寶三先生的《管子經濟思想研究》、黃漢先生的《管子經濟思想》、俞寰澄先生的《管子之統制經濟》、周俊敏博士的《管子經濟倫理思想》等著作對於《管子》的經濟倫理思想進行了多角度的考察，具有重要的學術價值。

〔註 28〕參見胡家聰：《管子新探》，北京：中國社會科學出版社，2003 年版，第 40～132 頁。

（三）發表論文類研究

張岱年先生的「《管子》書中的哲學範疇」一文，發表於《管子學刊》1991年第三期，該文對天、道、德、氣、精、知、仁義等在《管子》中的倫理學的基本範疇進行了提綱挈領的分析，對後來的研究者有很高的參考價值。曲阜師範大學的教授楊蔭樓先生的「《管子》道論的特色」一文，發表於《管子學刊》1991 年第 4 期，該文的第二部分重點分析了《管子》在倫理意義上的「道」論，他認爲在倫理意義上，《管子》「道」論更多結合了儒家的思想，而與道家思想不同。並對道與禮、道與仁的關係進行了剖析，頗有理論深度。陳升教授的「管仲學派倫理思想的特色及其成因」，發表於《管子學刊》1989 第 1 期，該文通過與儒家、道家、墨家等學派的比較，認爲管仲學派倫理思想有如下特色：注重道德與物質生活的聯繫；德法並舉；廢私立公，以公私區分善惡等。尹振環先生的「試析《管子》所設計的封建國家形式」一文，認爲《管子》之君臣倫理是建立在權勢基礎上的，提倡的是中央集權制國家結構形式，國家治理的形式是專制主義的，認爲這種政治制度的設計是符合當時歷史實際的，但也潛伏著災難的因素，當君主倒行逆施時，國家就會陷入無法自救的災難境地。尹振環先生的分析是符合歷史實際的，中國封建社會無法跳出一治一亂的怪圈，其原因就是這種政治統治形式的合理因素和災難因素交替發生作用的結果。另外，還有宣兆琦先生發表的文章「強權政治家管子」、曹旭華先生發表的「論《管子》的富國富民思想」、常法寬先生的「簡論《管子》的治國之道」、陳世放先生的「《管子》人性論思想初探」，遲丕賢先生的「試論《管子》的道德經驗方法」、丁原明先生的「論《管子》的廉政思想」等一大批學術論文的問世，大大提升了《管子》倫理思想研究的理論深度和廣度。

0.2.2 香港和我國臺灣地區的相關研究成果

香港學者羅根澤先生《管子探源》一書 1931 年在香港出版後，對《管子》的研究工作產生了深遠的影響。羅氏書中深受古史辯派的影響，認爲「戰國以前無私家著作」的原理是一條不可改變的原則，因此他輕易就得出結論：《管子》一書無論有多少篇，都不是管仲所作，全係後人的僞託。把《管子》各章節的創作年代都進行了考古學和文字學上的考證，這對研究《管子》倫理思想的社會背景提供了強有力的支持，當然其有些考證也存在有待商榷的地方。尤其是「戰國前無私家著作」的原則本身已經被地下發掘的文獻所推翻了。〔註29〕香港大學東方文化研究院的徐慶譽先生1955年在香港發表的著作《管子政治思想的探討》，對於管子的倫理思想亦有所涉及。徐先生首先駁斥了羅根澤先生關於《管子》成書於西漢時期的觀點；然後對於法治主義的政治倫理思想進行了分析，認爲《管子》的政治思想不同於以「民本位」的儒家，而是以「君本位」爲出發點，國家政權的主體是君主不是人民，法是出於君主的，因此在強調「尊君」理念的政治制度之下，人民當然成爲了國家的工具而被君主所操縱。徐先生認爲《管子》的這種政治制度設計，由於君主無人監督，一旦君主違法，除革命外是無法找到其它補救方法的，這是其政治思想上的一大漏洞。另外，徐氏認爲《管子》的民本思想雖然是爲「尊君」服務的，但是亦是非常重要的內容，特別是「九惠之教」的九項社會福利政策都是重視民生的具體體現。針對《管子》的經濟倫理思想，徐氏看來主要是重農主義的思想，而發展農業重在獎勵勞動以充分利用民力，此外，國民道德的消長是與經濟的興衰密不可分的，在分配倫理方面，《管子》的做法是：以國營國有政策，消滅商人的剝削；由國家控制物資，調劑供求；平均地權等。這些觀點雖然是以治理國家的政治角度來展開論述的，但對於《管子》倫理思想的分析還是具有比較高的學術價值的。

臺灣地區的學者謝雲飛先生所著的《管子析論》一書在1983年由臺灣學生書局出版。該書在天地與道德、民本思想、君臣之道、德義之兵等幾個方面對《管子》的倫理思想進行了論述，但由於全書並不是以《管子》的倫理思想爲研究核心，所以並沒有對《管子》倫理思想進行深入的分析。臺灣中山大學的徐漢昌教授爲研究管子的專家，並在1989年出版了《管子思想研究》一書。該書首先探討了《管子》的版本、作者和文字校勘等考據方面的問題。徐氏認爲：《管子》一書重視法治，亦重視德治，政治倫理以順民之心、利民之生爲原則，其法治思想的立法原則，也是要順民心之好惡而依其自然之道，即堅持德法統一的治國理念；《管子》對於道德教化，採用的是因循民性並且注重實效的教化策略，教育的內容爲忠孝之道、四維之德等德性規範；在軍事倫理方面，強調以建設德義之師爲目標；在經濟倫理方面，主要是從國家管理的高度來描述的，強調以養民、富民爲目標，發展以農爲本的經濟模式。

〔註29〕參見司馬琪主編：《十家論管》，上海：上海人民出版社，2008年版，第59～60頁。

這些觀點對於後來的《管子》倫理思想研究者具有重要的參考價值，其不足之處在於缺少對於《管子》中道德形而上學方面的考察和分析，缺乏研究的理論深度。

0.2.3 國外學者的研究成果

史太因先生爲蘇聯東方學研究專家，其 1959 年出版的《管子研究和俄譯》一書的導論部分，採用馬克思主義的理論方法對《管子》一書的內容進行了探討，雖然其主要關注點在於《管子》的經濟理論，但是對於其倫理思想也有所涉及，對道、德、仁、義、禮等基本倫理概念以及義利關係問題進行了簡單的剖析。日本的三浦藤作先生對《管子》進行過深入的研究。1926 年翻譯出版的三浦藤作所著《中國倫理學史》，對管子 76 篇進行了分類介紹。三浦藤作先生認爲：管子之道德學說僅是其政治學說的一部分而已；《管子》一書理清了帝、王、霸三者之關係，並且強調治國者必須掌握道家之「靜虛無爲」之道；管子應屬於強調功利目的的法治主義一派，而不屬於以仁政爲目的的德治主義學派；管子之道德僅限於如何防止放逸邪惡等消極的方面。三浦藤作先生後面的兩個觀點，應該是受到了傳統觀點的影響，即把管子看作爲和韓非並列的法家之一脈，這是值得商榷的。

當然對《管子》的研究還包括一些集校著譯本，如郭沫若的《管子集校》、陳鼓應的《管子四篇詮釋》等。另外上述列舉的只是代表性的著作，對《管子》的研究當然不止這些。

需要特別指出的是大多數學者都誤認爲《管子》一書只是法家的一本代表作，僅研究其以法治國的方面，而忽視了該書更重要的以德治國方面的內容，這是很令人遺憾的。另外，還有一些學者主要研究其經濟或者管理思想，從倫理的角度進行研究者不是太多，對《管子》中的倫理思想進行全面研究的著作至今尚未看到。因此，抱著發揚傳統文化的赤子之心，筆者想在填補這一空白方面做點小小的貢獻，以便拋磚引玉，進一步加深對《管子》這部奇書的理論探討和研究，這樣才能更好地吸取該書的思想精華，爲我們的社會主義現代化建設服務。

在我們今天的社會生活中，以德治國、公民之德性修養及其道德風貌、社會道德體系建設等倫理問題，是政治合法性的獲得、社會生活健康發展的關鍵因素。特別是在物欲橫流、道德滑坡的今天之中國，加強倫理方面的研究與建設尤爲必要。「疑今者察之古」，研究作爲先秦倫理思想集大成者的《管子》一書，必然會爲今天的道德建設產生新的啓迪。諸如「倉廩實則知禮節，衣食足則知榮辱」的思想對我們理解經濟發展與道德建設之關係，「法出於禮」的思想對於我們認識道德與法律之關係，「謹小禮，飾小廉」的謹小慎微思想對於今天的公民道德建設等諸方面都有實踐意義。

0.3 本書的研究思路和方法

本書堅持馬克思主義的立場，以現代學術研究的科學方法爲指導，借助古人的經典注疏和前輩時賢的研究成果，對《管子》一書所蘊含的倫理思想做了較爲系統的梳理，初步勾勒出《管子》倫理思想的基本輪廓。從本書結構來說，本書包括引言、正文五章、結語和附錄四大部分；從研究思路上來說，本書從《管子》文本的歷史研究入手，對於道德基礎問題、德性規範、修養教化、政治道德、經濟倫理以及基本特徵和現代啓示等方面分別進行了論述。

0.3.1 研究思路

本書首先闡述的是《管子》道德的本質和起源等基礎問題，對《管子》倫理思想進行了形而上的分析；其次，本書進而介紹了《管子》倫理思想的核心——德性規範方面的內容；再次，本書接著分別介紹了《管子》倫理思想在政治和經濟領域中的具體應用和體現；復次，在正文最後一章，本書對於《管子》的修養教化問題進行了論述；最後，本書又對於《管子》倫理思想的基本特徵和現代價值作了探析。根據以上思路本書主要分爲以下幾個部分：

引言：引言部分對《管子》一書的版本、作者以及成書年代問題進行了辨明和釐清，然後又對國內外的研究現狀、本書的寫作思路和研究方法等問題作了簡要闡述。

第一章：道德基礎論。《管子》的倫理思想首先體現在其道德觀和道德起源論方面。《管子》認爲道德之形成乃是外在之「道」轉化爲內在之「德」的過程。《管子》之「道」具有虛無性、無限性、無爲性三個基本特性。《管子》之「德」則具有三個層面的意涵：其一，「德」乃「道」之舍；其二，「德」者，得也；其三，倫理規範之「德」，包括德行和德性兩方面的規範。《管子》

進而言之，可轉化爲人之德性的「道」主要是指天之「道」，於是又利用「天人合一」的思維論證了「人參天地」、「法天合德」以及「天人感應」的思想，爲道德之生成提供了思想前提。《管子》書中，「精氣」乃天道之具體形式，「水」則形成人之形體，構成道之「精舍」，使精氣聚於精舍，由道轉化爲德，於是利用「氣論」和「水論」思想爲道德之形成提供了現實的可能性。人性論也是倫理道德的基礎問題之一。《管子》的人性論思想是從現實經驗觀察的過程中歸納形成的一種自然主義人性論。《管子》認爲，如果放縱人之趨利避害的本性，其結果只能是互相爭鬥、人人自危，於是自我保存的理性迫使人們對秩序產生強烈需求，而道德則是獲得秩序的重要手段之一，因此趨利避害之人性觀點可以爲道德之形成提供人性論基礎。此外，道德的形成還需要一定的社會條件，賢人之出現乃道德生成的主體條件，五害之去除乃道德生成的社會環境條件，經濟之發展乃道德生成的經濟條件。

第二章：規範德性論。禮、義、廉、恥構成的國之四維是《管子》規範德性論的核心部分。禮的內涵是「不逾節」，就是要遵守等級秩序，不可爲越軌之事；義的內涵乃「不自進」，有了義德，民眾就不會隨意妄爲，不隨意妄爲就不會有陰謀欺詐之行爲，社會生活自然得以和諧；廉指的是「不蔽惡」，即不掩飾自身之缺點和錯誤，這樣才能做到眞正之「廉」，使自己達至「完人」境界；恥與治、事一起構成了人之三名，恥之內涵是「不從枉」，就是遠離壞人，不跟從壞人做壞事。國之四維自提出之後，一直備受關注，歷史上的諸多學者對於四維之內涵進行了積極的應用和拓展。當然，也不乏對四維思想的質疑之聲，最有代表性的當屬柳宗元了。柳子認爲四維僅談其二維就已足夠，廉、恥二維應當從屬於「義」德，而不能與「義」相提並論。在《管子》道德思想中，除了禮、義、廉、恥之外，還論及了許多其它德目，例如仁德、智德、孝德等，雖然這些德目相對於國之四維，處於次要地位，但是這些德目也是其道德體系中必不可少的組成部分。

第三章：政治倫理論。《管子》一書所蘊含的應用倫理內容主要體現在其政治倫理和經濟倫理兩個方面。《管子》的政治倫理思想有自身的發展動因、目標和實踐方略，並且主要是圍繞著如下幾個政治生活中的矛盾關係展開的：（1）君臣關係，君主應該是聖賢之明君，臣下應該是經世之臣，爲君之道重在「無爲」，爲臣之道重在「有爲」；（2）君民關係，《管子》認爲國之四民乃君主治國之本，進而提出了豐富的民本思想，同時該書又主張「尊君」

思想，大力提高君主的權威地位，而且「尊君」和「民本」二者可並行不悖，「尊君」是「民本」的目的，「民本」則是「尊君」的必要手段；(3) 德法關係，《管子》主張治理國家要兼顧德治和法治兩個手段，要以德爲魂、以法爲體、德法統一；(四) 邦國關係，在中國的先秦時代，各邦國之間要想和諧共存，同樣也需要倫理道德的調節，《管子》一書基於齊國的邦國交往實踐，提出了許多寶貴的邦交倫理思想，其主要表現爲處理華夷關係、諸侯關係的倫理道德規範，包括尊王攘夷、親鄰睦遠、至聖不戰等幾個方面。

第四章：經濟倫理論。所謂經濟倫理，一般認爲，包括經濟活動主體的倫理規則、經濟結構和經濟機制的倫理性要求、協調經濟主體利益矛盾的倫理原則等內容。《管子》認爲經濟主體的道德規範主要包括忠於本業、以誠爲本以及崇尚節儉等內容。《管子》產業發展的倫理思想表現爲以農爲本、整飭末業和重視工商等幾個方面。宏觀調控倫理思想也是《管子》經濟倫理思想的重要內容，《管子》認爲宏觀調控的倫理目標應表現在富國富民、分配正義等方面。《管子》宏觀調控的策略主要是輕重之術和稅收政策，輕重之術主要是用來調節商品供求關係，包括嚴禁囤積居奇、以重射輕、以賤泄平等具體策略。稅收之策主要是兩方面的目的，一是通過減稅刺激生產和商品流通，二是調節收入分配問題。輕重之術和稅收政策都具有重要的倫理價值和意義。

第五章：修養教化論。《管子》個人修養思想包括理想人格和修養功夫論兩個方面。理想人格的主要特徵爲內聖外王的人格範型、公而無私的價值取向、變而不化的主體精神。《管子》認爲修養重在日常之功夫，修養功夫論的內容主要包括長年、長心、長德三個相互聯繫的方面。在《管子》看來，道德之建設乃潛移默化的過程，除需要依賴個人修養之外，還需要外在的教化。尤其是，普通民眾的修養自覺相對較弱，需要外在教育和感化，方可化民成俗。道德教化的內容主要包括國之四維、九惠之教以及訓民之經等三個方面。道德教化之效果取決於良好的教化方略，包括營造環境、實事求是、謹小愼微以及賞罰並舉等。營造環境又分爲營造物質環境和教育氛圍兩個方面。實事求是指的是「與時變、與俗化」之因時、因事制宜的策略。謹小愼微則是強調道德教化要從小處著眼，不能空喊宏大口號。賞罰並舉主要是爲道德教化提供激勵保障的舉措。

結語：《管子》倫理思想的基本特徵和現代價值。「疑今者察之古，不知來者視之往」，我們對待《管子》一書中的倫理思想也應抱著服務當今社會倫理建設的態度去研究，這就需要總結出它的主要特徵，發現它的歷史價值，進而得出它的現代啓示。《管子》倫理思想的主要特徵爲：（1）國家至上的倫理原則；（2）樸素唯物與辯證的思維方法；（3）義利並重的價值導向。《管子》倫理思想的現代啓示主要表現在治國理念、國際政治倫理、從商人員德性修養、社會道德建設等方面。

0.3.2 研究方法

本書在繼承前人研究成果的基礎上，主要運用以下幾種方法對《管子》的倫理思想進行了探索：

1、考據和義理相結合的方法。古代人治學主要是採取考據和義理兩種方法，也就是所說的漢學方法和宋學方法。我們研究《管子》的倫理思想既要重考據，一是能夠使我們辨別書中相關內容之眞僞，以便實事求是地對《管子》展開研究，二是我們可以借助歷代學者對於《管子》一書的考據之學以瞭解思想之眞實社會背景，還原歷史眞貌，以便更深入地瞭解《管子》思想產生的緣由和實踐價值。同時，在研究《管子》時，還注重了考察義理之方法，對書中倫理思想之內涵進行闡發，以瞭解其思想精髓。

2、分析與綜合併重的方法。今人所採取的治學方法可謂多也，有比較法、分析法、綜合法、解構法、歷史分析法等。本書主要採用的是分析法，即把整體分爲各個部分，以便於各個擊破，分析透徹，當然在分析的過程中，也注重了綜合法的運用，使各個部分不至於成爲一盤散沙，進一步揭示其內在之邏輯聯繫。

3、比較方法。本書通過比較的方法，試圖將管子倫理思想與先秦其它學派的倫理思想進行比較，以突出其獨有的特色。同時，本書還注重將《管子》與不同時代的以及西方的理論進行比較，雖然不在同一個時代或者不在同一個場域，但是只要能找到比較的平臺，比較即可發生。因此我們在選擇比較對象的時候，主要選取了與《管子》理論有相近性或相似性的思想理論，這樣做的主要目的，僅是要通過多種渠道的對比，使我們對《管子》一書產生更深入的認識而已。

4、歷史與邏輯相統一的方法。歷史與邏輯規律相統一的研究方法是馬克思主義一貫重視的學術研究方法。恩格斯曾指出：「歷史從哪裏開始，思想過程也應該從哪裏開始，而思想過程的進一步發展不過是歷史過程在抽象的、理論上前後一貫的形式上的反映；這種反映是經過修正的，然而是按照現實的歷史過程本身的規律修正的，這時，每一個要素可以在它完全成熟而具有典範形式的發展點上加以考察。」〔註 30〕我們在研究《管子》倫理思想時，也應該堅持思想的歷史過程與內在發展規律之間的統一。

〔註 30〕馬克思、恩格斯：《馬克思恩格斯選集》第 2 卷〔M〕，中共中央馬克思恩格斯列寧斯大林著作編譯局譯，北京：人民出版社，1972 年版，第 122 頁。

第一章　道德基礎論

任何思想理論的產生必然會首先建立其理論基礎，有了基礎，才得以展開整個思想理論的建構工作，這是思想理論產生的一般邏輯。中國古代的各種倫理思想也非常重視理論基礎的構建。陳瑛先生曾指出：「中國古代的倫理思想雖然強調實踐，注重其形而下方面的研究，這表現在它重視倫理的原則和規範，重視道德的教育和研究，但是它也具有強烈的理性色彩和理論內容，重視形而上學層面的研究，尤其是重視對於倫理道德的理論本源（根據）問題的研究。」〔註1〕我們欲研究《管子》倫理道德思想之全貌，同樣首先也必須要瞭解《管子》道德之來源，或者說道德形上之基礎。

鑒於此，本章我們要研究的主要問題是：在《管子》一書中，道德的本質是什麼？進而，道德的本源來自何處？道德之人性論基礎又是如何呈現的？另外，道德之形成是否需要社會環境要素？

1.1 道德本源論

《管子》認爲人之德性來源於「天之道」，把天與道的因素融合在一起，而「精氣」是「天之道」的轉化形式，流動於天地之間，「水」則構成了人之形體，然後與「精氣」結合，使「道」轉變成「德」，人之德性才得以產生。

1.1.1 德爲道之舍

「『道』這個概念起源頗早，甲骨文中雖然尚未見到，金文中卻已普遍適

〔註1〕陳瑛主編：《中國倫理思想史》，長沙：湖南教育出版社，2004年版，第52頁。

用了。」〔註2〕「道」的本初含義是指「路途」，也就是人所行走的道路，《說文解字》的解釋就反映了這一含義：「道，所行道也，一達謂之道。」這種含義主要是出現在《易經》和《詩經》等西周早期典籍中，例如《易經》的隨卦九四爻辭「隨有獲，貞凶。有孚在道，以明，何咎？」以及《詩經・國風》篇的「道之云遠，曷云能來。」等處的「道」都是指的「道路」之義，並沒有延伸出其它含義。後來在《尚書》、《國語》等典籍中才慢慢出現了「天道」、「人道」、「王道」等概念，引伸出「道」之「規律、規範」含義。隨著周朝的衰微，天神崇拜也漸漸失去了市場，於是世界的本源問題又擺在了學人的面前，在這種背景下「道」的含義又有了新的演變，因爲道家學派把它提升到了世界本源的哲學高度，而始作俑者當推老子，正如馮友蘭所說：「古時所謂道，均謂人道。至老子乃予道以形上的意義，以爲天地萬物之生，必有其所以生之總原理，此總原理名之曰道。」〔註3〕此後「道」之應用越來越廣，漸漸成爲中國思想史上的一個核心範疇。

《管子》非常重視「道」這一概念，同老子一樣，也是從形而上意義的角度來解釋「道」的，《管子・內業》篇云：「凡道：無根、無莖、無葉、無榮，萬物以生，萬物以成，命之曰『道』」，顯然與「可以爲天下母」的老子之「道」一樣，都被看作爲萬物之本源。《管子》對「道」之特點也部分沿襲了老子的看法，〔註4〕其一，「道」之虛無性，《管子・內業》認爲：

> 夫道者所以充形也，而人不能固。其往不復，其來不捨。謀乎莫聞其音，卒乎乃在於心；冥冥乎不見其形，淫淫乎與我俱生。不見其形；不聞其聲，而序其成，謂之道。

這與老子《道德經》「視之不見，名曰夷；聽之不聞，名曰希；博之不得，名曰微。此三者不可致詰，故混而爲一。其上不皦，在下不昧。繩繩不可名，復歸於無物。是謂無狀之狀，無物之象，是謂忽恍。迎不見其首，隨不見其後。執古之道，以語今之有。以知古始，是謂道已。」所表達的意思如出一轍。其二，道之無限性，《管子・心術上》認爲：「道在天地之間也，其大無外，其小無內。」也就是說道是無邊無際並滲透於天地之間的，《道德經》中

〔註2〕陳瑛主編：《中國倫理思想史》，長沙：湖南教育出版社，2004年版，第57頁。

〔註3〕馮友蘭：《中國哲學史》上冊，北京：中華書局，1961年版，218頁。

〔註4〕《管子》中有關「道」論的四篇文獻的成書年代，筆者同意張岱年先生關於四篇「其年代卻可謂與宋尹與愼到同時，當在《老子》之後」的觀點（請參見張岱年：《中國哲學史史料學》，三聯書店，1982年版，第51頁）。

也有類似對「道」的描述「迎之不見其首，隨之不見其後」。但是這一特點二者都有前後矛盾性，一邊強調道之無限，一邊又爲道設定了界限，如《道德經》所云：「道大，天大，地大，王大。域中有四大，而王處一。」顯然「域中」界定了道之邊界，《管子》也是如此，在《管子・宙合》篇用「宙合」來規定了道之界限。〔註 5〕這種矛盾性卻印證了二者都認爲的「道之不可言說性」，也就是說用語言描述「道」一定會有漏洞出現。其三，道之無爲性，《管子・心術上》曰：「無爲之謂道。」這與《道德經》「處無爲之事，行不言之教」的思想是相似的。以上觀之，《管子》之道論確實借鑒了老子道論的觀點和看法。

但是《管子》道論並非一味祖述老聃，其自身也有與老子不同的看法：其一，老子認爲道具有先天性，如《道德經》所云：

> 有物混成，先天地生，寂漠！獨立不改，周行不殆，可以爲天下母。吾不知其名，字之曰道，吾強爲之名曰大。

莊子也有類似之觀點。而《管子》並沒有強調道之先天性，而是認爲道處於「天地之間」，重在強調「道」通過「德」而賦予萬物以生命，如《管子・心術上》曰：「德者，道之舍，物得以生生，知得以職道之精。得也者，其謂所得以然也。」也就是說物得到「道」之「德」而產生生命，但是在得到「德」之前，物是因何而生的呢？《管子》並沒有給出答案，換言之，《管子》並未執著於探尋世界形上之本源，只是爲萬物生命之誕生找到了源泉，至於獲得生命之前，萬物來自何處並沒有進一步深究。其二，《管子》認爲「道」與「德」並無本質區別，只是所處位置不同，《管子・心術上》篇曰：

> 虛無無形謂之道，化育萬物謂之德……德者，道之舍，物得以生生，知得以職道之精。故德者得也。得也者，其謂所得以然也。以無爲之謂道，舍之之謂德。故道之與德無間，故言之者不別也。

也就是說「道」化育在萬物之中便成了「德」，道與德沒有差異。而老子雖然也有「道生之，德蓄之」的思想，但是並沒有強調二者的同一性。其三，《管

〔註 5〕陳鼓應先生也認爲老子「域中」對「道」具有範限性，但是卻認爲《管子》解決了這一「道」之矛盾性，並且認爲是對老子道論的新發展（參見陳鼓應：《〈管子〉四篇詮釋》，商務印書館，2006 年版，第 33 頁）。筆者對陳先生後一種看法不敢苟同，因爲《管子》強調道在天地之間，而天地卻囊括在「宙合」之中，道之無限大之矛盾性與老子並無不同。

子》之「道」論是與其「精氣論」相聯繫的（請參見 1.1.3 節內容），這也是老子所沒有的思想。顯然《管子》之道論，也有自身的獨創之處。

「德」也是中國文化中較早出現的一個重要詞彙，據考古學者研究，「德」字在商代卜辭中即已出現，當時寫法其下並沒有心，與「直」字相通，當時還沒有形成《說文解字》中所解釋的「外得於人，內得於己」的道德含義，後來西周滅商，爲了轉移「天命」之政治需要，周人提出「敬德保民」、「以德配天」的口號，隨後，「德」字才開始具有了道德規範之含義。〔註 6〕周人的「德」主要是兩方面的內容，其一是德政，《周書・梓材》篇曰：「今王惟曰：先王既勤用明德，懷爲夾，庶邦享作，兄弟方來。亦既用明德，後式典集，庶邦丕享。皇大既付中國民越厥疆土於先王，肆王惟德用，和懌先後迷民，用懌先王受命。已！若茲監，惟曰欲至於萬年，惟王子子孫孫永保民。」也就是說要使民歸附就要「用明德」來「保民」。其二是德性，《周書・君奭》曰：「惟文王德丕承，無疆之恤！」強調後人要繼承文王的高尚德性。這兩點也符合了《說文解字》的「德」之內外兩方面的含義，並且被儒家完整繼承下來並使其倫理意義更加明確，如《論語・爲政》篇認爲：「爲政以德，譬如北辰，居其所而眾星共之。」這是強調德政的典型表達。《論語・里仁》篇曰：「君子懷德，小人懷土；君子懷刑，小人懷惠。」顯然此處「德」指的是君子之德性。《孟子》等其它儒家典籍基本上延續了這兩方面的解釋。與儒家不同，道家對「德」的解釋基本顛覆了西周以來的傳統，他們主要是把「道」、「德」看成萬物生成之基礎，如《道德經》所說：「道生之，德蓄之，物形之，勢成之。」《莊子・天地》篇曰：「物得以生，謂之德；未形者有分，且然無間，謂之命；留動而生物，物成生理，謂之形；形體保神，各有儀則，謂之性。」當然道家也曾論及德之倫理意義，如《莊子・齊物論》篇曾云：「請言其畛：有左，有右，有倫，有義，有分，有辯，有競，有爭，此之謂八德。」但是道家的基本傾向還是不提倡倫理之「德」的，認爲倫理道德是對「大道」的違背，正如《道德經》所言：「大道廢，有仁義」。

「德」字在《管子》中出現多達 250 次，其重要性不言而喻。縱觀全書，「德」字之含義主要有以下三個層面：其一，德者，道之舍。也就是上文分析的「德」與「道」無間的思想，即二者都是萬物生長之根源。其二，德者，

〔註 6〕參見沈善洪、王鳳賢：《中國倫理思想史》，人民出版社，2005 年版，第 58～60 頁。

得也。「故德者得也。得也者，其謂所得以然也。」（《管子・心術上》）「德」就是得到「道」，也就是事物得到其應該具有的特質，《禮記・樂記》也有類似之表達：「禮樂皆得，謂之有德。德者得也。」這裏就有了是主觀「有得」還是客觀「得到」的區別了，其實《管子》書中指的是二者之結合，既有客觀因素（參見下文所講的精氣論）也有主觀因素（參見下文所講的賢人之悟道方面）。其三，是倫理規範之「德」，也是《管子》強調最多的「德」之含義。這一含義包括兩個層面，一個是指德行之政的層面，《管子》非常注重以民爲本的思想，認爲「德有六興」。何謂「六興」？

> 曰：辟田疇，利壇宅，修樹藝，勸士民，勉稼穡，修牆屋，此謂厚其生。發伏利，輸墆積，修道途，便關市，愼將宿，此謂輸之以財。導水潦，利陂溝，決潘渚，潰泥滯，通鬱閉，愼津梁，此謂遺之以利。薄徵斂，輕徵賦，弛刑罰，赦罪戾，宥小過，此謂寬其政。養長老，慈幼孤，恤鰥寡，問疾病，弔禍喪，此謂匡其急。衣凍寒，食饑渴，匡貧寠，振罷露，資乏絕，此謂振其窮。凡此六者，德之興也。六者既布，則民之所欲，無不得矣。夫民必得其所欲，然後聽上；聽上，然後政可善爲也。故曰：德不可不興也。（《管子・五輔》）

也就是說要興六項關係民生的德政，並且認爲只有如此政治才會得到良好的治理；另一個層面是指德性層面，如《管子・立政》篇所云：「故國有德義未明於朝者，則不可加於尊位；功力未見於國者，則不可授以重祿；臨事不信於民者，則不可使任大官。故德厚而位卑者謂之過，德薄而位尊者謂之失。」這裏的「德」指的就是德性。

以上觀之，《管子》之「德」既有儒家式倫理意涵，也有道家之本體意涵，並且通過另一個意涵「德者，得也」，使其本體意涵與倫理意涵有了聯繫和融合的渠道，從一個側面說明儒道合流的現象在先秦即已存在。另外，《管子》中已有「道德」一詞出現，共有 6 處，表達的都是倫理道德之意涵。

1.1.2 法天合德

在用英文向西方介紹中國「天」這一概念時，往往會遇到翻譯的困惑，翻譯成「heaven」、「god」等詞都無法準確地表達出「天」的全部意涵，於是索性有些人只有通過音譯法來翻譯成「tian」，這也是不得以而爲之的辦法，因爲中國的「天」字含義太豐富了，很難找到一個英文詞彙與之相對應。朱熹在總結「天」之意涵時認爲有三種說法：「也有說蒼蒼者，也有說主宰者，也有單訓理時。」〔註 7〕也就是說「天」在中國人心中有三種解釋：蒼蒼之自然之天、命運之主宰之天以及義理之意志之天。後來馮友蘭先生在其《中國哲學史》中又對「天」進行了詳細的剖析：「天有五義：曰物質之天，即與地相對之天。曰主宰之天，即所謂皇天上帝，有人格的天、帝。曰命運之天，乃指人生中吾人所無奈何者，如孟子所謂『若夫成功則天也』之天是也。曰自然之天，乃指自然之運行，如《荀子・天論篇》所說之天是也。曰義理之天，乃宇宙之最高原則，如《中庸》所說『天命之謂性』之天是也。《詩》、《書》、《左傳》、《國語》中所謂之天，除指物質之天外，似皆指主宰之天。《論語》中孔子所說之天，亦皆主宰之天也。」〔註 8〕馮先生把朱子之蒼蒼之天又細分爲「物質之天」和「自然之天」，使得「天」之概念層次更加明晰。「天」在《管子》中也是一項重要範疇，在全書中共出現 824 次。那麼「天」字出現如此之多，都具有何種意涵呢？縱觀全書，大致有如下幾種解釋：其一，與地相對之天，也就是馮友蘭先生所講之「物質之天」，如《管子・形勢解》篇所云：「天，覆萬物而制之；地，載萬物而養之。」天就是覆蓋在萬物之上的天空穹廬；其二，自然之運行狀態，即馮友蘭先生所說之「自然之天」，如《管子・度地》篇曰：「春三月，天地乾燥，水糾列之時也……當夏三月，天地氣壯，大暑至，萬物榮華……當秋三月，山川百泉踴，下雨降，山水出，海路距，雨露屬，天地湊汐……當冬三月，天地閉藏，暑雨止，大寒起，萬物實熟。」天與四季寒暑等自然節氣是相互聯繫的；其三，道德之天，這是馮友蘭先生「天之五意涵」所沒有明確說明的層面，如《管子・內業》篇曰：「天主正，地主平，人主安靜。」天具有公正之德性，改篇接著又認爲「天仁地義，則淫然而自至神明之極，照乎知萬物」。即天具有仁愛之德性，這就爲後文所講「法天合德」之人類倫理道德形成路徑找到了出發點。

先秦諸子在談論「天」之概念的同時，其目的指向都是爲了解決社會人文之問題，故天人關係就成了討論的重要對象。古代談論天人關係主要有天人相分和天人合一兩種學術傾向，而被歷代學者所重視的是後一種學術傾向。所謂「天人合一」就是強調天與人的一致和調和，既包含著人對天道能

〔註 7〕黎靖德編、王星賢點校：《朱子語類》（一），中華書局，1994 年版，第 5 頁。
〔註 8〕馮友蘭：《中國哲學史》上冊，北京：中華書局，1961 年版，35 頁。

動地適應和遵循，同時也包含著人對天之主宰的被動順從和崇拜。〔註 9〕先秦諸子基本都有自己的天人關係主張，而《管子》也不例外，書中也提出了自己的天人關係思想。

首先是人可參天地的思想。《管子》多次將天、地、人三者相提並論，如《管子・五輔》云：「上度之天祥，下度之地宜，中度之人順，此所謂三度。故曰：天時不祥，則有水旱；地道不宜，則有飢饉；人道不順，則有禍亂。此三者之來也，政召之。」類似的並論說法還有「天不一時，地不一利，人不一事。」（《管子・宙合》）「天以時使，地以材使，人以德使，」（《管子・樞言》）「天有常象，地有常形，人有常禮。」（《管子・君臣下》）等等多處出現。並且文中進一步提出人可參於天地的明確說法，如《管子・形勢》篇云：「有無棄之言者，必參於天地也。」《管子・宙合》篇也提出「聖人參於天地」的思想。這與儒家提出的三才可參的思想有類似之處，如《中庸》和《荀子》都提出過「人可參天地」的思想。這顯然對於當時的由敬畏天神而形成的依附人格進行了有力地抨擊，大大提高了人之主體性的認識程度。但需要指出的是不管《管子》還是儒家都強調只有聖賢之人才能參於天地，並不是人人都可以做到。如《管子・宙合》明確提出「聖人參於天地」的說法。《中庸》認爲「唯天下至誠，爲能盡其性；能盡其性，則能盡人之性；能盡人之性，則能盡物之性；能盡物之性，則可以贊天地之化育；可以贊天地之化育，則可以與天地參矣。」也就是說只有修養高明之人才可參天地。《荀子・性惡》篇也有類似觀點：「今使塗之人伏術爲學，專心一志，思索孰察，加日縣久，積善而不息，則通於神明，參於天地矣。」顯然這種賢人參於天地的觀點對於形成賢人治國的德治思想會有所助益，但同時也會助長人治之風，強化君主專制之合法性。

其次是「法天合德」的思想。《管子・版法》篇云：「法天合德，相地無親，參於日月，佐於四時。」明確提出「法天合德」的觀點。這一說法在先秦其它典籍中也可找到，《易傳》曾云：「天行健，君子以自強不息」，並進一步提出：「大人者，與天地合其德」，《論語》也有類時提法，如《論語・泰伯》所云：「唯天爲大，唯堯則之」〔註 10〕。但相比《易傳》、《論語》等典籍，《管

〔註 9〕參見李澤厚：《中國古代思想史論》，天津社會科學院出版社 2003 年版，第 302 頁。

〔註 10〕按朱熹解釋：「則，猶準也。」（《四書集注》）也就是以之爲標準的意思。

子》則明確用「法」字強調了「效法天地」的思想。那麼效法「天」之何物呢？《管子・形勢解》篇給出了回答：「明主法象天道。」「天道」又爲何物？《管子・心術上》云：

> 天之道，虛其無形。虛則不屈，無形則無所位〈山圍〉，無所位〈山圍〉，故遍流萬物而不變，德者，道之舍，物得以生生，知得以職道之精。故德者得也。得也者，其謂所得以然也。以無爲之謂道，舍之之謂德。故道之與德無間，故言之者不別也。間之理者，謂其所以舍也。

換言之德乃道之舍，而道則強調的是虛而無形之天道也。

最後，天人感應的思想。《管子・心術上》曰：「天之道虛，地之道靜。虛則不屈，靜則不變，不變則無過，故曰『不伐』。『潔其宮，闕其門』：宮者，謂心也。心也者，智之舍也，故曰『宮』。潔之者，去好過也。門者，謂耳目也。耳目者，所以聞見也。『物固有形，形固有名』，此言不得過實、實不得延名。姑形以形，以形務名，督言正名，故曰『聖人』。『不言之言』，應也。應也者，以其爲之人者也。執其名，務其應，所以成之，應之道也。」應就是名實相符，換言之，人世間的「名」要與天地萬物之「實」相符合。《管子》又認爲「應」要以「感」爲前提，「『其應非所設也，其動非所取也』，此言因也。因也者，捨己而以物爲法者也。感而後應，非所設也；緣理而動，非所取也」。（《管子・心術上》）意思是說「應」並不是主觀隨意而應，行動也不是主觀隨意而擇取的，應該是去除主觀隨意而遵從客觀實在，要做到這一點，就要先感而後應。而要對外物產生眞實之「感」，就要先做到長心、長智，也就是上文所講之「潔其宮，闕其門」。顯然《管子》之天人感應思想具有唯物主義的理論內涵，這要比中國古代宗教神學意義上的天人感應學說更具有理性之品格。

1.1.3 氣水相合而生德

《管子》的氣論思想也是全書的主要內容之一。《管子》中的「氣」大致有以下三層意思：首先，氣乃外在運行之自然之氣。如《管子・侈靡》篇曰：「視之亦變，觀之風氣。古之祭，有時而星，有時而星熺，有時而熅，有時而朐。」據黎翔鳳之解釋，這裏的「風氣」指的就是自然之氣象，〔註 11〕也

〔註 11〕黎翔鳳撰，梁運華整理：《管子校注》（中冊），中華書局，2004 年版，第 752

就是大氣運行之狀況，全句意思是說古之祭祀要觀氣象而動。《管子・水地》篇和《管子・形勢解》進一步提出了「雲氣」的概念，如「欲小則化如蠶蠋，欲大則藏於天下，欲尚則淩於雲氣，欲下則入於深泉」(《管子・水地》)，「日月，昭察萬物者也，天多雲氣，蔽蓋者眾，則日月不明。」(《管子・形勢解》)，在《管子・輕重己》篇還提出了「霧氣」的說法，顯然這類「氣」的概念指的就是自然界實存之氣象。後來的《說文解字》即是從這一層面來解釋「氣」這一範疇的：「氣者，雲氣也。」其次，氣乃萬物生命動力之源。管子在回答桓公如何「爲身」時說道：「道血氣，以求長年、長心、長德。此爲身也。」(《管子・中匡》) 也就是說人身之發展，具有三個層面：肉體、心智和德性的發展，而維持這三個層面的發展就要導之以血氣，使血氣通暢。顯然，此處之「血氣」被看作人生發展之必要條件。王充在《論衡》中也有類似之解釋：「人之所以生者，精氣也，死而精氣滅，能爲精氣者，血脈也。人死血脈竭，竭而精氣滅，滅而形體朽，朽而成灰土，何用爲鬼？」(《論衡・論死》) 此處之精氣即是指生命之氣，有之則生，無之則死。再次，氣乃善惡之氣。《管子》認爲氣有善惡之分，如「善氣迎人，親如弟兄；惡氣迎人，害於戈兵。」(《管子・心術下》) 惡氣又被稱之爲邪氣，如《管子・形勢》篇所言：「邪氣入內，正色乃衰。君不君則臣不臣，父不父則子不子。」最後，氣乃萬物之根源，這是對氣的進一步抽象化、形而上學化的解釋，從而形成了《管子》著名的「精氣論」思想，也是我們下文分析的重點，因爲這一思想與倫理道德之生成過程有著密切的聯繫。

《管子》的「精氣論」思想是其氣論思想中著墨最多的內容。何謂精氣？《管子・內業》篇曰：「精也者，氣之精者也。」意思是說精氣作爲氣之一種，乃氣之最精妙者也。爲何精氣是最精妙的呢？該篇解釋道：

> 凡物之精，此則爲生。下生五穀，上爲列星。流於天地之間，謂之鬼神；藏於胸中，謂之聖人。是故民氣，杲乎如登於天，杳乎如入於淵，淖乎如在於海，卒乎如在於己。是故此氣也，不可止以力，而可安以德；不可呼以聲，而可迎以音。敬守勿失，是謂成德，德成而智出，萬物果得。

意思是說精氣乃萬物之根，是德性之源。上文已述，「道」是萬物之源、成德之基。如此一來，萬物不就有兩個根源了嗎？爲了解決這一疑問，我們需要

頁。

繼續分析其它討論精氣的部分，《管子・內業》篇曰：「精也者，氣之精者也。氣，道乃生，生乃思，思乃知，知乃止矣。」這裏關鍵是「氣，道乃生」這句話的意思不容易解釋，戴望的《管子校正》、趙守正的《管子注釋》以及李可和、劉柯的《管子譯注》等版本都把該句的「道」字解釋成：通達、暢通，全句意思就是說氣通暢了就會有生命，結合上文，那麼精氣也就是通達之氣，但這種解釋並沒有涉及「道」，還是沒有解決先前的疑問。而黎翔鳳先生在其《管子校注》中對於這句話的解釋給我們打開了思路，他認爲該句的意思是：「氣得道，能有生。」也就是說「道」融入了「氣」中，便形成了「精氣」，而精氣作爲道的載體，成爲了化生萬物的實際執行者，這樣就把「道」與「精氣」等同起來，解決了我們的疑問，使我們對上下文的理解更加通暢。根據上文，精氣要「敬守勿失」，方可「成德」，這與「德者，道之舍」（《管子・心術上》）所表達的意思是一樣的，也就是說「道」停留在「舍」內，就會自然形成「德」。按邏輯推演，還要先有「舍」的存在，這就涉及《管子》的水論思想。

《管子・水地》篇曰：「地者，萬物之本原，諸生之根菀也，美惡、賢不肖、愚俊之所生也。水者，地之血氣，如筋脈之通流者也。故曰：水，具材也。」地是生育萬物的母親，而水則是生成萬物的素材。這種以水爲本原的唯物主義思想完全可以與希臘哲學的先驅泰勒斯的「水爲萬物之本」思想相媲美，需要指出的是，泰勒斯僅僅是提出了這一觀點，並未進行詳細的論述，而《管子》則有自己一套豐富的水論思想。《管子》認爲水本身具有容納「道」的特質——卑下，正如《管子・水地》篇描寫水的特性時說：「人皆赴高，己獨赴下，卑也。卑也者，道之室，王者之器也，」意思是說水具有卑下的特性，而「道以卑爲室，王以卑爲器也」〔註 12〕，換言之，水因爲卑下而擁有了容納「道」的場所。而《管子》萬物具有德性，就是因爲作爲「具材」的水可以爲萬物形成「道之舍」，使道流入萬物以形成各自之德性，例如「水集於玉而九德出焉」。（《管子・水地》）也就是玉是由水構成而產生九德的。《管子》進一步以人爲例作了深入的闡釋：

> 人，水也。男女精氣合而水流形。三月如咀，咀者何？曰五味。五味者何？曰五藏。酸主脾，鹹主肺，辛主腎，苦主肝，甘

〔註 12〕黎翔鳳撰，梁運華整理：《管子校注》（中冊），中華書局，2004 年版，第 814 頁。

> 主心。五藏已具，而後生肉。脾生隔，肺生骨，腎生腦，肝生革，心生肉。五内已具，而後發爲九竅。脾發爲鼻，肝發爲目，腎發爲耳，肺發爲竅。五月而成，十月而生。生而目視、耳聽、心慮。目之所以視，非特山陵之見也，察於荒忽。耳之所聽，非特雷鼓之聞也，察於淑湫。心之所慮，非特知於麤粗也，察於微眇，故脩要之精。(《管子・水地》)

意思是說，人是由水和精氣共同作用而生育出來的，水構成了人的形體，產生了五臟六腑，集合精氣而慢慢成長的。

《管子》還認爲由於地理環境之不同，各地的水質會有差異，從而各地之人的德性也隨之產生不同，如《管子・水地》篇所云：「水者何也？萬物之本原也，諸生之宗室也，美惡、賢不肖、愚俊之所產也。何以知其然也？夫齊之水道躁而復，故其民貪粗而好勇；楚之水淖弱而清，故其民輕果而賊；越之水濁重而洎，故其民愚疾而垢；秦之水泔最而稽，淤滯而雜，故其民貪戾罔而好事；齊晉之水枯旱而運，淤滯而雜，故其民諂諛葆詐，巧佞而好利；燕之水萃下而弱，沉滯而雜，故其民愚戇而好貞，輕疾而易死；宋之水輕勁而清，故其民閒易而好正。是以聖人之化世也，其解在水。」

總之，在《管子》的道德來源問題上，基本思路是天人合一的思想，人道來源於天道，天道並不是憑空轉化爲人之道德的，而是通過道之「精氣」這一特殊轉化形態，與「水」形成之「精舍」相結合，使人既獲得了形體，同時還擁有了德性，從而成爲眞正意義之人。

1.2 人性基礎論

人性論構成了中國古代學者思考倫理問題的重要思想前提，特別是在先秦時代，學者著書立說往往都繞不開人性論這一話題。如《周易・繫辭上》曰：「一陰一陽之謂道，繼之者善也，成之者性也。」《商書・太甲上》曰：「茲乃不義，習與性成。予弗狎於弗順，營於桐宮，密邇先王其訓，無俾世迷。王徂桐宮居憂，克終允德。」《論語・陽貨》篇曰：「性相近也，習相遠也。」後來又有了孟子的「性善論」、荀子的「性惡論」、告子的「性無善無不善論」以及世碩的「性有善有惡論」等人性論的具體派別。當然這些豐富的人性論思想並不是空中樓閣，各家各派對於人性論之研究最主要的目的是爲思想理論尤其是道德理論的建構提供必要的前提和基礎。《管子》也不例外，也擁有豐富的人性論思想，並且其人性論思想也是其道德思想建立的理論基礎。

1.2.1 趨利避害的經驗主義人性論

我們今天對人性論的研究，不僅僅是要借鑒古代人性論的內容與特點，更重要的是要考察古代人性論思想形成的方法和態度，以便豐富我們的研究方法和途徑，爲形成更加科學的人性論思想打好基礎。從這種觀點出發，高柏園先生對先秦人性論進行了一番研究，高先生認爲：「有關人性論建立之方法與態度，在中國先秦時期之發展可大分爲二：其一是孟子之立場，其乃是就人之道德價值之要求與自覺處論人性，而此種價值之自覺與要求顯然是超越於一般經驗之上……吾人可稱此系統乃是就人之超越經驗而予以價值之安全與轉化上論人性之系統。其二是告子之立場，告子主張生之謂性……此所謂『食、色，性也』。而此食與色實乃一生命之經驗內容與事實……告子此種人性論完全是以人之經驗內容爲根據而有之論，此其爲經驗主義之立場也。」〔註 13〕

由於《管子》也是注重實踐的一部著作，其人性論思想應該也是建立在實踐基礎上的經驗之論，下面我們就具體分析一下《管子》人性論的思考路徑。《管子・禁藏》篇云：

> 夫冬日之不濫，非愛冰也；夏日之不煬，非愛火也。爲不適於身便於體也。」也就是說，冰、火之可用否關鍵看是否對身體有利。該篇又云：「其商人通賈，倍道兼行，夜以續日，千里而不遠者，利在前也。漁人之入海，海深萬仞，就波逆流，乘危百里宿夜不出者，利在水也。故利之所在，雖千仞之山無所不上，深淵之下，無所不入焉。

管子正是在這些經驗事實中總結出「夫凡人之情，見利莫能勿就，見害莫能勿避」（《管子・禁藏》）的趨利避害之人性論思想的。可見，管子的人性論應該是與告子同屬一派，即其人性論是在深入考察社會實際而於經驗中歸納出的人性之理。三晉法家韓非的人性論思想可能借鑒了《管子》的人性論思想，因爲二者人性論不僅內容相近，而且分析之方法也如出一轍。韓非同樣以爲現實中的人性無所謂善惡，只具有趨利避害的特性。《韓非子・備內》篇曰：

〔註 13〕 高柏園：《韓非哲學研究》，臺北：文津出版社，1994 年版，第 69 頁。

> 故王良愛馬，越王句踐愛人，爲戰與馳。醫善吮人之傷，含人之血，非骨肉之親也，利所加也。故輿人成輿，則欲人之富貴；匠人成棺，則欲人之夭死也。非輿人仁，而匠人賊也。人不貴，則輿不售；人不死，則棺不買。情非憎人也，利在人之死也。故后妃夫人太子之黨成，而欲君之死也。君不死，則勢不重。情非憎君也，利在君之死也。

於是在這些人情世故的經驗事實中，韓非得出「好利勿害，夫人之所有也」。（《韓非子・難二》）也就是說，趨利避害是每個人都具有的自然本性。

雖然管子與韓非從經驗中歸納出的都是趨利避害的人性論思想，但是二者人性論卻存在著巨大的差異，特別是在「利」、「害」的具體內涵上。由於「利」、「害」是相對的，我們僅以「利」爲例進行分析。《管子》人性論所談論的「利」不僅包括物質之利，而且還包括精神之「利」。管子並沒有拒斥儒家的道德之學，反而極其重視道德的作用，並且試圖把道德轉化爲精神之利，以便更好地教化民眾。如《管子・幼官》篇所言：「親之以仁，養之以義。」管子對於這些儒家式道德規範，循著趨利避害的人之本性，將其轉化爲人們精神層面的「利」來引導民眾，利用「選賢」、「舉惡」的制度，大力提倡這種精神之「利」，使民眾切實嚮往之，從而教訓民眾「並化民成俗」，形成道德至善的觀念，產生輿論的壓力，從而達到「百姓皆說爲善」（《管子・權脩》）的太平之理想境界。也就是說，管子根據其趨利避害的人性論觀點，運用因循利用之道，教化國民，形成以「有德爲利、無德爲害」的社會風氣，倡導道德向善，化民成俗，以利於治國。管子人性論中的利已暗含了許多儒家道德的思想元素，這應該是與當時齊、魯之學相互交融的結果有一定關係的。可以說管子的人性論不但不排斥儒家式的道德理論，而且還將其作爲人性論因循利用的「利」加以重視，這也爲齊魯之學的合流乃至先秦各家學派的相互融合樹立了一個大典範。韓非則認爲，戰國時期的形勢發生了根本的變化，尙利成爲了歷史發展的趨勢。韓非人性思想不但尙利輕德，而且還從根本上否定了儒家倫理的基礎——親親之情。《韓非子・六反》篇云：「且父母之於子也，產男則相賀，產女則殺之……而況無父母之澤乎！」在《韓非子・備內》篇進一步說道：

> 人主之患，在於信人，信人則制於人。人臣之於其君，非有骨肉之親也，縛於勢而不得不事也。故爲人臣者窺覘其君心也，無須

> 臾之休，而人主怠慠處其上，此世所以有劫君弒主也。爲人主而大信其子，則姦臣得乘於子以成其私，故李兌傅趙王而餓主父。爲人主而大信其妻，則姦臣得乘於妻以成其私，故優施傅麗姬，殺申生而立奚齊。夫以妻之近與子之親，而猶不可信，則其餘無可信者矣。

因此在韓非看來，夫妻之間的仁愛是不可靠的，父母子女之間的血緣親情也應該被個人利害關係所代替。家庭親情已至如此地步，更何況形同路人的君臣呢？顯然韓非之趨利避害人性論之「利」已完全把儒家式的仁義道德排除在外了，從而「此其所重法、重勢、重術者，無不是立基於此自私之人性論之上也」。〔註14〕也就是說，韓非的「利」指的都是自私之功利，從這一人性論「利」之內涵上也可看出，韓非與管子之人性論思想之不同已非常顯明了（注：管子與韓非的人性論詳細比較分析請參見本書附錄1）。

顯然，《管子》的人性論採用的是經驗主義基礎上的歸納方法，以此種方法歸納出的人性論爲根基所形成的治國之理念必然也會充滿著實踐性或實用性的氣息。在動蕩的春秋戰國時代，這種人性論思想正迎合了當時重視可行性富國強兵之策的諸侯們的口味，特別是九匡諸侯的齊國與後來一統天下的秦國的眾多治國之策都可追溯到這一人性論思想，這一點將在下文中詳細論述。但是，任何事物都具有兩面性，這種經驗主義的歸納方法也有其不足之處。最重要的是經驗歸納之人性論主張者主要是爲了在此基礎上爲政治運作提供一套簡易之方法，故必然會將人性中諸多其它因素抽離，而僅剩下基於簡易實用之要求的趨利避害之特性。故此經驗主義的人性論雖有其現實實用性，但也有其片面狹隘性。另外，這種人性論把社會上的人，不分階級、階層、地位，都一律看成是唯利是圖者，就把人之自私自利性，視爲所有人的共同本性，這就抹殺了社會中各種不同地位、不同道德意識的差別性。〔註15〕

1.2.2 和合之道的追尋

上文已述，《管子》認爲人之本性是趨利避害的，那麼何爲利？何爲害呢？《管子‧明法解》以百官爲例做了說明：「故人臣之行理奉命者，非以愛主也，且以就利而避害也；百官之奉法無奸者，非以愛主也，欲以愛爵祿而避罰也。」

〔註14〕高柏園：《韓非哲學研究》，臺北：文津出版社，1994年版，第83頁。
〔註15〕姜國柱、朱葵菊：《中國人性論史》，鄭州：河南人民出版社，1997年版，第235頁。

也就是說利就是財富、榮譽等喜愛之物，而害則是受懲罰等對自己的不利之事。墨子對利、害進行了明確的解釋：「利，所得而喜也。……害，所得而惡也。」（《墨子・經上》）也就是說「利」是自己得到它後會有喜悅之感，「害」是自己得到它後會產生厭惡之感。顯然《管子》的趨利避害思想與西方趨樂避苦的思想極爲相似。西方快樂主義的鼻祖伊壁鳩盧曾認爲尋求幸福和快樂是人之本性，他曾經指出：「我們生活的目的就是追求幸福或者快樂。快樂是幸福生活的始點和終點，是最高的和天生的善……快樂就是身體的不受痛苦和心靈的不受干擾。」〔註16〕《管子・禁藏》篇也有類似觀點：「凡人之情：得所欲則樂，逢所惡則憂，此貴賤之所同有也。」

按照《管子》趨利避害之人性論，人們就會對各種「利」產生欲望，而人之欲望是沒有終點的，而社會資源卻是有限的，人之無窮欲望受到資源之限制時，必然會產生相互間的爭鬥，正如《管子・權脩》篇所言：「地之生財有時，民之用力有倦，而人君之欲無窮。以有時與有倦養無窮之君，而度量不生於其間，則上下相疾也。是以臣有殺其君，子有殺其父者矣。」並且《管子》根據其人性論思想推斷出文明到來之前的社會是一個「以力相征」的無序狀態：「古者未有君臣上下之別，未有夫婦妃匹之合，獸處群居，以力相征。於是智者詐愚，強者淩弱，老幼孤獨不得其所。」（《管子・君臣下》）荀子的人性論也有類似之看法，荀子亦認爲「人生而有欲，欲而不得，則不能無求；求而無度量分界，則不能不爭；爭則亂，亂則窮」（《荀子・禮論》），於是「縱人之性，順人之情，必出於爭奪，合於犯分亂理而歸於暴」（《荀子・性惡》）。不同的是《管子》並沒有把這種人性論歸爲「性惡」論，只是認爲任由人性之發展必然會造成「人人不得其所」的後果，而荀子則明確提出了人性惡的說法。〔註17〕無獨有偶，《管子》這種理論在西方思想界也有一席之地，但其在西方的興起卻已到了近代，契約論學派的霍布斯就持有此類觀點，他也認爲人具有趨樂避苦的自私本性，並且由於欲望無窮和資源的稀缺之矛盾，自

〔註16〕苗力田、李毓章：《西方哲學史新編》，北京：人民出版社，1990年版，第118頁。

〔註17〕其實從《荀子》原文來看，其性惡論的觀點也是從人性所帶來的後果之「惡」來說明人性惡的，並不是指的人性本身就是「惡」的，王陽明有言：「荀子性惡之說，是從流弊上說來」（《王陽明全集》上卷，吳光等編校，上海：上海古籍出版社 1992 年版，第 115 頁）。因此與《管子》之人性觀點並沒有實質的不同。

然狀態下人與人就會像狼與狼那樣相互爭鬥，並且人與人的爭鬥不僅是爲了未來的權欲，同樣也是爲了保住現有的權欲，〔註 18〕如果任其發展，這種爭鬥將永無休止之日。其結果就是：「最糟糕的是人們不斷處於暴力死亡的恐懼和危險中，人的生活孤獨、貧困、卑污、殘忍而短壽。」〔註 19〕這與《管子》的人性觀點基本是一致的。

人人爲「利」而爭鬥，其結果只能是人人受傷，因爲勢均力敵者一定會兩敗俱傷，力量強大者必然會迫使弱小者組成聯盟與之抗衡，其結果也只能是雙雙受害，因此在所謂的自然狀態下，人人都會處於自危的境地，正如《管子·君臣下》所言：「智者詐愚，強者淩弱，老幼孤獨不得其所。」在這種人人無法自保的情況下，人類的理性就有了用武之地，依靠理性分析，人們慢慢發現人們爭鬥主要源於社會的無序化，爲了人人自保，首先就要賦予社會以秩序。《管子》的作者顯然也認識到這一點，從而提出了自己的「和合」思想：首先，和諧有序之重要性。《管子·內業》篇曰：「和乃生，不和不生。」意思是說只有和才會產生生命力。《管子·形勢》又曰：「上下不和，雖安必危。」並進一步說：「和合故能諧，諧故能輯，諧輯以悉，莫之能傷。」（《管子·兵法》）意思是「和睦團結就協調，協調就能一致。都能協調一致，就誰也不能傷害」。〔註 20〕換言之，只要達到「和合」狀態，人們就可以因社會有序而自保。其次，達到社會「和合」的途徑。《管子》認爲社會有序的最好途徑就是通過道德的方式來達到，《管子·幼官》篇曰：「畜之以道，養之以德。畜之以道，則民和；養之以德，則民合。和合故能習，習故能偕，偕習以悉，莫之能傷也。」最後，「和」不是自動生成，而是需要倡導方可行之，《管子·白心》云：「上之隨天，其次隨人。人不倡不和，天不始不隨。」那麼由何人來倡導呢？《管子》認爲只能留給聖賢來完成這一任務，正如《管子·君臣下》所言：「故智者假眾力以禁強虐，而暴人止。爲民興利除害，正民之德，

〔註 18〕用霍布斯的話就是：「幸福就是欲望從一個目標到另一個目標不斷地發展，達到前一個目標不過是爲後一個目標鋪平道路。所以如此的原因在於，人類的欲望的目的不是在一項間享受一次就完了，而是要永遠確保達到未來欲望的道路。」自（英）霍布斯（Hobbes）：《利維坦》，黎思復、黎廷弼譯，北京：商務印書館，1985 年版，第 72 頁。

〔註 19〕（英）霍布斯（Hobbes）：《利維坦》，黎思復、黎廷弼譯，北京：商務印書館，1985 年版，第 95 頁。

〔註 20〕劉柯、李克和：《管子譯注》，哈爾濱：黑龍江人民出版社，2003 年版，第 124 頁。

而民師之。是故道術德行，出於賢人。其從義理兆形於民心，則民反道矣。」

顯然，《管子》是從人之趨利避害本性談起，認為在無制約的自然狀態下，人與人一直處於無休止的爭鬥中，若要解決這種人人無法自保的問題，必須為社會尋求秩序，《管子》針對這種情況，提出了自己的「和合」之道，並且認為社會要和諧，就要等待賢人利用道術德行來拯救，從而把治理之權交給賢人，走上了一條馬克斯・韋伯稱之為「克里斯馬（Chrisma）」型魅力權威式人治之路。雖然《管子》也屬於重法學派，但是其法令皆出於君主之個人，如《管子・任法》所言：「生法者，君也。」也就是說君權高於法令，君主僅靠道德約束而置身於法令限制之外，〔註 21〕這就為君主高壓專制埋下了導火索，也是《管子》所沒有想到的。

1.3 社會條件論

《管子》認為道德並不是自然而然產生的，還需要眾多的社會因素作為其產生的條件和前提。在《管子》書中，道德之產生是天道轉化為人德的結果，但這一轉化還必須依賴於人之主體能動性的發揮，否則「道」還是「道」，無法轉化為人之德性。另外，《管子》認為道德之形成還必須使人們首先獲得良好的生存環境和必要的經濟基礎，否則同樣德性也不會在人們身上得以呈現。

1.3.1 賢人之出現

《管子・四時》篇曰：「道生天地，德出賢人。」意思是說，道德之產生是由天地和賢人來完成的，從而強調賢人在道德形成過程中的創始者地位。《管子・君臣下》進一步強調了這一觀點：

> 古者未有君臣上下之別，未有夫婦妃匹之合，獸處群居，以力相征。於是智者詐愚，強者淩弱，老幼孤獨不得其所。故智者假眾力以禁強虐，而暴人止。為民興利除害，正民之德，而民師之。是故道術德行，出於賢人。其從義理兆形於民心，則民反道矣。名物處，違是非之分，則賞罰行矣。上下設，民生體，而國都立矣。是故國之所以為國者，民體以為國；君之所以為君者，賞罰以為君。

〔註 21〕參見胡家聰：《管子新探》，中國社會科學出版社，2003 年版，第 50～63 頁。

意思是說，道術德行並不是先天存在的，而是由賢人率先獲得，然後才使普通民眾獲得義理德性的。換言之，《管子》認爲「道術德行」皆出於「賢人」，即道德之形成必須等待「賢人」之出現。

那麼「道術德行」是賢人先天得到的呢？還是其後天得到的呢？管子基本上屬於經驗主義學派，並不認同道德的先天性，而是持後天得到之觀點。如《管子・內業》篇所言：「凡物之精，此則爲生。下生五穀，上爲列星。流於天地之間，謂之鬼神；藏於胸中，謂之聖人……敬守勿失，是謂成德，德成而智出，萬物果得。」也就是說，精氣（或「道」）流轉於天地之中，是「聖賢」主動把精氣「藏於胸中」，並且做到「敬守勿失」，方可成德。換言之，要在經驗中，有認識之自覺性，體悟到「道」之存在，並且主動得「道」修「德」。這一成德之過程乃聖賢之人後天所爲。也就是說要先有具備得「道」條件的聖賢之人存在，方可化「道」爲「德」。這種賢人得「道」成「德」的過程，與以洛克爲代表人物的西方經驗主義認識論有著類似之處，洛克認爲意識觀念不是天生存在的，而是通過後天之經驗取得的，後天經驗進入人的大腦並在大腦中形成一系列的痕跡，這些痕跡便構成了觀念意識，而觀念通過聯想而形成各種認知。〔註 22〕雖然管子並沒有像洛克那樣完整系統的認識論思想，但他也用自己樸素的方式表到了這類認識論的理念。

《管子》這種賢人後天成「德」的思想，與荀子「聖人化性起僞」的觀點如出一轍，如《荀子・性惡》篇有言：「故聖人化性而起僞，僞起而生禮義，禮義生而製法度；然則禮義法度者，是聖人之所生也。故聖人之所以同於眾，而不過於眾者，性也；所以異而過眾者，僞也。」也就是說，「禮儀法度」乃聖人後天「起僞」而成之。但是在聖人成德之過程的描述上，荀子並沒有像《管子》那樣進行明確的交代。

《管子》認爲聖賢本人也是經過後天修養而產生的，這就涉及修養功夫論的思想，將在後文進行詳細解釋。

1.3.2 五害之去除

《管子・君臣下》認爲賢人得道成德之後，接下來的任務就是「爲民興利除害，正民之德」，以至於使「義理兆形於民心」，使「民反道」。也就是說，

〔註 22〕參見洛克（英）：《人類理解論》，關文運譯，北京：商務印書館，2009 年版，第 68～75 頁。

要使民眾也具有德性，首先需要完成的任務就是爲民興利除害。當然這並不是武斷之言，《管子》也爲此提供了解釋。《管子》認爲，一般民眾很難通過自我努力和自我修養而具有德性，欲使民「反道」成德，基本的方式就是對民眾進行道德教化，而道德教化的最佳途徑就是要因循人性（這在下文「道德教化」章節將詳細論述），《管子》認爲人之本性就是趨利避害，因此，欲因循人之本性，就要通過利害引導之。

趨利避害的人性論顯然是建立在「自愛」的基礎之上的，而「自愛」的第一步就是解決自己的生存問題，正如馬克思所說：「一切人類生存的第一個前提，也就是一切歷史的第一個前提，這個前提是：人們爲了能夠『創造歷史』，必須能夠生活。」〔註23〕《管子》就是從去除人之生存障礙作爲前提來討論民眾德性之產生的。《管子・度地》寫道：「故善爲國者，必先除其五害，人乃終身無患害而孝慈焉。」這裏的孝慈指代的是所有的德性，〔註24〕意思是欲使人產生慈孝等德性，必須先除去五害，解決人們的生存問題。五害指的是什麼呢？書中接著說道：「水，一害也；旱，一害也；風霧雹霜，一害也；厲，一害也；蟲，一害也。此謂五害。」（《管子・度地》）也就是說，五害指的是水災、旱災、風霧雹霜災、瘟疫以及蟲災等威脅人之生命的災難。《管子》以水害爲例說明了除五害之重要性：「水妄行則傷人，傷人則困，困則輕法，輕法則難治，難治則不孝，不孝則不臣矣。故五害之屬，傷殺之類，禍福同矣。」（《管子・度地》）只要這五害不除，人的自身安全就得不到保障，人避害都唯恐不及，哪有心思去考慮法度、道德問題？另外，五害不除，必然會導致家破人亡、妻離子散，勢必無法產生群聚合一的社會環境，道德建設自然就缺失了必要的社會基礎。

《管子》認爲「五害之屬，水最爲大」。（《管子・度地》）也就是說水災是威脅人類生存的首要禍害。這與中國人的聚居環境密切相關，中華文明主要起源於黃河、長江等河流文明，因爲華人祖先主要從事的是農耕勞作，而農業要依賴水源來灌溉，因此人們大多聚居在河流附近。由於古代河流之堤岸都是自然而形成，一到汛期，很容易決堤泛濫，成爲水患。

〔註23〕馬克思、恩格斯：《馬克思恩格斯選集》第1卷〔M〕，中共中央馬克思恩格斯列寧斯大林著作編譯局譯，北京：人民出版社，1995年版，第78～79頁。

〔註24〕參見郭沫若：《郭沫若全集》歷史編第七卷《管子集校》（三），人民出版社，1984年版，第278頁。

由於水害最大，欲除五害必先除去水害，正如《管子·度地》篇所言：「除五害，以水爲始。」除去水害，其它四害的治理便納入了日程。管子認爲只要把一年四季之事安排妥當，就可制服四害，如《管子·度地》篇曰：「四時以得，四害皆服。」也就是說每個季節都要做當做之事，就可預防旱、蟲等四害，只要治者組織妥當，就可以使民避免這些災害。「故善爲國者，必先除其五害，人乃終身無患害而孝慈焉。」（《管子·度地》）民眾免除了五害的侵擾，自然就爲民眾德性之形成創造了必要之前提。

1.3.3 經濟之先導

經濟與道德之關係的討論在中國並非新鮮話題，在中國先秦就已展開該話題的討論，主要是以「義利之辯」的形式進行的。先秦儒家主張「重義輕利」的價值取向，孔子曰：「君子喻於義，小人喻於利。」〔註 25〕又曰：「見利思義，見危授命，久要不忘平生之言，亦可以爲成人矣。」〔註 26〕也就是說義對於利來說具有優先性。到了孟子那裏這一主張被進一步加強，甚至提出：「何必言利」（《孟子·公孫丑上》）的極端看法。先秦的楊朱學派則主張利己高於一切的觀點，認爲「拔一毛而利天下，不爲也」。（《孟子·盡心上》）先秦墨家把利視爲利他，從而主張貴義尚利的義利協調論觀點。縱觀以上各種義利觀，基本上都是從社會現實的角度來論述道德與經濟之關係的，討論的都是在社會現實中哪一方面更優先的問題，而並沒有涉及道德與經濟在本源方面的關係問題。

《管子》與其它各家學派不同的是，其開篇便強調經濟在道德起源上的作用：「凡有地牧民者，務在四時，守在倉廩。國多財則遠者來，地辟舉則民留處，倉廩實則知禮節，衣食足則知榮辱。」（《管子·牧民》）也就是說普通民眾的道德觀之形成是建立在一定的經濟基礎之上的。談到這裏，不免使人聯想到馬克思主義對於經濟基礎的相關理論。馬克思認爲：「物質生活的生產方式制約著整個社會生活、政治生活和精神生活的過程，不是人們的意識決定人們的存在，相反，是人們的社會存在決定人們的意識。」〔註 27〕恩格斯

〔註 25〕《論語·里仁》，《論語譯注》，楊伯峻譯注，北京：中華書局，2006 年版，第 42 頁。

〔註 26〕《論語·憲問》，《論語譯注》，楊伯峻譯注，北京：中華書局，2006 年版，第 168 頁。

〔註 27〕馬克思、恩格斯：《馬克思恩格斯全集》第 13 卷〔M〕，中共中央馬克思恩格

進一步認爲：「人們自覺或不自覺地，歸根到底總是從他們階級地位所依據的實際關係中—從他們進行生產和交換的經濟關係中，吸取自己的道德觀念。……對同樣的或者差不多的經濟發展階段來說，道德論必然是或多或少地互相一致的。」〔註 28〕「我們駁斥一切想把任何道德教條當作永恒的、終極的、從此不變的原則的企圖，這種企圖的藉口是，道德的世界有淩駕於歷史和民族之上的不變的原則。相反，我們斷定，一切以往的道德論歸根到底都是當時的社會經濟狀況的產物。」〔註 29〕也就是說馬克思主義認爲經濟關係是道德形成的社會基礎，這確實與《管子》的思想有共通之處，二者都強調經濟相對於道德的基礎地位。但是，經過仔細分析，我們可以發現，其實二者在此問題上並不盡相同。馬克思主義強調的是，經濟生活中結成的生產關係是道德生成的前提和基礎，而《管子》卻認爲只要人們的經濟生活富裕了就可以爲道德之生成建立堅實的基礎。顯然，二者並不是在同一平臺上談論道德與經濟關係的。一個是從社會關係的角度，另一個卻是從純經濟利益滿足的角度來解釋的。從唯物主義的角度來看，顯然後者的表達更加樸素一些，但其觀點卻是早於前者兩千年之久，這就已經足以使人震耳發聵了。

那麼，在《管子》那裏，是否經濟利益得到滿足，人們就自然產生德性？對於這一疑問，我們必須回到對於「倉廩實則知禮節，衣食足則知榮辱」這句話的解釋上來。唐代思想家杜佑曾經在其《通典・序言》說道：「夫理道之先在乎行教化，教化之本在乎足衣食。易稱聚人曰財。洪範八政，一曰食，二曰貨。管子曰：『倉廩實知禮節，衣食足知榮辱。』夫子曰：『既富而教。』斯之謂矣。」在杜佑看來「倉廩實則知禮節，衣食足則知榮辱」中的「知」應爲使動用法，全句的意思是說先滿足民眾的經濟需要，再對其進行道德教化，使其產生德性。我們認爲這種解釋是站得住腳的，這與《管子》書中的道德教化論思想是前後呼應的。否則，該句如果解釋成經濟得到了滿足民眾自然就會產生德性，那麼國家只要發展好經濟即可，而不需要教化這一治理民眾的工具了，這顯然是與全書的內容不相符合的。

也就是說，《管子》認爲，經濟條件只是民眾道德形成的必要條件，而不

斯列寧斯大林著作編譯局譯，北京：人民出版社，1962 年版，第 8 頁。

〔註 28〕馬克思、恩格斯：《馬克思恩格斯全集》第 20 卷〔M〕，中共中央馬克思恩格斯列寧斯大林著作編譯局譯，北京：人民出版社，1971 年版，第 102 頁。

〔註 29〕馬克思、恩格斯：《馬克思恩格斯全集》第 20 卷〔M〕，中共中央馬克思恩格斯列寧斯大林著作編譯局譯，北京：人民出版社，1971 年版，第 103 頁。

是充分條件。這也爲解決當代學者思考的「經濟與道德的二律背反」問題提供了一條思路。所謂「經濟與道德的二律背反」問題指的是經濟得到了快速發展，而道德卻產生了嚴重的滑坡現象，從而使許多學者認爲道德與經濟存在著相互矛盾的關係，從而動搖了對社會主義市場經濟的積極看法。其實這是大可不必的，遠在兩千年前的《管子》那裏就已經給出了較好的回答。由於經濟發展只是道德建設的必要條件，經濟發展了並不必然使民眾具有德性，關鍵是，是否對民眾進行了良好的道德教化。

小　結

我們欲研究《管子》倫理道德思想之全貌，首先必須要瞭解《管子》道德之來源，或者說道德形上之基礎。《管子》認爲道德之形成乃是外在之「道」轉化爲內在之「德」的過程，並對「道」與「德」進行了分別討論。《管子》之「道」具有三種基本特性：其一，虛無性；其二，無限性；其三，無爲性。《管子》之「德」則具有三個層面的意涵：其一，「德」乃「道」之舍；其二，「德」者，得也；其三，倫理規範之「德」，包括德行之政和德性兩方面。然後，《管子》進一步認爲，可轉化爲人之德性的「道」主要是指天之「道」，於是又利用天人合一之思維論證了「人參天地」、「法天合德」以及「天人感應」的思想，爲道德之生成提供了思想前提。而《管子》又利用「氣論」和「水論」思想爲道德之形成提供了現實的可能性，「精氣」乃天道之具體形式，流轉於天地萬物之間，「水」則形成人之形體，構成道之「精舍」，使精氣聚於精舍，由道轉化爲德。人性論思想也是道德的基礎問題之一，《管子》的人性論思想是從現實經驗觀察的過程中，歸納形成的自然主義人性論思想，認爲人具有趨利避害之本性，如果放縱人之本性，加上資源之稀缺性，其結果只能是互相爭鬥、人人自危，自我保存之理性迫使人們對秩序產生強烈的需求，而道德則是獲得秩序的主要手段之一，因此趨利避害之人性爲道德之形成提供了人性論基礎。此外，道德之形成還需要一定的社會條件，賢人的出現乃道德生成之主體條件，五害之去除乃道德生成之社會環境條件，經濟之發展乃道德生成之經濟條件。

第二章　規範德性論

《管子》在全書第一段話就提出禮、義、廉、恥乃國之四維的觀點，表明道德規範和德性要求在其思想中處於非常重要的地位。另外，《管子》一書是以齊國文化爲背景的，而齊文化的主流則來自於先齊東夷土著文化，因爲姜太公被封於齊後，並沒有一味推行「周禮」制度，而是採取了「因其俗，簡其禮，通商工之業，便魚鹽之利」（《史記・齊太公世家》）的政策，從而齊文化保留了先齊東夷文化的主要特色，因此齊文化與大力推行「周禮」的中原文化是有不同之處的。故以齊文化爲背景的《管子》規範德性思想與以恢復「周禮」爲己任的先秦儒家規範德性思想比較起來，必然有其獨特之處。在我們看來，對於《管子》一書中規範德性思想的挖掘和研究，是一項有意義的學術工作。

本章重點是分析其四維思想的內涵、歷史傳承以及對四維的質疑之論。此外，由於《管子》一書規範德性方面的內容非常豐富，除了國之四維之外，還包含了眾多的德性範疇，本章僅選取仁、智、孝等具體德目進行剖析，以更深入地管窺《管子》的規範德性思想。

2.1 四維之概述

從整個《管子》思想體系來看，首篇《管子・牧民》可以說起到了全書總綱之作用，而在這一篇著重強調的則是國之四維的倫理思想。段玉裁在《說文解字注》中曰：「凡相繫者曰維。」〔註 1〕所謂「四維」原意是指繫在漁網

〔註 1〕段玉裁（清）：《說文解字注》，上海：上海古籍出版社，1981 年版，第 658 頁。

四個角上的繩索，〔註 2〕以控制網之開闔，乃漁網發揮功能的關鍵部位，在《管子》中是用比喻的手法，把禮、義、廉、恥視作「國之四維」來加以強調的。該篇第一段便提出「四維不張，國乃滅亡」的斷言，緊接之第二段又對四維之地位和內涵進行了詳細分析：

> 國有四維，一維絕則傾，二維絕則危，三維絕則覆，四維絕則滅。傾可正也，危可安也、覆可起也，滅不可復錯也。何謂四維？一曰禮，二曰義，三曰廉，四曰恥。禮不逾節，義不自進，廉不蔽惡、恥不從枉。故不逾節則上位安，不自進則民無巧詐，不蔽惡則行自全，不從枉則邪事不生。

可見，禮、義、廉、恥，作爲國之四維，在《管子》思想體系中，居於至關重要之地位。尤其是在《管子》規範德性思想中，禮、義、廉、恥等四維乃核心之德目，其它相關之德性範疇皆是圍繞著禮、義、廉、恥等四維而展開討論的。

2.1.1 禮不逾節

「禮」之起源可追溯至中華文明發端之時，據考證，「禮」字在甲骨文中即已出現，當時的主要寫法爲：「豊」，另外還有幾種變體寫法，對甲骨文有過專門研究的王國維先生解釋道：「此諸字皆像二玉在器之形，古者行禮以玉，故《說文》曰：『豊，行禮之器，其說古也。』……推之而奉神人之酒醴亦謂之醴，又推之奉神人之事通謂之禮……其分化爲醴禮蓋稍後矣。」〔註 3〕「禮」爲「禮」的繁體寫法。意思是說，從文字學上來看，「豊」的本義是指拿兩塊玉放在一器皿中來祭祀神靈，這也構成了後世「禮」字的原初意涵。郭沫若也贊同這種說法：「禮是後來的字，在金文裏面我們偶而看見有用豐字的，從字的結構上來說，是在一個器皿裏面盛兩串玉貝以奉事於神，《盤庚篇》裏面所說的『具乃貝玉』，就是這個意思。大概禮之起於祀神，故其字後來以示，其擴展而對人，更其後擴展而爲吉、凶、軍、賓、嘉的各種儀制，這都是時代進展的成果。」〔註 4〕也就是說，「禮」是由祭祀之義漸漸發展出日益豐富之含義的。這也是符合歷史實際的。殷商之前「禮」是否存在於今已無

〔註 2〕周瀚光、朱幼文、戴洪才：《管子直解》，上海：復旦大學出版社，2000 年版，第 3 頁。

〔註 3〕王國維：《觀堂集林》（一），北京：中華書局，1959 年版，第 291 頁。

〔註 4〕郭沫若：《十批判書》，北京：科學出版社，1956 年版，第 93～94 頁。

可考，但是據上文分析，商代的甲骨卜辭可以表明，商代之禮其基本意涵指的是祭祀之禮，這在《尚書》中也有類似說明：「故殷禮陟配天，多歷年所。天維純祐命，則商實百姓王人。」又曰：「王，肇稱殷禮，祀於新邑，咸秩無文。」（《尚書・周書》）由此可知，殷商之禮主要是祭祀神靈之義已無疑也。西周建立之後，由於政治之需要，提出了「以德配天」的口號，特別是周公「制禮作樂」之後，「禮」也就由祭祀神靈漸漸蔓延至社會世俗層面，形成了一系列等級分明的制度禮儀，同時發展出道德規範之義，如《禮記・表記》所言：「周人尊禮尚施，事鬼敬神而遠之，近人而忠焉。」當然，在西周，祭祀仍然是禮之重要內容，只不過相比殷商，在這一層面上有所弱化而已。到了春秋戰國時期，西周形成的禮制日趨僵化，再加上常年動亂，人們的守禮意識逐漸淡薄，慢慢就形成了「禮崩樂壞」之亂局，一些有識之士爲了挽救華夏之即倒，一直在尋求救世之良方，其中不乏以恢復周禮爲志向者，當然由於當時之時代要求，這些所謂恢復周禮者，不僅僅是返本於周禮，更重要地是對禮制的開新，這樣對於禮制的返本開新之浪潮便悄然興起，在眾多引領該潮流的學者當中，管子絕對算得上一位重量級人物，管子率先把「禮」提升爲國之四維之首的高度，對於「禮」的推廣功不可沒。下面我們具體來分析一下管子的「禮學」思想。

首先，禮之重要性。西周以前，人們主要是以源於上天的角度來強調「禮」之重要性的，如《尚書》所記載夏禮內容中便有：「天秩有禮，自我五禮有庸哉！」（《尚書・虞書》）在描述商禮時又曰：「殖有禮，覆昏暴。欽崇天道，永保天命。」（《尚書・商書》）西周之後，由於人們的觀念由「崇天命」向「重人事」轉變，對於禮之重要性也逐漸轉向強調社會現實之需求上來，如《詩經・鄘風》所言：「相鼠有體，人而無禮，人而無禮！胡不遄死？」也就是說人失去了禮，也就失去了活著的意義。《左傳・隱公十一年》又云：「禮，經國家，定社稷，序民人，利後嗣者也。」意思是說，禮是治理國家、穩定社稷、使民有序、利在後代的制度保障和規範標準，其重要性不言而喻。《管子》在吸收前人觀點的基礎上，提出了自己關於禮之重要性的看法：其一，《管子》認爲禮是人之本然屬性，如《管子・君臣上》提出了「三常」觀點：「天有常象，地有常形，人有常禮。一設而不更，此謂三常。」意思是說，天象是天的恒有之物，地形是地的恒有之物，人禮是人類的恒有之物。換言之，禮就是人之所以爲人的基本根據，離開了禮的約束，人將不成其爲人。這種以形而上的人之本性的角度來說明禮之重要性，顯然要比之前的「天命論」更具有理論深度和說服力。其二，禮是奪取天下之要方，如《管子・樞言》篇曰：「先王取天下，遠者以禮，近者以體。體、禮者，所以取天下；遠、近者，所以殊天下之際。」也就是說，欲奪取天下，就要推行禮道，否則僅靠暴力是無法達至王天下之目的的，正如《管子・七法》篇所言：「成功立事，必順於禮義；故不禮不勝天下。」顯然，這是對春秋戰國時期「以力相征」造成的混亂局面的深刻警醒，對當時頻發的「不義之戰」也起到了批判的作用，這與儒家的戰爭思想是有其共通之處的，如《禮記》曾云：「勇敢強有力而不用之於禮義戰勝，而用之於爭鬥，則謂之亂人。」(《禮記・聘義》) 孟子的「王道」思想也是主張「王天下」而反對「以力相征」的。其三，禮是治國的基本工具。《管子》非常強調禮對於維護封建統治的工具性作用。《管子・君臣下》曰：「禮孝悌，則奸僞止」，進而又提出：「禮，正民之道也。」《管子・五輔》又言：「夫人必知禮然後恭敬，恭敬然後尊讓，尊讓然後少長貴賤不相逾越，少長貴賤不相逾越，故亂不生而患不作。故曰：禮不可不謹也。」意思是說，禮就是要求人們各守其責，做到「禮不逾節」這樣就會爲社會穩定提供有力的保障。

其次，禮之精神本質。「禮作爲中國古代社會的『法制之名』、『人之規範』，其宗旨在於維護等級制度。因此，禮的根本精神、原則是『分』、『別』、『序』，即辨別、規定等級區分，使等級關係有序化。」〔註5〕禮的這一本質特性在《管子》之中也得以體現。《管子》開篇解釋國之四維時便提出「禮不逾節」(《管子・牧民》) 的觀點，意思是說，遵行禮道，就是要按照自己的等級地位進行，不能做出越軌之事。《管子・心術上》明確解釋道：「登降揖讓、貴賤有等、親疏之體謂之禮。」繼而《管子》又對人們在社會中的具體等級秩序提出了「禮之八經」說：

> 上下有義，貴賤有分，長幼有等，貧富有度。凡此八者，禮之經也。故上下無義則亂，貴賤無分則爭，長幼無等則倍，貧富無度則失。上下亂，貴賤爭，長幼倍，貧富失，而國不亂者，未之嘗聞也。是故聖王飭此八禮以導其民。(《管子・五輔》)

這種等級劃分是比較全面的，基本可以涵蓋整個社會的倫理關係。並且，

〔註5〕蕭群忠：《中國道德智慧十五講》，北京：北京大學出版社，2008年版，第267頁。

《管子》認爲禮不僅是一種等級秩序，而且也有其具體內涵。如《管子·小問》曰：「質信以讓，禮也。」也就是說要具有誠信禮讓的道德品格，《管子》又曰：「彼欲貴，我貴之，人謂我有禮。」意思是說要謙遜，時刻想著抬高他人。這種道德品格源於「禮導之以義」的結果，「八經」具有了「義」就變成了各自的具體道德要求，如《管子·五輔》篇所言：

> 八者各得其義，則爲人君者，中正而無私；爲人臣者，忠信而不黨；爲人父者，慈惠以教；爲人子者，孝悌以肅；爲人兄者，寬裕以誨；爲人弟者，比順以敬；爲人夫者，敦懞以固；爲人妻者，勸勉以貞。夫然，則下不倍上，臣不殺君，賤不逾貴，少不陵長，遠不間親，新不間舊，小不加大，淫不破義。凡此八者，禮之經也。

這種以「義」充「禮」的禮道思想，與孔子把「仁」視爲「禮」之內容的做法有其相似之處，如孔子曾曰：「禮云禮云，玉帛云乎哉？」〔註 6〕「人而不仁，如禮和？」〔註 7〕。「義」德具有追求「和合」的目的指向（參見下文關於「義」的解釋），《管子》將禮義結合後，顯然又賦予了「禮」另外一個特性，即禮的本質目的也是「和」，換言之，踐行禮道就是要達到社會和諧之目的，如《管子·五輔》篇曰：「夫人必知禮然後恭敬，恭敬然後尊讓，尊讓然後少長貴賤不相逾越，少長貴賤不相逾越，故亂不生而患不作。」這與孔子所言「禮之用，和爲貴」〔註 8〕所表達意思是一致的。管子的「禮之八經」說到了晏嬰那裏被發展成爲「禮之十經」說，如《晏子春秋·卷七·第十五》所云：「禮之可以爲國也久矣，與天地並立。君令臣忠，父慈子孝，兄愛弟敬，夫和妻柔，姑慈婦聽，禮之經也。」在此晏子又爲「禮之經」添加了婆媳關係的內容，進一步充實了禮的精神內涵。另外，《管子》並沒有完全忽視「禮」之祭祀古義，如《管子·君臣下》篇曾提到：「審時節，上以禮神明，下以義輔佐者，明君之道。」但是在 122 處「禮」字出現的地方，也僅有此處明確在講祭祀之義，顯然，這一含義並不是管子論述的重點內容。

最後，禮之普及性。在中國古代曾有「禮不下庶人，刑不上大夫」的說

〔註 6〕《論語·陽貨》，《論語譯注》，楊伯峻譯注，北京：中華書局，2006 年版，第 209 頁。

〔註 7〕《論語·八佾》，《論語譯注》，楊伯峻譯注，北京：中華書局，2006 年版，第 25 頁。

〔註 8〕《論語·學而》，《論語譯注》，楊伯峻譯注，北京：中華書局，2006 年版，第 8 頁。

法。當然有的學者質疑這種說法的眞實性，〔註 9〕但是這種說法確實在古典文獻中是存在的，如《禮記・曲禮》云：「國君撫式，大夫下之大夫撫式，士下之禮不下庶人。刑不上大夫，刑人不在君側。兵車不式。武車綏旌，德車結旌。」《荀子・富國》曰：「士以上，以禮節之。」後來的某些典籍還爲這一說法提供了相應的解釋，如《白虎通義》有言：「刑不上大夫何？尊大夫。禮不下庶人，欲勉民使至於士。故禮爲有知制，刑爲無知設也。」《孔子家語》也云：「以刑不上大夫，而大夫亦不失其罪者，教使然也。所謂禮不下庶人者，以庶人遽其事而不能充禮，故不責之以備禮也。」我們姑且不討論這種現象在現實中是否是眞實的，僅從這些古代典籍的記載中就可以知道這種思想觀點至少在古代是存在的，這應該是沒有疑問的。《管子》的禮道思想並沒有受到這種觀點的影響，也不贊同這種觀點，而提倡自天子以至於庶人皆要受到禮制的約束。從《管子》中禮制制定的緣由上即可看出禮的廣泛適用性。《管子・心術上》有言：「禮者，因人之情，緣義之理，而爲之節文者也，故禮者謂有理也。理也者，明分以諭義之意也。」(《禮記》中也有類似說法，至於誰影響誰，現已不可考。) 王策先生解釋說「禮發於情，惟須有節制，若無節制，而濫用情，則禮也不成其爲禮了。『禮節』二字就是這樣來的。」〔註 10〕如第 1 章所分析，「情」在《管子》裏面指的就是人之本性，人性是趨利避害的，而人之利欲之心如果無所節制，只能造成互相戕害的後果，因此，爲了節制人之性情，使其有序而發，故制定出禮之規範。《管子》講的是人之性情並不因地位高低而不同，故緣此而形成的「禮」顯然也是針對每一個人的了。另外《管子》書中也有許多地方明確說明禮之適用於下民的內容，如「凡人君者，欲民之有禮義也。夫民無禮義，則上下亂而貴賤爭。」(《管子・版法解》)「有虞之王，燒曾藪，斬群害，以爲民利，封土爲社，置木爲閭，始民知禮也。」(《管子・輕重戊》) 顯然，相對於「禮不下庶人」的觀點，《管子》的這種禮學思想更加具有民主性和普及性。

總之，禮是治理民眾以使社會穩定的有力工具，禮的本質就是「禮不逾節」，即要求人們按照各自之地位、名分來約束自己的行爲，不得逾越禮之界限規定，這樣就會使社會和諧而不亂。「禮不逾節」並不是針對社會中某一特

〔註 9〕例如，張全民先生便認爲這種說法在理論上和實踐上都是欠妥當的，請參見其撰寫的論文：「禮不下庶人」發覆，吉林大學社會科學學報，1997 年第 1 期。

〔註 10〕王策：《禮義廉恥概論》，臺北：正氣出版社，1947 年版，第 1 頁。

殊群體而設定的規範，而是對社會每一個個體都具有約束力，否則社會就不會達致整體的和諧。

2.1.2 義不自進

據甲骨文專家考證，「義」字在殷商時期即已出現，不過當時還沒有道德規範這一層面的含義。于省吾先生主編的《甲骨文字詁林》一書認爲，在殷墟卜辭中，「義」字在卜辭中主要是以「義京」一詞的形式出現的，而「義京」是一處固定祭祀場所。〔註 11〕從古代文字學來分析，「京」指的是人工形成的土丘，那麼「義京」的「京」應該表示的是該祭祀場所的地理形狀，因此該場所所擁有的宗教文化內涵就應該歸結到「義」的名下了。〔註 12〕顯然，殷商之「義」在作爲地名的同時，也蘊含了人文之意涵，由於宗教文化必然伴隨著內心之虔誠以及外在之儀式，這也爲後世道德規範之「義」的形成提供了一種可能性。自西周以降，「義」的意思漸漸豐富起來，特別是到了春秋戰國時期，「義」成了各家各派著書立說的主要內容之一，而較早將「義」列爲治國之綱紀的當數管子了，在《管子》中，不僅將「義」列爲國之四維之一，而且還位居四維之次席，其在管子學說中的地位可見一斑。

《管子》的「義不自進」說爲「義」之意涵提供了詳細的解釋。《管子》在開篇解釋國之四維把「義」概括爲「義不自進」（《管子・牧民》）四個字，並且認爲「不自進則民無巧詐」（《管子・牧民》），也就是說義就是不隨意妄爲，民眾不隨意妄爲就不會有陰謀欺詐活動，人們生活自然會和諧起來。有了「義」緣何就「不自進」呢？《管子》回答道，因爲義是來源於人的內在理性，正如《管子・心術上》篇指出：「理也者，明分以諭義之意也。故禮出乎義，義出乎理，理因乎宜者也。」意思是說，義來自理，而理指的是人們群分之內在理性，這種理就是最合宜之道。因此《管子》有言：「義者，謂各處其宜也。」（《管子・心術上》）結合上文道德生成的內容，在人們的群居生活中，爲了解決群居合一的問題，必須使人有所區分，而這種區分是建立在人的內在理性之上的，而經過理性之考量得出的最合宜的群分方式便構成了「義」。這與西方的自然法學派的正義學說有著類似的分析思路。這種思想在

〔註 11〕參見仝晰綱、查昌國、於雲瀚：《中華倫理範疇——義》，北京：中國社會科學出版社，2006 年版，第 1～2 頁。

〔註 12〕參見仝晰綱、查昌國、於雲瀚：《中華倫理範疇——義》，北京：中國社會科學出版社，2006 年版，第 1～2 頁。

先秦其它典籍中也有出現，如《荀子・大略》云：「義，理也，故行。」《韓非子・解老》：「義者，謂其宜也，宜而為之。」《中庸》：「義者宜也。」等等。但是相比於這些典籍，《管子》解釋的更加完善和系統，因為《管子》不僅揭示了「義」的內涵和本質，而且為「義」設定了具體的道德規範，這就是《管子》著名的「義有七體」之學說。《管子・五輔》有言：

> 義有七體。七體者何？曰：孝悌慈惠，以養親戚；恭敬忠信，以事君上；中正比宜，以行禮節；整齊撙詘，以辟刑僇；纖嗇省用，以備飢饉；敦懞純固，以備禍亂；和協輯睦，以備寇戎。凡此七者，義之體也。

這七個方面，既涵蓋了個人之道德規範層面，也涵蓋了國家政治倫理道德的層面，是比較全面的「義」德規範總結。另外，《管子》進一步說明，義就是合宜之道，人們產生了「義」德，社會自然可以達致和諧，國家社稷就可以免除危難。如《管子》云：「夫民必知義然後中正，中正然後和調，和調乃能處安，處安然後動威，動威乃可以戰勝而守固。故曰：義不可不行也。」（《管子・五輔》）這也從「義」之重要性的角度，說明了對民眾進行「義」德教化是治理國家的必要手段。

《管子》還通過義與仁的關係進一步對義進行了解釋，提出了自己的「仁中義外」思想。如《管子・戒》篇曰：

> 滋味動靜，生之養也；好惡、喜怒、哀樂，生之變也；聰明當物，生之德也。是故聖人齊滋味而時動靜，御正六氣之變，禁止聲色之淫，邪行亡乎體，違言不存口，靜無定生，聖也。仁從中出，義從外作。仁故不以天下為利，義故不以天下為名。仁故不代王，義故七十而致政。是故聖人上德而下功，尊道而賤物。道德當身，故不以物惑。

也就是說，仁是從中生發的就像好惡、喜怒和哀樂那樣的情感，而義是像滋味動靜那樣的外在行為，仁和義都得當合體，就會做到道德當身。該篇進一步解釋道：「孝悌者，仁之祖也；忠信者，交之慶也。內不考孝悌，外不正忠信，澤其四經而誦學者，是亡其身者也。」這裏的孝悌應該指的是一種孝親的內在情感，因為如果「孝悌」指的是「義之七體」中的外在規範，按照該句話，就會得出仁來源於義的有些荒謬的結論。於是該句話的意思就是說我們既要重視孝悌那樣的內在仁愛情感，也要端正忠信之類的外在義理行為，也就是說仁義關係是「我之中」與「我之外」的關係。這種「仁中義外」的觀點並沒有強調二者誰爲誰之基礎的問題，按照第 1 章所分析的道德生成論，「德」來源於外在之「道」，因此不管是德之情感還是德之行爲都是根源於外在之道。顯然這與孟子仁義皆根源於心的思想是相矛盾的，如《孟子・告子上》篇曰：「惻隱之心，仁也；羞惡之心，義也；恭敬之心，禮也；是非之心，智也。仁義禮智，非由外鑠我也，我固有之也，弗思耳矣。」

管子的「義外」思想與孟子所批判之告子的觀點有類似之處，據《孟子・告子上》記載：「告子曰：食色，性也。仁，內也，非外也義，外也，非內也。」這裏的內外也是指「我之內外」的關係，〔註 13〕因此也是說仁是內在之情感，而義是外在行爲。郭店楚簡出土後，使我們瞭解到儒家也有自己的「仁內義外」學說。諸如《六德》有言：「仁，內也。義，外也。禮樂，共也。內立父子夫也，外立君臣婦也……門內之治恩掩義，門外之治義斬恩。」《尊德性》云：「仁爲可親也；義爲可尊也。」《語叢一》又云：「仁生於人，義生於道，或生於內，或生於外。」但是與《管子》的「仁中義外」思想不同的是，楚簡中所說的「內外」，「我之內外」和「門內門外」兩個層面的意思兼而有之，「我之內外」說的是兩種道德的人性根源和基礎的層面，「門內門外」指的是這兩種道德的運用範圍的層面。〔註 14〕

通過管子「仁中義外」的思想分析，我們瞭解到，管子之「義」主要是與「仁」相對的外在行爲，較之儒家特別是孟子的仁義之說，更加強調道德的外在規範作用。

2.1.3 廉不蔽惡

「廉」向來都是作爲中華民族的傳統美德被世人所稱頌的，但其形成之初並不具有倫理道德的意涵，據可考的史料記載，「廉」字最早出現於《儀禮》中，如《儀禮・聘禮》曰：「饔，飪一牢，鼎九，設於西階前，陪鼎當內廉，東面北上，上當碑，南陳。」又如《儀禮・鄉飲酒禮》曰：「設席於堂廉，東上。」按照鄭玄所注：「側邊爲廉」，可知，廉字的原初意思指的是廳堂的側邊。《說文解字》即從這一古義解釋廉字：「廉，仄也。從廣，兼聲。」段玉

〔註 13〕參見王博：論「仁內義外」〔J〕，《中國哲學史》，2004 年第 2 期。

〔註 14〕參見蕭群忠：儒家「仁內義外之辯」的現代倫理意義〔J〕，《齊魯學刊》，2009 年第 3 期。

裁在《說文解字注》中曰：「此與廣爲對文，謂偪仄也。廉之言斂也。堂之邊曰廉。……堂邊有隅有棱，故曰廉。廉，隅也。又曰：廉，棱也。引申之爲清也，儉也，嚴厲也。」也就是說，廉作爲廳堂之側邊，顯然就具有平直、有棱、斂縮等特點，後人根據這些物理特點，將廉引申爲清廉、正直、儉約等倫理之意涵。〔註15〕而最早將廉作爲道德範疇來看待的是《周禮》，如《周禮・天官冢宰》篇曰：「以聽官府之六計弊群吏之治：一曰廉善，二曰廉能，三曰廉敬，四曰廉正，五曰廉法，六曰廉辨。」也就是說要整頓吏治，必須按照六廉之要求來進行。到了春秋戰國時期，統治者更加注重廉政建設，因爲大多統治者都認識到：「國家之敗，由官邪也；官之失德，寵賂章也。」(《左傳・桓公二年》) 而在這一時期，對提倡「廉」德作出最大貢獻者，當管子莫屬了，他率先把「廉」德提升到「國之四維」的高度來加以強調，爲後世「廉」德之發展打下了堅實的基礎。

與「廉潔」相對的是「貪污」，而貪污腐敗的溫床則是權力的濫用，因此掌握著國家公權的各級官吏自然是廉政建設的主體。《管子》也認識到了這一點，非常重視官吏的廉德修養。《管子》認爲官吏克己奉公而不要化公爲私之謂廉，提出各級官吏都要貞廉奉公，如《管子・四稱》篇曰：「聖人在前，貞廉在側。」意思是說輔佐聖王的應該都是貞廉之人。《管子》把貞廉奉公之臣稱之爲「朝之經臣」，如《管子・宙合》篇有言：「察身能而受官，不誣於上；謹於法令以治，不阿黨；竭能盡力，而不尚得；犯難離患，而不辭死；受祿不過其功，服位不侈其能，不以毋實虛受者，朝之經臣也。」《管子》認爲非貞廉之吏就是國家的禍亂之臣，這些人的共同特徵是：

> 尊其貨賄，卑其爵位；進曰輔之，退曰不可，以敗其君，皆曰非我。不仁群處，以攻賢者，見賢若貨，見賤若過。貪於貨賄，竞於酒食，不與善人，唯其所事。倨敖不恭，不友善士，讒賊與鬬，不彌人爭，唯趣人詔。湛湎於酒，行義不從。不修先故，變易國常，擅創爲令，迷或其君，生奪之政，保貴寵矜。遷損善士，捕援貨人，入則乘等，出則黨駢，貨賄相入，酒食相親，俱亂其君。君若有過，各奉其身。(《管子・四稱》)

如果由這些亂道之臣掌握國家公權，他們就會「行公道以爲私惠，進則

〔註15〕參見張濤、項永琴：《中華倫理範疇——廉》，中國社會科學出版社，2006年版，第1頁。

相推於君，退則相譽於民，各便其身，而忘社稷，以廣其居；聚徒威群，上以蔽君，下以索民，此皆弱君亂國之道也。」「故國之危也。」（《管子・法禁》）顯然非貞廉之臣帶來的後果是很嚴重的，因此《管子》認爲治吏之道重在「義以與交，廉以與處。」（《管子・四稱》）進一步強調了貞廉的重要性。

《管子》認爲「廉」德修養之方在於做到「廉不蔽惡」，如《管子・牧民》篇曰：「禮不逾節，義不自進，廉不蔽惡，恥不從枉。故不逾節則上位安，不自進則民無巧詐，不蔽惡則行自全，不從枉則邪事不生。」這裏的「行自全」，張雲虎認爲「全」應爲「正」字，而黎翔鳳認爲「全」字更合文義，黎翔鳳曰：「不能廉則行不全，不能爲完人矣。」〔註16〕筆者也贊同後者之觀點。也就是說，《管子》認爲「廉」德之要務就是不掩飾自己的缺點和錯誤，只有對自己的缺點和錯誤不加掩飾、愼重對待，自己的行爲才能更加完善，才能做到眞正之「廉」而不會貪污腐敗，使自己達致「完人」的境界。人類社會一直是在克服自己缺點和局限的過程中一步一步向前發展的，換言之，正是這些缺點和局限形成了人類向前發展的推動力，各級官吏亦是如此，只有克服自己的貪欲之心等人性之弱點，方可眞正做到貞廉奉公，從而爲社會政治生活之發展提供正氣之動力。官吏要克服自身的缺點和局限，其前提是要首先認清這些缺點和局限，把它們一一擺在光明之處，認清它們並自我檢討，最後研究出應對之策，達到完善自我的目的。《管子》的「廉不蔽惡」思想實際上是從源頭上來尋找官吏腐敗的根源，切斷這種腐敗之根源，各級官吏自然就會做到克己奉公了。

《管子》所謂「廉不蔽惡」的思想類似於當今共產黨人的修養之方——自我批評。批評和自我批評是中國共產黨幹部隊伍的必備條件，相對於批評來說，做到自我批評的難度更大一些，因爲人不僅是理性動物，而且還是感性的動物，很容易被一時勝利衝昏頭腦，而產生驕傲自大的情緒，時間長了，就會形成「面子」盾牌，把自己的缺點和錯誤都遮蔽起來，擔心被外人知曉，以維護自己的虛榮心。正如劉少奇同志所評價的那樣：「這種人，他要居人頭上，而不肯居人下；他要求支配別人的特權，他自己不受別人支配；他可以隨便批評打擊辱罵別人，別人不能批評他；他要別人服從他的『決議』，他自己可以不服從組織的決議；他認爲別人破壞集中原則是犯紀律，他不承認他

〔註16〕黎翔鳳撰，梁運華整理：《管子校注》（上冊），中華書局，2004年版，第13頁。

自己破壞民主原則也是犯紀律；他只圖自己個人的發展，甚至爲發展自己而去妨礙別人的發展。」〔註 17〕這類人僅考慮自身之利益而不會顧及他人或公共利益，如果身在領導幹部崗位，自然會滋生貪污腐敗之惡習。

《管子》認爲要大力加強廉政建設，不僅要淨化官吏隊伍，還要從君主和平民兩個方面著手來推動廉政建設的順利開展。首先，君主要以身作則，廉明治國。《管子》深刻認識到在廉政建設中「上行下效」的重要性，如《管子・霸言》曰：「故上明則下敬，政平則人安。」《管子・牧民》又曰：「御民之轡，在上之所貴；道民之門，在上之所先。」因此，上位之君主要率先具有「廉」的品質，下位之民眾才能傚仿之，才會達到政通人和。君主如何做到「廉」呢？《管子》認爲最重要的就是公正、廉明、不蔽惡。如《管子・牧民》篇曰：「如地如天，何私何親？如月如日，唯君之節。……毋蔽汝惡，毋異汝度，賢者將不汝助。言室滿室，言堂滿堂，是謂聖王。」另外，《管子》認爲君主還要注重清廉節儉、開支適度，如《管子・禁藏》篇云：「能節宮室，適車輿以實藏，則國必富，位必尊矣。能適衣服，去玩好以奉本，而用必贍，身必安矣。能移無益之事，無補之費，通幣行禮，而黨必多，交必親矣。」其次，也要使普通民眾加強「廉」德修養。《管子・權脩》有言：「凡牧民者，欲民之有廉也。」該篇又曰：「貨財上流，賞罰不信，民無廉恥，而求百姓之安難，兵士之死節，不可得也。」也就是說民眾如果沒有廉恥之心，要使他們爲國誓死效力，這將會是不可能的事情。如何提高民眾之「廉」德呢？《管子》認爲最重要的是約束人們的淫佚之心，如《管子・權脩》曰：「男女無別，則民無廉恥。」《管子・八觀》有言：「婚禮不謹，民不修廉。」《管子・君臣下》又曰：「要淫佚，別男女，則通亂隔。」這裏的「要」字是約束的意思。〔註 18〕也就是說民眾如果不在男女之事上行爲檢點，就不可能有廉恥之心。可以說《管子》這一重視民眾廉德修養的觀點，在先秦諸子之中是獨樹一幟的，其對當今之廉政建設也有啓迪作用，當今之中國，公務員都是通過考試在普通民眾之中選拔出來的，試想如果公務員在被選拔之前作爲民眾時沒有廉恥之心，而要使其在權力面前產生廉潔的德行將會是極難之事。因此加強民眾之廉德修養，自然就會爲國家的廉政建設提供肥沃的土壤。

〔註 17〕劉少奇：《劉少奇選集》上，北京：人民出版社，1981 年版，第 67 頁。

〔註 18〕劉柯、李克和：《管子譯注》，哈爾濱：黑龍江人民出版社，2003 年版，第 221 頁。

2.1.4 恥不從枉

據現有考古文獻分析，甲骨文和金文中還沒有發現「恥」字的出現，換言之，該字的出現至少是在殷商之後了。當然，「恥」字的出現較晚，並不能說明「恥」觀念的出現也較晚，據文獻記載恥觀念在夏朝即已形成，《左傳・襄公四年》記載著關於夏朝后羿的一則史事：「羿猶不悛，將歸自田，家眾殺而亨之，以食其子。其子不忍食諸，死於窮門。」也就是說后羿被寒浞殺害並烹之，然後將其肉給予其孩子，逼他們吃下后羿之肉，后羿的孩子寧死而不願食父之肉。顯然，后羿之子主要是因爲忍受不了父親被殺並被逼吃父肉的恥辱而選擇死亡的。殷商時期恥觀念的事跡也有記載，如《禮記・表記》有文：「殷人尊神，率民以示神，先鬼而後禮，先罰而後賞，尊而不親。其民之敝，蕩而不清，勝而無恥。」西周以降，「恥」漸漸成爲一個倫理道德的範疇，如《禮記・雜記下》云：「君子有五恥：居其位，無其言，君子恥之；有其言，無其行，君子恥之；既得之而又失之，君子恥之；地有餘而民不足，君子恥之；眾寡均而倍焉，君子恥之。」也就是說，把有恥作爲君子必備的德性要求。到了春秋戰國時期，「恥」德已成了諸子百家的熱門話題，如孔子有言：「道之以政，齊之以刑，民免而無恥。道之以德，齊之以禮，有恥且格。」（《論語・爲政》）又如《孟子・盡心上》有言：「恥之於人大矣。爲機變之巧者，無所用恥焉。不恥不若人，何若人有？」在這種學術背景下，《管子》也提出了自己關於「恥」的觀點和看法。

《管子》對「恥」之本質進行了形而上的分析，認爲恥就是人之形名相符而生成的一種道德德性。《管子・樞言》篇云：

> 凡人之名三：有治也者，有恥也者，有事也者……名正則治，名倚則亂，無名則死，故先王貴名。

意思是說，恥與治、事一起構成了人之三名，並且名要正，天下才會得治，這是先王重視名的道理所在。恥是人之名，而這種名要與人之形相符合，即名實相符，《管子・心術上》有言：「物固有形，形固有名，名當，謂之聖人。」意思是說，形和名是事物固有的，使名恰當符實，則是聖人的責任。《管子・心術下》篇又曰：「形不正者，德不來；中不精者，心不治。正形飾德，萬物畢得，翼然自來……凡物載名而來，聖人因而財之，而天下治。」這裏的「財」通「裁」字，〔註 19〕意思是說，聖人率先經過正形飾德，對各物自有之名進

〔註 19〕劉柯、李克和：《管子譯注》，哈爾濱：黑龍江人民出版社，2003 年版，第 266

行一一裁定。萬物之名得到裁定之後，聖人下面的工作就是教育民眾認識自有之名，如《管子・君臣上》篇所言：「名正分明，則民不惑於道。道也者，上之所以導民也。是故道德出於君。」於是，民眾就會做到使自己名實相符，並化爲內心之德性，即擁有了「恥」感。因此，在《管子》看來，「恥」的本義就是要求自己做到名實相符，而不得做出虛假或者不符合身份的行爲，否則就是不「恥」。

根據「恥」德之本質，就可知曉，在《管子》那裏，「恥」德之作用就是使人不做壞事。這就是《管子》著名的「恥不從枉」(《管子・牧民》)學說，即恥就是遠離壞人，不跟從壞人做壞事。這對治理國家顯然很有幫助，因爲人們都不去跟從壞人做壞事，就會把壞人孤立起來，形成巨大的輿論壓力，使壞人即使有賊心也不會有賊膽，自然可以使國家「邪事不生」(《管子・牧民》)。如何保證人們「恥不從枉」呢？《管子》進一步認爲，人若有「恥」，必定要有榮辱之心，《管子・小稱》篇有言：「名者，使之榮辱。」名就是使人要產生榮辱之心，而按照上文，恥是人之名，當然也需要人們產生榮辱之心，才能使人們眞正知道何爲「榮」，何爲「辱」，知道何爲「辱」，才能做到「恥不從枉」。

此外，《管子》對於如何使民眾建立「恥」德觀念提出了自己的想法：其一，要使民眾具有一定的經濟基礎。《管子・侈靡》篇有言：「甚貧不知恥。」意思是說，民眾過於貧窮就不會有「恥」。結合第 1 章的經濟先導論方面的內容，就會發現這與「倉廩實則知禮節，衣食足則知榮辱」所表達的意思是一致的，也就是說，如果民眾的溫飽問題都無法解決，你去教化他們知「恥」，這是無法做到的。其二，要禁止「全生之說」。《管子・立政》篇曰：「全生之說勝，則廉恥不立。」也就是說如果保全生命的理論佔優勢，那麼人人只是爲了自我之保全，當然就不會顧及「從枉」之事了，也不會產生榮辱之心，因此廉恥自然是不可能建立起來了。其三，要「別男女」，《管子・權脩》曰：「男女無別，則民無廉恥。」這一點在上一節解釋「廉」德的時候做過說明，現在針對「恥」德再解釋一下。《管子》文中針對「恥」德而要求「別男女」，是有其文化背景的，齊國的文化主要是繼承的先齊東夷文化，文明開化比中原地帶要晚一些，不太注重男女之事，姜太公封齊之後，又採取了「因其俗、簡其禮」的教化政策，對齊國的亂倫行爲並沒有進行強行制止，據《左傳》

頁。

記載，就連後來的齊襄公都有與其親妹妹文姜的私通之事，可見當時此風氣之嚴重程度，而這種私通之事在受過周禮教化的齊國士人看來，都是名不正言不順的不恥之事，因此《管子》的作者針對「恥」德之建設，提出「別男女」應該也有反對當時之民風的因素在裏面。其四，要用「刑罰」的手段保障「恥」德的普及。《管子・法禁》篇有言：「廢上之法制者，必負以恥。」也就是說，對於那些做壞事而犯法者，要對他們進行懲罰，使他們感受到作惡被懲罰的痛苦，而產生「不從枉」的羞恥之心。

2.2 四維之傳承與質疑

國之四維自提出以後，由於其對道德建設的獨特思考，一直備受關注，也使得後世學者或政治家爭相追捧，積極傳承。當然傳承也並不是機械地復述，歷史上的學者對於四維之內涵也進行了積極的應用和發展。另外，歷史上也不乏對四維理論產生質疑之人，柳宗元是最具代表性的一位，本節我們將會討論到他對於四維理論之質疑。

2.2.1 四維之歷史傳承

毛澤東在新中國成立後的一次談話中曾強調禮義廉恥對治理國家的重要作用：「治國就是治吏。禮義廉恥，國之四維，四維不張，國將不國。如果臣下一個個寡廉鮮恥、貪污無度、胡作非爲而國家還沒有辦法懲治他們，那麼天下一定大亂，老百姓一定要當李自成。國民黨是這樣，共產黨也是這樣。」〔註 20〕從我們今天「八榮八恥」榮辱觀的提出也多少可以看到禮義廉恥對當今社會道德體系建設的影響作用。顯然，自 2000 年前《管子》提出「禮義廉恥，國之四維」的說法之後，至今該思想仍然熠熠生輝、光耀中華。其中當然不乏各朝代之仁人志士的傳承作用，下面我們就把這些傳承者分爲三類，各述幾位典型的代表。

首先，引述式傳承。漢朝初年的賈誼爲了勸諫統治者實行德政並予民休養生息，曾多次引用管子的四維學說來支撐自己的論點，如其在《新書》卷三有言：

管子曰：「四維：一曰禮，二曰義，三曰廉，四曰恥。」「四維

〔註 20〕轉引自 1952 年 1 月 4 日《人民日報》社論。

不張，國乃滅亡。」云使管子愚無識人也則可，使管子而少知治體，則是豈不可爲寒心？今世以侈靡相競，而上無制度，棄禮義、損廉醜，日甚，可謂月異而歲不同矣。逐利乎不耳，慮念非顧行也。今其甚者，剄父矣，賊大母矣，踝嫗矣，刺兄矣。盜者慮探柱下之金，掇寢户之簾，搴兩廟之器，白晝大都之中剽吏而奪之金，矯僞者出十幾拾萬石粟，賦六百餘萬錢，乘傳而行郡諸侯，此靡無行義之尤至者已。其餘猖蹶而趨之者，乃豕羊驅而往。是類管子謂「四維不張」者也與！竊爲陛下惜之。〔註21〕

在此，賈誼認爲管子之四維乃治國之良方，並且用漢初的社會現實來說明，如果民眾失去了禮義廉恥的道德約束，就很容易滋生惡行，國家或社會就會失去秩序而難以治理。另外，對於恥德，賈誼有時用「恥」字，有時用「丑」字來表達，換言之，在賈誼那裏「恥」與「丑」基本是同義的，「丑」即是以做壞事爲醜或者把壞事看作出醜之事，主要是一種對壞事的內心「恥」感反應，這與我們上文對「恥」的分析是一致的。北宋蘇軾曾曰：「右臣聞之管仲：『禮義廉恥，國之四維，四維不張，國乃滅亡。』」又曰：「臣竊謂人主之馭群臣，專以禮義廉恥。」（《蘇軾集・奏議》）這裏蘇軾把管子的牧民之術轉換成了馭臣之術，把禮義廉恥的適用範圍大大縮小了。南宋朱熹也多次引用過四維學說，如其在《朱子語類》中曾說：「禮義廉恥，是謂四維。若寡廉鮮恥，雖能文要何用！某雖不肖，深爲諸君恥之！」在此，朱子著重強調了「廉」、「恥」特別是「恥」的作用。

其次，分析式傳承。歷史上也有許多學者對四維進行了具體的分析，從而使四維之含義更加清晰明白。其中最著名的是北宋歐陽修歸類式的分析，其在《新五代史》中曰：

「禮義廉恥，國之四維；四維不張，國乃滅亡。」善乎，管生之能言也！禮義，治人之大法；廉恥，立人之大節。蓋不廉，則無所不取；不恥，則無所不爲。人而如此，則禍亂敗亡，亦無所不至，況爲大臣而無所不取，無所不爲，則天下其有不亂，國家其有不亡者乎！予讀馮道《長樂老敘》，見其自述以爲榮，其可謂無廉恥者矣，則天下國家可從而知也。

〔註21〕〔漢〕賈誼撰，閻振益、鍾夏校注：《新書校注》，北京：中華書局，2000年版，第91～92頁。

在這裏歐陽修將禮義廉恥分爲了兩大類，禮義屬於國家治理的規範範疇，而廉恥則屬於個人修養的德性範疇。清朝學者顧炎武在認同歐氏說法的同時，其在《日知錄》中進一步認爲：「四者之中，恥尤爲要。故夫子之論士，曰『行己有恥』；《孟子》曰『人不可以無恥，無恥之恥，無恥矣』，又曰『恥之於人大矣，爲機變之巧者，無所用恥焉』。所以然者，人之不廉而至於悖禮犯義，其原皆生於無恥也，故士大夫之無恥，是謂國恥，吾觀三代以下，世衰道微，棄禮義，捐廉恥，非一朝一夕之故。」在這裏，顧炎武把「恥」作爲四維之首，認爲「無恥」是「不廉」、「無義」、「無禮」的根本原因。今之學者沈善洪、王鳳賢二位先生也贊同兩分的觀點，他們也是把廉恥看作個人守身的道德情操，把禮義看作以社會爲本位的道德規範，但是他們與顧炎武不同的是，認爲「廉恥」是從屬於「禮義」的，並且認爲「禮」在四維中是最根本的，其理由是認爲《管子》的四維遵循的是社會倫理向個人倫理邏輯發展思路。按照上文解釋的《管子》名實學說，恥是人三名之一，而禮、義、廉都不在三名之列，應該屬於底層級的名，按照名實相符生德之道，顯然應該先正「恥」之名，才有可能輪到禮、義、廉，因此恥相對於後三者應該是最根本的。現實中也是如此，「恥」作爲人的道德底線，一旦突破，人將不爲人矣，何談禮義廉之存在？另外沈、王二位先生認爲四維是從社會倫理向個人倫理發展而形成的，也是有一定道理的，《管子》的出發點確實是爲了立國而建立禮義制度，再經過教化使人們產生廉恥之心的，但這只能說明四維在教化內容之中的先後順序，教化內容之先後並不能說明四維之中何者爲根本的問題。

最後，新詮式傳承。民國時期，非常重視管子的四維學說，孫中山把中山裝的四個口袋就分別看成是禮、義、廉、恥。到了 1934 年，時任總統的蔣介石又發動了以宣傳「禮義廉恥」爲核心的新生活運動，重新確立了「禮義廉恥」國之四維的地位。而且蔣介石還重新詮釋了禮義廉恥的意思，他認爲，禮、義、廉、恥與信、仁、智、勇四德完全是相通的，禮通於信，因爲守禮的人必能誠實守信；義通於仁，存在於心稱之爲仁，施之於事謂之義；廉通於智，有智才能辨別公私是非，愼其取捨；恥通於勇，有恥的覺悟，才會有犧牲奮鬥的勇氣。〔註 22〕可以說，蔣介石發揚四維是值得肯定的，但是其對

〔註 22〕參見蔣介石：「禮義廉恥的精義」，《中國法西斯主義資料選編》（一），北京：中國人民大學出版社，1987 年版，第 277～278 頁。

四維的詮釋卻是不敢讓人恭維。禮顯然是不能與信等同的，前者偏重於外在規範，後者則偏重於內在德性，有禮之人並不能代表做到了誠實守信，行的禮也可能是虛僞之禮。而義通於仁，按照《管子》的「仁中義外」說還是有些根據的，但《管子》並沒有提供二者相通的觀點。廉通於智，有智確實能幫助人們辨別公私是非，但是有廉的人並不能說一定有智，這樣就會把那些沒有文化知識的普通大眾基本排除在廉德之外了，顯然這是不合理的，反之，有智的人也不一定有廉，歷朝歷代的大貪官哪個不是學富五車、才高八斗，但他們的聰明才智卻用在了貪污腐敗上。恥通於勇，還是有些道理的，知恥而後勇，有了恥的覺悟，確實可以提高人們不怕犧牲的勇氣。一言以蔽之，蔣介石的四維新論雖然有新意，但缺乏嚴謹性，最重要的是在實際生活中並沒有好好落實，宋慶齡爲了營救即將被蔣介石殺害的共產黨領袖陳賡（曾經救過蔣介石的命）時，曾經質問蔣介石：「你的禮義廉恥哪裏去了？」〔註23〕一語道破了蔣介石對於提倡禮義廉恥的虛僞性。

2.2.2 柳子之四維質疑

柳宗元在其《柳宗元集・四維論》寫到：

> 《管子・牧民篇》曰：國有四維，一維絕則傾，二維絕則危，三維絕則覆，四維絕則滅。何謂四維？一曰禮，二曰義，三曰廉，四曰恥。禮不逾節，義不自進，廉不蔽惡，恥不從枉。公意謂廉恥自禮義中出，未有有禮義而無廉恥，有廉恥而無禮義。故云吾見其二維，而未見其所以爲四也。

意思是說，管子之四維其實指的是二維而已，廉恥是出自禮義的，有了禮義自然就會有廉恥之心。接著柳宗元爲他的觀點提供了進一步的解釋：

> 《管子》以禮義廉恥爲四維，吾疑非管子之言也。彼所謂廉者，曰不蔽惡也。（一無也字。）世人之命廉者，（一無世字。）曰不苟得也。（一無也字。）所謂恥者，曰不從枉也。（一無也字。）世人之命恥者。（一無世字。）曰羞爲非也。然則二者果義歟，非歟？吾見其有二維，未見其所以爲四也。夫不蔽惡者，豈不以蔽惡爲不義而去之乎？夫不苟得者，豈不以苟得爲不義而不爲乎？

〔註23〕孫永猛：《女中之傑——宋慶齡》，濟南：山東人民出版社，1985年版，第87頁。

> 雖不從枉與羞爲非皆然。然則廉與恥，義之小節也，不得與義抗而爲維。聖人之所以立天下，曰仁義。仁主恩，義主斷。恩者親之，斷者宜之，而理道畢矣。蹈之斯爲道，得之斯爲德，履之斯爲禮，誠之斯爲信，皆由其所之而異名。今管氏所以爲維者，殆非聖人之所立乎？

柳子又曰：「『一維絕則傾，二維絕則危，三維絕則覆，四維絕則滅。』若義之絕，則廉與恥其果存乎？廉與恥存，則義果絕乎？人既蔽惡矣，苟得矣，從枉矣，（諸本作苟得而從枉矣。）爲非而無羞矣，則義果存乎？使管子庸人也，則爲此言。管子而少知理道，則四維者非管子之言也。」意思是四維論太沒有水平了，應該不是管子所作，因爲管子是不可能作出這麼輕率的觀點的。

柳宗元上文的邏輯分析還是很清楚的。既然「廉」是不蔽惡，「恥」是不從枉，那麼它們自然都要從屬於「義」，爲什麼呢？柳宗元給出的原因是「仁義」是聖王立天下之本，仁主恩，屬於內在道德情感；義主斷，屬於外在行爲。仁者親之，義者宜之，按照二者行之則可以得道成德，然後衍化成禮、信等其它德性規範，而廉、恥當然也屬於「義之小節」了。義既然是元德，是行爲適宜，再提倡不蔽惡、不從枉，當然是多此一舉了，因爲諸事合宜，就不可能產生蔽惡、從枉這種不好的行爲了。這種邏輯分析看似非常有道理，沒有仔細讀過《管子》的人看了可能還會拍案叫絕，但是如果細心對照《管子》之文本內容，就會發現其中的不妥之處，因爲這種邏輯分析並沒有照顧到《管子》文本的具體內容，有偷換概念之嫌。從《管子》的「義有七體」學說來看，「義」基本上指的都是具體之德性規範，而不是指的眾德之上的元德。另外，《管子》雖然也有「義者，宜也」的觀點，但是這種「宜」是有其範圍的，並不是萬能之「宜」，例如《管子》的義有七體，七個方面是在導入禮之八經之後應該在各個人倫位置上的合宜表現，顯然這種合宜表現是在禮之八經的範圍內產生的。並且在現實中義也不可能直接代替廉，舉一個特例，一位消防員去失火的房屋內救人的同時把即將被燒毀的一包紙幣放入懷中而中飽私囊，救人的行爲可以說是義舉，但是貪掉錢財的行爲與其說是不義，不如說是不廉行爲，這樣會使人感到更加貼切一些。至於恥，上文已說明，恥是人的道德底線，而義則是人積極向善的表現，一下一上，顯然不可能互相代替。

2.3 其它德性範疇

在《管子》道德思想中，除了禮、義、廉、恥等國之四維之外，還論及了許多其它德目，雖然這些德目相對於國之四維，處於次要地位，但是這些德目也是其道德體系中必不可少之組成部分。本節僅選取較爲重要的三個德目加以介紹。

2.3.1 仁

清朝大儒阮元在其《論語論仁論》中認爲：「『仁』字不見於虞、夏、商、周《書》及《詩・三頌》、《易・卦爻辭》之內，似周初有此言而尚無此字，其見於《毛詩》者，則始自《詩・國風》『洵美且仁』。」〔註 24〕郭沫若也曾說道：「仁字是春秋時代的新名詞，我們在春秋以前的眞正古書裏面找不出這個字，在金文和甲骨文裏也找不出這個字。」〔註 25〕也就是說，根據現有文獻記載，「仁」字之出現是春秋時代的事情。我們不去深究「仁」字到底是否開始出現於春秋時期，但是我們卻可以確定仁字在春秋戰國時期已經成爲學者關注的時髦詞語，這是沒有疑問的，因爲不管是儒家之孔孟荀，還是道家之老莊，還是其它各家各派大多都關注到了仁字，甚至孔子還把「仁」作爲了自己哲學體系的核心部分。〔註 26〕在這種仁學盛行的背景下，同爲春秋戰國時期的管子也提出了自己的仁學思想。

《管子》認爲「仁」首先是愛人之情感。從上文分析的《管子》「仁中義外」思想來看，仁主要指的是人的內心深處的一種情感活動。《管子》認爲這種內在情感活動指的就是一種愛人的心態，如《管子》在討論如何成就帝業的時候曾有言：「通之以道，畜之以惠，親之以仁。」（《管子・幼官》）意思是說對待人民不但要以「道」引導之，以「惠」存養之，而且還要以「仁」親近感化之。這裏的「仁」指的就是愛人之情感。這與《禮記・樂記》中「仁以愛之，義以正之」的仁字表達的意思是一致的。另外，《管子》還以孝親這種感情來釋「仁」，如《管子・戒》篇有言：「孝悌者，仁之祖也；忠信者，交之慶也。內不考孝悌，外不正忠信，澤其四經而誦學者，是亡其身者也。」

〔註 24〕阮元：《揅經室集》（上冊），北京：中華書局，1993 年版，第 179 頁。

〔註 25〕郭沫若：《十批判書》，北京：科學出版社，1956 年版，第 85 頁。

〔註 26〕參見翦伯贊主編：《中國史綱要》（上冊），北京：人民出版社，1983 年版，第 68 頁。

此處「弟」字通「悌」。上文我們已經對該句做過解釋，孝悌在此指的是對孝親、愛親之情，而仁就是發源於這種愛親之情的感情。「孝悌者，仁之祖也」與孔子所說：「孝悌也者，其爲仁之本與！」（《論語・學而》）不僅在行文上還是在意思上都極其相似，由於《論語》也是後人記述孔子言行的著作，其與《管子》的成書順序之先後不可考，至於誰影響的誰也不得而知了。

其次，《管子》的「仁」具有「利人」的意思，但這種「利人」是站在他人之立場上的。爲了說明這一點，我們還是與孔子的理論做一對比。孔子在向仲弓解釋仁時，曾把仁解釋爲：「己所不欲，勿施於人」。（《論語・顏淵》）意思是說自己不喜歡的，不要強加給別人。孔子又從正面解釋了這層含義：「夫仁者，己欲立而立人，己欲達而達人。」（《論語・雍也》）也就是說對於自己喜歡的東西，也要考慮使他人也能得到。這兩句話基本揭示了儒家仁學「推己及人」的道理，是站在自身的立場上考慮問題的。《管子》的「仁」也有類似於《論語》的表達，如《管子・小問》有言：「非其所欲，勿施於人，仁也」。但是孔子用的「己」顯然指的是「自己」，而《管子》所用的「其」字就有歧義之嫌了。這裏關鍵是對「其」的理解，其如果指的是「自己」，那麼該句話表達的意思與孔子是一致的，沒有什麼區別，眾多研究《管子》者如宋翔鳳、郭沫若等都贊成這一觀點，〔註 27〕後來還有學者如張玉書還專門撰文說明了孔、管仁學在這一點上的一致性。〔註 28〕但是這裏的「其」如果指的是「勿施於人」的「人」，「其」自然就是代表的是自己之外的「他人」了，如果是這樣，該句話的意思就完全變樣了：如果不是他人所喜歡的東西，就不要強加給他人。顯然這後一種解釋與孔子的仁就產生了立場的不同，強調的是，要站在他人的立場上來踐行仁道。到底哪種解釋更可靠呢？筆者傾向於贊同後者，其根據就是《管子》在上下文中提供了說明，正如孔子有「己欲立而立人，己欲達而達人」來解釋「己所不欲，勿施於人」一樣，《管子》也有類似的說法來解釋自己的「非其所欲，勿施於人」。《管子・樞言》有言：「彼欲利，我利之，人謂我仁。」注意，這裏用的是「彼」，該句意思是說他人想要得到利，我就幫助他獲得利，我就盡了仁道。顯然這是站在他人之立場來考慮問題的，說明上文的「其」應該指的是「他人」而非「自己」。這種對仁的

〔註 27〕參見郭沫若：《郭沫若全集》歷史編第七卷（《管子集校》三），北京：人民出版社，1984 年版，第 153～154 頁。

〔註 28〕參見張玉書：「《管子》之『仁』雜說」〔J〕，《管子學刊》1993 年第 1 期。

解釋比起孔子提倡的仁道更具有合理性。孔子的仁道意思是，自己不喜歡的不要給於他人，自己喜歡的也要使他人得到，但是會存在這種狀況得不到解決：自己不喜歡的別人有可能喜歡，而自己喜歡的別人卻有可能不喜歡。而《管子》的仁道就沒有這種擔憂，因爲仁者，利人，主要是看所利的人是否有需求。

最後，《管子》的「仁」具有仁愛萬物的意思。《管子・禁藏》云：「故春仁、夏忠、秋急、冬閉，順天之時，約地之宜，忠人之和。」把仁與四時之春聯繫起來，認爲春天屬於仁道之時令。春之仁表現在什麼地方呢？該篇又曰：「當春三月，萩室熯造，鑽隧易火，杼井易水，所以去茲毒也。舉春祭，塞久禱，以魚爲牲，以糱爲酒，相召，所以屬親戚也。毋殺畜生，毋拊卵，毋伐木，毋夭英，毋拊竿，所以息百長也。」意思是說，春天，要愛惜一切生命，應輔助萬物之生長。顯然這裏說明，《管子》也有自己的「民胞物與」式的生態倫理思想。

2.3.2 智

中外學者歷來都非常重視「智」的培養，在西方，古希臘時期的蘇格拉底就曾說過：「知識即德性，無知即罪惡。」〔註29〕亞里士多德也曾說過：「求知是所有人的本性。」〔註 30〕中世紀的托馬斯・阿奎那認爲，宇宙的目的是知性的善，尋求智慧便是最完善、最崇高的事業，〔註 31〕等等我們不再一一列舉。在中國，「智」被《中庸》看作三達德之一，被孟子列爲人之四端之一，後又被列爲五常之一，「智」在中國得到的重視可見一斑。可見，中外學人不僅一直在追求智慧，而且還把追求智慧看作人類的一種美好德性。

《管子》作爲先秦一部巨著，同樣也提出了自己的「智」德思想。首先，《管子》強調了「智」的重要地位。《管子・九守》有言：「名實當則治，不當則亂。名生於實，實生於德，德生於理，理生於智。」也就是說，智是產生理、德、實、名的根本，沒有智，就不可能產生其它德性。托馬斯・阿奎

〔註29〕引自苗力田、李毓章：《西方哲學史新編》，北京：人民出版社，1990 年版，第 54 頁。

〔註30〕亞里士多德：《形而上學》，苗力田譯，北京：中國人民大學出版社，2003 年版，第 1 頁。

〔註31〕羅素：《西方哲學史》，何兆武、李約瑟譯，北京：商務印書館，1976 年版，第 551 頁。

那也有類似的說法：「明智絕對為諸德之首，其餘一切德行，只在自己本類中是首。」〔註 32〕另外，《管子・樞言》有言：

戒之，戒之，微而異之，動作必思之，無令人識之，卒來者必備之信之者，仁也。不可欺者，智也。既智且仁，是謂成人。

也即是說，智與仁是人之為人的前提和基礎，如果沒有「智」人就無法認識世界，沒有「仁」就不可能產生道德情感，那麼人也只能「反於禽獸」（《管子・立政九敗解》）了。

其次，「智」之內涵。《管子》認為智具有三層內涵：其一，「智」乃認知之智，即清楚辨別事物，而不為外物所惑，如《管子・樞言》篇曰：「不可欺者，智也。」後世學者朱熹也有類似的觀點：「窮理者欲知事物之所以然與其所當然者而已。知其所以然，故志不惑。」（《答或人》）其二，「智」乃德行之智，表達的是要使自己做事得當的德行之意。如《管子・九守》篇有言：「智生於當。」並且《管子》還以為官者為例進一步解釋了這一點：「多忠少欲，智也，為人臣者之廣道也。」（《管子・樞言》），也就是說為人臣者只要做到多盡忠少私欲，就算得當合體了，也就成為了有「智」之臣。其三，「智」乃德術之智，就是學會權變之理。《管子・心術下》篇云：

一氣能變曰精、一事能變曰智。慕選者，所以等事也；極變者，所以應物也。慕選而不亂，極變而不煩，執一之君子執一而不失，能君萬物，日月之與同光，天地之與同理。

也就是說，外界萬物都是變化的，君子也要相應作出權變，方可認識萬物。

最後，獲得「智」之方。《管子》認為人長智的最好辦法就是「養心」，因為「心也者，智之舍也，故曰『宮』。潔之者，去好過也。門者，謂耳目也」。（《管子・心術上》），而養心的方法就是掌握「潔其宮，闕其門」的虛靜守一之道。另外，《管子》還認為，得智者必須要有積極進取、刻苦鑽研的態度，如《管子・大匡》有言：「智者究理而長慮。」

另外，《管子》中將「仁」與「智」二者經常放在一起論述，如《管子・君臣下》：「神聖者王，仁智者君，武勇者長，此天之道，人之情也」。《管子・法發》：「是故仁者、知者、有道者，不與大慮始。」此處「知」字通「智」。《管子・小匡》篇亦曰：「於子之鄉，有居處為義好學、聰明質仁、慈孝於父母、長弟聞於鄉里者，有則以告。」此處「聰明」指的也是「智」。在《管子》

〔註 32〕引自王臣瑞：《倫理學》，臺北：學生書局，1986 年版，第 354 頁。

書中不但是把「智」與「仁」二德並舉，而且還認爲二者都是人之爲人的必要條件，可見「仁」與「智」在《管子》思想中的重要程度。

2.3.3 孝

《管子》中「孝」字出現了 35 次之多，除了一處是以人名「孝己」出現外，其它 34 處都是在明確談論孝道，可以說該書中蘊含著豐富的孝道思想。《管子》也是非常重視孝道之作用的，《管子・山權數》篇曰：「桓公曰：『何謂決塞？』管子曰：『君不高仁，則國不相被；君不高慈孝，則民簡其親而輕過。此亂之至也……。』」也就是說君主不高揚仁孝，國民就會輕視親人而易於犯錯，這樣就會導致天下大亂。

（一）孝道之意涵

何謂「孝道」？《管子》一書是從兩個方面來解釋的，這兩個方面就是：孝道的倫理本質以及孝道的具體規範。下面我們就來看一下《管子》是如何從這兩個方面來解釋孝道的。

首先，孝道之本質。《管子・戒》篇曰：「孝悌者，仁之祖也」，也就是說孝是仁的一種原初形態，這與《論語・學而》中的「孝悌也者，其爲仁之本與？」表達的意思基本上是一樣的。而「仁」是什麼呢？孔子認爲是「愛人」（《論語・顏淵》）即認爲仁是人的一種內在情感——愛，而管子卻有不同的看法，《管子・樞言》篇云「彼欲利，我利之，人謂我仁」，也就是說仁是有利於他人的一種德行表現。顯然，在《管子》那裏，作爲仁之原初狀態的孝也是一種利人的德行。仁是處理一般人倫關係的德行，那麼孝應該是處理何種人倫關係的呢？《管子》對此作了明確的回答，《管子・形勢解》篇曰：「孝者，子婦之高行也。」也就是說，孝乃子女對父母應盡的一種高尚德行。結合上文，可以得出，在《管子》中，孝是子女所應做的有利於父母的一種高尚德行。另外需要指出的是，《管子》書中其它講孝道的地方也是從子女對父母的孝來談論的，並沒有把孝用在其它非父子的關係之上，更沒有把孝拓展至家庭之外，這是與儒家孝道所不同的。

其次，孝道之規範。所謂孝道規範就是指如何行孝，在這方面《管子》認爲行孝必須做到「養親」和「敬親」。首先，要做到「養親」，《管子・輕重己》：「教民爲酒食，所以爲孝敬也。」意思是說要孝敬老人就要爲老人提供必要的吃喝之用。其次，要做到「敬親」，《管子》認爲長幼之間要保持距離，正如《管子・五輔》篇曰：「上下有義，貴賤有分，長幼有等，貧富有度。凡此八者，禮之經也。」對父母如何保持距離呢？該篇接著說「爲人子者，孝悌以肅」，也就是說對父母要有恭敬的態度才符合孝的標準。除了這兩條規範之外，《管子》全書再也沒有提出其它的規範要求，這與儒家的養親、敬親、悅親、順親、諫親、無違、不怨、不遠遊、憂其疾、傳宗接代等孝道規範比較起來就差的太多了。筆者認爲這可能與齊國文化背景有關，上文已交代，齊國文化的主流繼承的是先齊東夷文化，這種文化保留著許多上古文化之遺風，在上古時代，「孝道是伴隨著家庭的出現而出現的，其自然意義是指對父母的能養和敬事，屬於私德的範疇」，〔註33〕顯然《管子》孝道保留了這一原初特色。另外，孝道規範簡單也有其自身的好處，因爲越簡單越易於在民眾中推廣，如果規範很煩瑣，一般民眾很難一一做到，就會挫傷人們行孝的信心和積極性，反而使最基本的「養親」規範也很難得到保障。

（二）孝道之基礎

孝道的基礎指的就是孝道產生的根源是什麼，或者說是因何而產生的。人們對於這一問題的回答往往是與其所持有的人性觀念緊密聯繫的。例如孟子堅持人性本善的觀點，認爲作爲德目之一的孝道根源於人的天性，《孟子・盡心上》明確指出了這一點：「人之所以不學而能者，其良能也；所不慮而知者，良知也。孩提之童，無不知愛其親者……」《管子》與孟子不同，其所堅持的是自然主義的人性論思想，並不關心人性之善惡。按照《管子》趨利避害的人性，《管子》認爲孝道之產生與外在之利害是緊密相連的。下面我們來具體分析一下：

首先，父慈教是孝道產生的先決條件。按照趨利避害的人性論思想，《管子》認爲孝道本質是利人的德行，人們要產生這種德行，一定是爲了尋求另一種對應的心理需求或者心理滿足。《管子》認爲這種心理需求或者滿足就是來自父母的慈教，《管子・形勢解》篇說道：「父母者，子婦之所受教也，能慈仁教訓而不失理，則子婦孝」。顯然，父母之慈教能給子女以安全感並幫助其健康成長，子女正是感受到這種來自父母的「好處」而盡孝道的。否則，如果感受不到這種好處，孝道是不可能被奉行的，正如該篇下文所說：「父母暴而無恩則子婦不親」。也就是說，如果父母對自己不好，子女就自然對父母

〔註33〕馬新：論孝在中國傳統社會中的異化〔J〕，《孔子研究》2004年第4期。

也不親、不孝。顯然此處揭示了一條重要的孝道產生機制，那就是親情之感應。宋儒朱熹認爲：「『感應』二字有二義：以感對應言，則彼感而此應；專於感而言，則感又兼應意，如感恩感德之類」。(《朱子語類》第六卷）也就是說「感應」既有「感」又有「應」，是二者的統一。親情感應也是如此，因感受到親情之愛，而產生感恩之回應。西方學者斯賓諾莎也認爲：「感恩或謝忱是基於愛的欲望或努力，努力以恩德去報答那曾經基於同樣的欲望或努力，以恩德施諸我們的人。」〔註 34〕《管子》的孝道即是如此，子女的孝道是因感受到父母之慈愛而產生的感恩之回報。如果感受不到父母之慈愛，就不會以盡孝來回報父母。這就很好地體現了倫理的相互性，也高揚了人格之平等性。

其次，父之「勢」是孝道產生的外在誘因。《管子》認爲孝道產生的外在誘因就是來自於對父母的依附性。而子女對父母的依附歸根到底是因爲父母掌握著制約子女的「勢」，《管子・法法》篇云：「凡人君之所以爲君者，勢也。……在臣期年，臣雖不忠，君不能奪也；在子期年，子雖不孝，父不能服也。故《春秋》之記，臣有弒其君、子有弒其父者矣。」這裏的「勢」既可以指物質上的佔有之「勢」，也可以指權勢地位之「勢」。《管子》認爲，按照趨利避害的人之本性，只有「勢」在父母一邊才能誘導子女盡孝，因爲這些「勢」可以爲子女帶來物質或地位上的好處，自然可以吸引子女恪守孝道，否則如果「勢」在子女一邊，父母不但無法吸引子女行孝，而且還會無法制約子女，甚至會導致子弒父的悲劇。有一部戲曲名字叫「五女拜壽」，其劇情正印證了《管子》這一觀點，當劇中的楊繼康老人地位顯赫時，女兒女婿都來盡孝，到了老人被罷官無權無財時，幾個兒女全都不見了蹤影，致使老人淪落到街頭乞討的悲慘境遇。另外，《管子》認爲人在成家立業之後隨著對父母的各種依賴減小，這就削弱了父母制約子女的權勢，子女對父母的孝心也會減弱，正如《管子・樞言》篇所言：「生其事親也，妻子具，則孝衰矣」。這裏大家會問，窮人家的孩子以及「妻子具」之人由於對父母的依賴性低逐漸就不盡孝了嗎？《管子》認爲按自然情況是會這樣的，但由於國家的存在，政府就會扭轉這一情況，政府會大力宣傳孝道並「化民成俗」以形成行孝的輿論壓力，以及通過賞罰激勵人們行孝，顯然通過這些途徑其

〔註 34〕斯賓諾莎：《倫理學》〔M〕，賀麟譯，北京：商務印書館，1983 年版，第 161 頁。

實就變相地增加了父母的「勢」。

通過上文的分析，顯然與孟子不同，《管子》認爲孝道並不是一種與生俱來的天性，它是與人趨利避害的本性有聯繫的，是經過父慈的內在感化以及父勢的外在誘導而產生的，這與荀子用後天之「僞」來分析道德之生成是有類似之處的。（對於《管子》孝道思想的詳細剖析請參見本書附錄 2）

小　結

規範德性論是《管子》倫理思想的主要內容之一。禮、義、廉、恥構成的國之思維是《管子》規範德性論的核心部分。《管子》首先對四維之內容進行了闡釋：禮的內涵是「不逾節」，遵行禮道，就是要按照自己的等級地位進行，不能做出越軌之事，並且禮具有普遍適用性，《管子》通過「禮有八經」對禮之具體內容做了詳細的交代；義的內涵是「不自進」，義是來源於人的內在理性，有了義德就不會隨意妄爲，民眾不隨意妄爲就不會有陰謀欺詐活動，人們生活自然會和諧起來，通過「義有七體」可以看出義具有豐富的具體內容；廉指的是「不蔽惡」，就是不掩飾自己的缺點和錯誤，只有對自己的缺點和錯誤不加掩飾、愼重對待，自己的行爲才能更加完善，才能做到眞正之「廉」，使自己達致「完人」的境界；恥與治、事一起構成了人之三名，名要正，天下才會得治，恥之內涵是「不從枉」，就是遠離壞人，不跟從壞人做壞事。國之四維自提出之後，一直備受關注，也使得後世學者或政治家爭相追捧，積極傳承。當然傳承也並不是機械地復述，歷史上的學者對於四維之內涵也進行了積極的應用和發展。在歷史上也存在對於四維的質疑之聲，最有代表性的當屬柳宗元的質疑，柳子認爲四維僅談其二維就足夠了，廉、恥二維應當從屬於「義」德，而不能與義相提並論。柳子之言表面上雖有道理，但是卻經不起推敲，本書對其進行了反駁。此外，本書還挑選了幾個其它德性範疇進行了分析討論，它們分別是仁、智、孝等三個道德德目。

第三章　政治倫理論

正如上文所述，《管子》是一部奇書，內容包羅萬象，融入了儒、墨、道、法、陰陽等諸家的思想精華，可謂是先秦思想的集大成者。更可貴的是，她努力去避免諸子各家的思想偏見，結合齊國的實踐，而提出了自己獨到的見解，可謂是獨具匠心、自成一家的思想體系。從該書的內容來看，其內容雖然看似龐雜，但卻有使其成爲邏輯統一之整體的思想紅線，這也就是促成君主政體、國富民強、稱霸天下的政治倫理思想。可以說正是其具有實踐性的政治倫理思想，才使齊國逐步強大，以至於九匡諸侯、稱霸天下，從而不但獲得了孔子的讚譽，而且也爲漢初的休養生息政策打下了良好的思想基礎。本著古爲今用的原則，在今天我們研究《管子》的政治倫理思想，同樣也有其重要的理論及現實意義。

本章重點圍繞《管子》政治倫理發展的動因、目標、政治方略及主要關係範疇展開論述，其政治倫理的主要論述的對象是君臣關係、君民關係、德法關係以及邦國關係，並且提出了一系列獨到而又實用的理論見解。

3.1《管子》政治倫理發展的動因、目標及實踐方略

任何思想理論都不是無緣無故產生的，都是一定社會經濟、政治以及文化發展的必然要求，也是一定社會經濟、政治及文化發展的必然產物。當然，《管子》政治倫理思想也不例外，它也是在一定的時空背景下產生的，並且具有自身特色的發展目標以及實踐方略。因此研究《管子》的政治倫理思想，必然要首先瞭解其產生的歷史動因、發展目標及實踐方略。

3.1.1 經濟、政治、文化方面的歷史動因

欲瞭解《管子》政治倫理思想產生的歷史動因，必先瞭解該書的寫作年代。正如引言中所述，針對《管子》一書的成書年代，學界一直存在爭議，諸如章學誠等學者認爲該書是春秋時代的作品，胡適等學者則認爲其應是戰國時期的著作，還有像羅根澤等少數學者把該書看作是漢朝人所作等等。至於最後一種說法，已被徐慶譽先生在《管子政治思想的探討》中以充分的論據所駁倒。〔註 1〕因此，現在學界只剩下了前兩種觀點。而筆者認爲把《管子》一書看成是春秋戰國整個大時代的學術代表作更爲合理，其理由如下：其一，《管子》一書是一系列學術思想的總匯，其中既含有春秋時代管仲筆者的思想，而且也存在著大量戰國時期學者特別是稷下學派的觀點，這一點早已成了學界共識；其二，春秋與戰國兩個時期雖然在某種程度上存在著差別，但是卻都屬於中國社會由奴隸社會向封建社會轉變的整個大過渡時期（上述觀點已在引言中詳述）。因此，本書就從春秋戰國整個時期的經濟、政治和文化的發展上來尋找《管子》政治倫理思想產生的歷史動因。

首先，經濟的變革是《管子》政治倫理思想產生的前提。眾所週知，中國傳統社會在經濟上一直是以農業爲主的社會，因此，當時的經濟變革主要表現在農業的生產方式變革上。周滅殷之後，以勞役地租爲內容的井田制土地剝削方式曾經推動了西周社會經濟的繁榮，正如《國語》中所說「先王制土，籍田以力」。〔註 2〕所謂井田制，即田地分爲公田、私田，庶人在公田上爲王室、公室及采邑大夫服力役，同時又在分給自己的小塊土地上即私田上耕作。這一生產方式在其施行的初期確實刺激了生產力的發展，但是隨著生產力的進一步發展，農民被迫的公田勞動與他們獨立經濟的發展之間的矛盾也得到了進一步的激化，到了春秋戰國時期，更是出現了農民用怠工甚至逃亡的方式抵制或逃避公田勞役的情況，終於導致了這一舊制的危機。井田制的瓦解一方面表現爲「公田不治」，另一方面更主要的是表現在私田由定期分配轉向長期佔有，即出現了封建地主土地所有制。新的生產方式的出現，必然要求新的社會上層建築與其相適應，《管子》政治倫理思想的產生正是反映

〔註 1〕詳情請參見徐慶譽：《管子政治思想的探討》，JOURNAL OF ORIENTAL STUDIES 1955 年 1 月第二卷第一期抽印本，University of HongKong，第 72～74 頁。

〔註 2〕《國語・魯語下》。

了這一經濟變革要求。

其次，政治發展的需求是《管子》政治倫理思想產生的直接動因。西周政治制度主要表現爲宗族分封制，宗周朝廷通過分封姬姓或其它近親親屬的方式來控制整個統一的王朝，並且在西周初期宗周朝廷所屬領地在經濟和軍事方面都強於各諸侯國，對諸侯國有著很強的威懾力。但是，隨著歷史的發展，姬姓及旁姓貴族越來越多，而朝廷可供分封的領地卻越來越少，這就大大削減了宗周自身的影響力和威懾力，特別是自平王東遷即春秋時代以來，周天子的地位更是一落千丈，直接控制的屬地大大縮小，僅局限於河南北部的一隅之地，其實力已遠遠不如一些諸侯大國，因此在當時出現諸侯輕視周天子而破壞周禮的情形就不足爲怪了。由於「天下共主」權威掃地，諸侯之間的平衡槓杆就不復存在了，於是諸侯間互相征伐層出不窮，政治局勢一直動蕩不安。在這種政治背景下，基於時代的需要，當時的思想家、政治家做出了許多政治方面的理論創新，他們一方面努力欲挽周禮之將傾，另一方面又要爲各諸侯國鞏固內部統治出謀劃策，以應對其它諸侯的挑戰。《管子》的政治倫理思想正是管子學派根據當時的政治需要而提出的重要理論創新。

最後，學術文化的新動向是《管子》政治倫理思想產生的推動力。在春秋戰國時期，隨著新舊制度的更替、階級關係的變動、生產力的發展、商業領域的活躍、戰爭的頻繁、各式各樣的政治變革等等所有這一切新的現象，不能不在學術思想上激起巨大的反響，特別是當時王宮失墜、學術下移的趨勢，促使了各國養士之風的盛行，形成了「處士橫議」、「各家異說」的局面。〔註3〕儒、墨、道、法等諸子百家相繼而出，他們圍繞著當時的社會巨變局勢，提出了一系列關於天人關係、人性善惡、王霸之辨、義利關係等問題的新觀點、新看法。縱觀各家學說，其中被他們最重視的應該是政治倫理方面的思想見解，例如儒家強調的以仁義爲核心的德治思想、墨家重視的是兼愛非攻的治理理念、道家強調的是無爲而治的政治觀念、法家在否定道德的基礎上提出的法治思想見解等等。在這種百家爭鳴的學術背景下，作爲文化大國的齊國當然也提出了自己的政治倫理思想，並且在稷下學子的推動下，形成了獨特的管子學派政治倫理思想派別，而《管子》一書中的政治倫理思想就是管子學派政治倫理思想的最集中表現。

〔註3〕參見周俊敏：《〈管子〉經濟倫理思想研究》，嶽麓書社2003年版，第37頁。

3.1.2 以「中正和調」爲發展目標

《管子》是特別重視社會中正和諧的思想的，並將其作爲政治倫理思想的追求目標。《管子・五輔》篇曰：「夫民必知義然後中正，中正然後和調，和調乃能處安。」也就是說只有想方設法使人際關係達到和諧，國家才能眞正安定下來，否則社會失去了中正和諧，天下必然大亂。《管子・形勢》篇也說：「上下不合，令而不行。」鑒於此，顯然作者已把「中正和諧」作爲了其政治倫理思想發展的一個目標。

《管子》還找到了社會不中正和諧的根源。《管子》認爲，法令不行，萬民不治，其主要原因在於貧富不齊，貧富懸殊必然失民國亂，正如《管子・治國》篇曰：「粟少則人貧。人貧則輕家，輕家則易去，易去則上令不能必行。」這種社會不和諧源於貧富懸殊的思想，對我們今天具有重大的理論指導意義，我們在構建和諧社會的偉大工程中，必須首先解決東西、城鄉等方面的貧富差距的問題，否則和諧社會的構建就無從談起。另外，《管子》認爲社會要達到和諧，必須要有政順民心的賢明君主，也就是說執政者是社會和諧的推動者。爲了社會和諧，君主必須做到愛民、富民和安民，並且還要在財富分配上堅持「貧富有度」的正義原則。按照上述思路治理國家，就可以：「順天之時，約地之宜，忠人之和……國富兵強…夫動靜順然後和也。」(《管子・禁藏》)〔註 4〕

3.1.3 以「予之爲取」爲實踐方略

《管子》作者認爲治理國家最關鍵的就是學會「予取之道」，這同大衛・伊斯頓在《政治生活的系統分析》一書中所講的「輸入」「輸出」機制有異曲同工之妙，只不過伊斯頓所說的輸入分成「壓力」和「支持」兩大部分，而《管子》所講的「取」則主要是強調來自民的「支持」。並且並不是像伊斯頓建立黑箱結構那樣抽象地分析政治生活的運作機制，《管子》則是從實際的政治經驗中闡述其「予取之道」的。

（一）關於「予」的思想

首先，是「予什麼」的問題。《管子》作者們依據其自然主義的人性論思想，在經驗觀察的基礎上，一致認爲人民是「惡憂勞」、「惡貧賤」、「惡危墜」、

〔註 4〕參見周俊敏：《〈管子〉經濟倫理思想研究》，嶽麓書社 2003 年版，第 154～155 頁。

「惡滅絕」，也就是說民需要的就是「去憂勞」、「去貧賤」、「去危墜」、「去滅絕」。因此執政者就可有的放矢地去制定施政方針了，正如《管子・牧民》篇所說：「民惡憂勞，我佚樂之；民惡貧賤，我富貴之；民惡危墜，我存安之；民惡滅絕，我生育之。」這樣就可以通過去民四惡，眞正給予民所需要的東西。

其次，是「如何予」的問題。《管子》認爲要達到令順民心，首先就要從經濟入手，正所謂「治國之道，必先富民；民富則易治也，民貧則難治也」〔註 5〕。以經濟作爲突破口，也與其「倉廩實則知禮節，衣食足則知榮辱」的唯物主義認識論是若合符節的。並且《管子》認爲農業是經濟的根本，因此必須首先從農業生產上抓起，具體措施就是君主的五個務必：「故曰山澤救於火，草木殖成，國之富也；溝瀆遂於隘，障水安其藏，國之富也；桑麻殖於野，五穀宜其地，國之富也；六畜育於家，瓜葷菜白果備齊，國之富也；工事無刻鏤，女事無文章，國之富也。」也就是說君主要動用一切力量，救災防患，興修水利，鼓勵種植畜養，多種經營，並且還要防止侈靡，以保證農業生產的穩定，從而達到國富民足。〔註 6〕

（二）關於「取」的思想

從前文分析可知，《管子》全書的立足點是國家至上，也就是最終要達到國家富強從而一霸天下，因此讓人們先富起來的目的就要爲了達到向民有所取而支撐國家發展的需要，也就是說「予」是爲了「取」。可是，如何取？取得標準是什麼？圍繞這一問題，《管子》提出了「取於民有度」的觀點。

那麼「取於民有度」的「度」到底是什麼？《管子》認爲，度也就是首先保證人民的溫飽問題，在此基礎上再取之於民，從而最大程度地減少了對「取」的民憤和不滿，使社會趨於和諧穩定，也就是今天所說的穩定是富強的前提，這種眞知灼見充分表明了《管子》作者對政治生活的深邃洞察力。

並且《管子》作者又給出了溫飽的具體標準：「人有五十石」。這是建立在對人民收入情況計算的基礎上得出的，也就是《管子》書中所說：「夫民之所生也，衣與食也。食之所生，水與土也。所以富民有要，食民有率，率三十畝二足於卒歲。歲兼美惡，畝取一石，則人有三十石，果瓜素食當十石，糠秕六畜當十石，則人有五十石。布帛麻絲旁入奇利未在其中也。故國有餘

〔註 5〕《管子・治國》。

〔註 6〕參見張力：《管仲評傳》，四川大學出版社 2005 年版，第 260～261 頁。

藏民有餘食。」〔註 7〕這種計算方法雖然粗陋，但卻表明了《管子》作者務實的態度，起碼給出了一個取於民的具體限度而不是流於形式，空喊口號。

3.2 政治倫理的主要關係範疇

政治倫理作爲應用倫理的一個重要組成部分，在中國的研究已有十幾年的歷史。大多數的研究者都認爲政治倫理就是通過道德的力量來調節政治關係的現象的總稱。著名政治倫理研究學者吳燦新先生把政治倫理定義爲「政治倫理是人類社會倫理道德的一種特殊表現形態，它是人們在政治生活中，以一定的階級道德或社會道德調整人與人之間政治關係的道德現象的總和。」〔註 8〕在此筆者也同意這一觀點。而《管子》書中所描述的政治關係主要體現爲君臣關係、君民關係、治道理念和邦國關係等幾個大的方面，因此研究《管子》的政治倫理思想當然也應該從這幾個方面來展開。

3.2.1 君臣關係論

在封建社會，「君主只是一人而已，一人而欲治天下國家，其道在如何善用屬下，故君臣關係之和諧、合作，就構成了非常重要的大事了」。〔註 9〕《管子》作者深深洞察到了這一點，爲了使君臣之間和諧相處，《管子》不但提出了許多制度上的創見，而且更重要地是提出了一套處理君臣關係的倫理道德思想。

（一）君主之德性

1. 君主有德之必要性

自從西周「敬德」、「保民」思想形成以來，君主有德已成了人們的共識，但是對於爲何君主要修養德性這一問題卻沒有得到很好的回答，只是生硬地把君主定義爲賢人或者把君主作爲上天的產物來解釋這一問題。到了《管子》那裏，針對這一問題，「《管子》的作者則克服了前人思想的不徹底性，把社會矛盾運動作爲考察君主起源問題的基點」。〔註 10〕這爲解決君主爲何要有德

〔註 7〕《管子・禁藏》。

〔註 8〕吳燦新：政治倫理與政治體制改革，《中共天津市委黨校學報》2001 年第 4 期。

〔註 9〕謝雲飛：《管子析論》，臺灣學生書局印行，民國 72 年版，第 111 頁。

〔註 10〕褚兆勇：簡論《管子》的君道觀，《淄博學院學報》（社會科學版）2001 年 9 月版。

的問題提供了較爲科學的論證。《管子》書中寫道：

> 古者未有君臣上下之别，未有夫婦妃匹之合，獸處群居，以力相征。於是智者詐愚，強者淩弱，老幼孤獨，不得其所。故智者假眾力以禁強虐，而暴人止；爲民興利除害，正民之德，而民師之。是故道術德行，出於賢人。其從義理，兆形於民心，則民反道矣。（《管子・君臣上》）

《管子》作者認爲君主是爲社會興利除害而被眾人推舉出治理國家的賢人，即君主必須爲有德之人，無德之人根本無法承擔「爲民興利除害」的重任，因此也不可能使無德之人成爲君主。換言之，其作者認爲君主是治國的龍頭，必須具有崇高的德性，否則國家就無法得到良好的治理，如《管子》書中所說：「主道得，賢材遂，百姓治。治亂在主而已矣。」（《管子・君臣上》）即國家治亂在乎君主，只有君主行德政，天下賢才才能得用，百姓才能得治。

《管子》這種君主必須爲有德之人的思想與儒家「王必聖賢」的思想有共通之處，但這種思想與君主專制政體是存在不可調和性的，因爲君主政體講究血親繼承，聖人的後代並不會必然成爲聖人，因此就無法保證君主繼承之人都爲賢君聖人，一旦非賢之人繼承爲君，管子的治國理論就會失去根基，因爲君主沒有使人信服的威望，社會很有可能就會失序而動亂。管子、桓公相繼死後，發生的齊國之亂就是明證。顯然這也是儒家治國思想同樣需要面對的問題。這一問題引起了韓非子的重視，他以深邃的洞察力，敏銳地看到了偏重德治的這一弊端，從而提出了自己的重法輕德之思想理念，但是韓非過度輕德的態度，又使其走向了另一個極端，君主不講道德，僅以法治國，其結果就會無法保證君主自身也能有法可依，這樣君主暴政就變得不可避免，秦朝二世即亡的歷史事實就證明了這一點。在這一點上，我們又可以看出《管子》「君主須有德」思想相對於韓非思想的優點，即《管子》的這一思想雖然無法保證繼承君位之人都爲聖賢之人，但卻可以對在位之君主形成道德約束，以鞭策其在執政過程中加強道德修養，以避免極端暴政現象的產生。

2. 君主之德性要求

首先，君主要以民爲本。《管子》的民本思想是其以德治國思想的重要內容。「民體以爲國」（《管子・君臣下》），認爲民是立國之本。在《管子・霸形》篇進一步說：「齊國百姓，公之本也。」強調民是君主之本，也即是說「民眾是君主的一切活動的基礎」。〔註 11〕故君主要善待民眾，「爲民除害興利」(《管子・治國》)。並且君主行令要做到「政之所行，在順民心。政之所廢，在逆民心」。(《管子・牧民》) 關於《管子》君主愛民、順民的思想將在下節民本思想重點介紹，在此暫不詳述。

其次，君主要有公正無私之心。《管子》書中寫道：「如地如天，何私何親，如日如月，爲君之節。」(《管子・形勢解》) 也就是說，君主要像日月天地那樣無私，大公無私是其應具備的道德品格。並且指出，只有以無私之心來治理國家，國家才能眞正得以治理，否則必將禍國亂政，正如《管子・心術下》篇云：

形不正者，德不來。中不精者，心不治。正形飾德，萬物畢得。翼然自來，神莫知其極，昭知天下，通於四極，是故曰：無以物亂官，毋以官亂心，此之謂內德。是故意氣定，然後反正。氣者身之充也，行者正之義也。充不美則心不得，行不正則民不服。是故聖人若天然，無私覆也；若地然，無私載也。私者，亂天下者也。

也就是說，無私乃天地之性，君主若想國治必當守之。《管子・宙合》篇進一步說：「王施而無私，則海內來賓矣。」只有具備無私之心，才能得民心、得人才，從而才有資本建功立業。另外，君主還應有公平正直之心，否則天下也會因此而大亂，《管子・心術下》篇又云：

人能正靜者，筋韌而骨強，能戴大圓者，體乎大方，鏡大清者，視乎大明。正靜不失，日新其德。昭知天下，通於四極。全心在中不可匿，外見於形容，可知於顏色。善氣迎人，親如弟兄；惡氣迎人，害於戈兵。不言之言，聞於雷鼓。全心之形，明於日月，察於父母。昔者明王之愛天下，故天下可附；暴王之惡天下，故天下可離。故賞之不足以爲愛，刑之不足以爲惡。賞者愛之末也，刑者惡之末也。凡民之生也，必以正平。

也就是說，只有君主具有公平正直之心，賞罰才能眞正做到公正，法令才能眞正得以遵守。

再次，君主要以身作則。《管子》認爲：「主身者，正德之本也；官治者，耳目之制也，身立而民化，德正而官治。」(《管子・君臣上》) 也就是說，君主自身是正德之本，君主身正人民自然就會受教化；君主德正，官吏自然就

〔註 11〕孫聚友：《管子》的君主人格思想探析，《管子學刊》1989 年第 2 期。

能管好。《管子》又進一步論述道：「行不正則民不服」（《管子・心術下》）；「上失其位則下逾其節」（《管子・形勢》）；「上好詐謀間欺，臣下賦斂競得」（《管子・立政》）。它認爲，只有君主自身先正，人民才會服從；君主先失其責，臣下也就不可能眞正遵守禮節；君主好玩詭計，臣下就會借機損公肥私。這與孔子「政者，正也。子帥以正，孰敢不正？」〔註12〕的道理如出一轍。

最後，君主要知人善任。《管子》中強調君主無爲，而不要事必躬親。具體事務由臣下去做。故君主盡職之關鍵在於擇賢而用、知人善任。《管子・君臣上》篇曰：「論材、量能、謀德而舉之，上之道也。」也即是說君主擇才標準要論才量能，這才是君主的德性。在《管子・立政》篇中進一步強調：「君之所審者三：一曰德不當其位；二曰功不當其祿；三曰能不當其官。」可以說，這些唯才是舉的任人思想對中國古代官僚制的發展和完善是有重大推動作用的。

（二）臣下之德性

首先，爲臣要有忠君之德。《管子・形勢解》曰：「忠者，臣之高行也。」又曰：「敦敬忠信，臣下之常也。」需要指出的是，這裏的「忠」不是後來儒家所要求的愚忠，而是辯證性的兩面之「忠」。一方面對君主之良政，要認眞貫徹不得「留令」，「留令」則「罪死不赦」（《管子・立政》）；另一方面是對君主進諫的責任，《管子・四稱》篇云：「君若有過，進諫不疑」，又說要「正諫死節」（《管子・形勢解》），也即是說君主有過，要諫言使其改之，而不惜犧牲生命，這種要求在後來歷代忠臣良將身上多有體現。可以說正是這種辯證之「忠」催生了中國民族的代代脊梁。

其次，爲官要有經臣之德。經臣是《管子》中一個重要的概念，《管子・重令》篇云：

> 朝有經臣，國有經俗，民有經產。何謂朝之經臣？察身能而受官；不誣於上；謹於法令以治，不阿黨；竭能盡力而不尚得，犯難離患而不辭死；受祿不過其功，服位不侈其能，不以毋實虛受者，朝之經臣也。

這種以誠對上、不結幫派、竭能治事、不辭於死、受祿合適、大公無私的爲官之道就是在兩千多年後的今天，也同樣是各級官員的必需之德，再強調也

〔註12〕《論語・顏淵》，《論語譯注》，楊伯峻譯注，北京：中華書局，2006年版，第145頁。

不爲過。

最後，爲官要有當位之德。《管子》認爲，官位不同對官吏的德性要求也不同，強調在其位必具其德。那麼《管子》是如何對各級官吏之德做出具體規定的呢？《管子》作者的回答是：

> 一曰大德不至仁，不可以授國柄；二曰見賢不能讓，不可與尊位；三曰罰避親貴，不可使主兵；四曰不好本事，不務地利而輕賦斂，不可與都邑。此四固者，安危之本也。(《管子・立政》)

意思是說，卿相必須大德至仁；朝廷大臣要見賢能讓；將帥必須罰不避親貴；地方長官要好農事，務地利，輕賦斂，惜民力。這種按官員之別來規定官員德性要求的思想是很有啓發意義的。

（三）「君道無為」與「臣道有為」

《管子》承襲道家關於無爲而治的學說，從而提出了自己的「君道無爲」、「臣道有爲」的觀點，並且在《管子・心術上》篇作了哲學上的論證：

> 心之本體，君之位也；九竅之有職，官之分也。心處其道，九竅循理……故曰：上離其道，下失其事。毋代馬走，使盡其力，毋代鳥飛，使弊其羽翼。也就是說君臣各有其遵循之道，不能反其道而行之。君之道便是「無爲」，而臣之道才是「有爲」。

其實，「君道無爲」並不是指的絕對無爲，君道的無爲是建立在制御群臣的有爲基礎之上的。君主的「爲」一方面是出憲布令，使臣之所「爲」有所依，即《管子・宙合》篇所說：「君出令佚，故立於左；臣任力勞，故立於右。」另一方面，君主的「爲」又表現在御臣之道上，正如《管子・任法》篇曰：「聖君任法而不任智，任數而不任說。」君主必須掌握法術之道，且懷且威，才能使群臣有爲，使自身不必親躬而達到無爲之境界。

因此，《管子》中所說的「君道無爲」是建立在駕馭群臣使之「有爲」的基礎上的，是一種積極的「無爲」，這與道家所宣傳的回到小國寡民時代的消極「無爲」還是有著很大差別的。

3.2.2 君民關係論

「國之所以爲國，固需廣土，尤需眾民。如有廣土而無眾民，則唯有一片荒涼之大地，何以成國？」〔註 13〕在中國思想史上，大多數政治思想家都

〔註 13〕謝雲飛：《管子析論》，臺灣學生書局印行，民國 72 年版，第 89 頁。

深刻認識了這一點，從而形成了獨具中國傳統特色的「民本思想」之源流。《管子》中同樣也有其精彩的「以民爲本」思想。但是，《管子》思想畢竟是封建社會的產物，「從政治的觀點來看，管仲之思想是絕對的君主專制」，〔註 14〕因此「君主至上」或「尊君」的思想也應是其政治倫理思想的基本主張。

（一）「民本」思想

1. 「以民為本」的重要性

西周建立伊始，其統治階級吸取商亡周興的歷史教訓，深刻認識到，獲得「厥邦厥民」乃執政興國的關鍵因素。從此之後，重民或民本思想，也成爲了中國歷朝歷代執政者建立偉業而必備的執政理念。同樣，成書於群雄逐鹿的春秋戰國時代的《管子》也充分強調了以民爲本的重要性。《管子》認爲：「爭天下者，必先爭人……得天下之先者王，得其半者霸。」（《管子・霸言》）因此，《管子・小匡》篇把士、農、工、商等四民提高到「國之石民」的認識高度，並且進而在《管子・霸形》篇明確提出「齊國百姓，公之本也」的重民思想。爲了說明以民爲本的重要性，《管子》作者還追溯歷史以尋找民本之根據「古之聖王，所以取明名廣譽，厚功大業，顯於天下，不忘於後世，非得人者未之嘗聞」。（《管子・五輔》）意思是說，古代的聖王，還從來沒有聽說過不靠得民心而能建立豐功偉業的。不僅如此，《管子》認爲得民心數量之多寡也關係著政治統治的成敗：「得天下之眾者王，得其半者霸。」（《管子・霸言》）即只有得到大多數民眾的支持，方可成爲明君聖王。正是出於對民本思想的重視，其作者提出了：「政之所興，在順民心；政之所廢，在逆民心。」（《管子・牧民》）的執政理念。顯然，這是對西周形成的「敬德」「保民」思想的繼承和發展。

2. 「以民為本」思想的基本政策

首先，在經濟方面，根據上文分析在《管子》的唯物主義哲學理念中，其作者已初步認識到物質基礎對上層建築的決定作用，因此得出了欲治國必先富民的執政觀念。也就是《管子・牧民》篇開篇之語：「凡有地牧民者，務在四時，守在倉廩，國多財則遠者來，地辟舉則民留處；倉廩實則知禮節，衣食足則知榮辱。」其大致意思就是，富民就可得民，得民就可治國。那麼如何富民呢？就是要守四時之序，多闢地安民，發展生產，使倉廩充實。由

〔註 14〕謝雲飛：《管子析論》，臺灣學生書局印行，民國 72 年版，第 89 頁。

於當時以農業爲主，因此作者更加強調「闢地」的重要性，正如《管子・權脩》篇認爲：「地不辟則六畜不育，六畜不育則國貧而用不足；國貧而用不足，則兵弱而士不厲。」

其次，在政治方面，《管子》作者認爲人性都是趨利避害的，爲政治國首先就要因循人性，順從民心，以爭取人民的支持和遵從。具體方法就是要順乎人情，注重民心之嚮背，也就是《牧民》篇所說：「民惡憂勞，我佚樂之；民惡貧賤，我富貴之；民惡危墜，我存安之；民惡滅絕，我生育之」。此外還認爲如果執政者都從民之「四欲」，使政順民心，就必然會得出「政順人和」的理想結果，也就是：「能佚樂之，則民爲之憂勞；能富貴之，則民爲之貧賤；能存安之，則民爲之危墜；能生育之，則民爲之滅絕。」（《管子・牧民》）反之，就會得出政壞人亂的亡國後果，正如《管子・權脩》篇云：「地之生財有時，民之用力有倦，而人君之欲無窮。以有時與有倦，養無窮之君，而度量不生於其間，則上下相疾也，是以臣有殺其君，子有殺其父者矣。」此情此形，怎不亡國？〔註 15〕

管子主政齊國之時，基於這種民本思想的指導，所出臺的一系列溫和而寬鬆、爲民且利民的政令法規，自然能夠得到民眾的贊許和擁護，加強民眾政治合法性的信仰。常言道，得民心者得天下，齊國作爲春秋五霸之首達數百年間，顯然與這種重民、利民的民本思想的指導是分不開的。

（二）「尊君」思想

1.「尊君」的必要性

春秋戰國時代，正是奴隸制社會向封建社會過渡的關鍵時期，因此君主專制思想在當時是推動歷史進步的政治力量。因此受到諸子百家的推崇。而君主專制政體思想的核心就是「尊君」的觀點。因此，「尊君」也順理成章地成爲了《管子》政治倫理思想中的核心概念之一。《管子》曾云：「安國在乎尊君，尊君在乎行令，行令在乎嚴罰。……故明君察於治民之本，本莫要於令。」（《管子・重令》）《管子・法法》篇認爲：「法者，民之父母。」而立法者乃君主也，即《管子・正世》篇的觀點：「爲人君者，莫貴於勝。所謂勝者，法立令行之謂勝。」因此，作者不但提出尊君乃安國之本，而且論證了爲何

〔註 15〕參見胡家聰著：《管子新探》，北京—中國社會科學出版社 2003 年版，第 30～33 頁。

要尊君：君主乃「民之父母」的訂立者，是沒有理由不尊的，否則就是違令不孝之罪。這種觀點從一個側面說明了封建主義的專制實質。

2. 「尊君」的具體方略

首先，君主要修身自律，做出表率。《管子》認爲君主要想被尊，就要做到値得尊，否則就算用武力使民做到口服，但卻永遠無法使民做到心服，君主之尊也只會流於形式而實不至。正如書中所說：「法而不行，則修令者不審也；審而不行，則賞罰輕也；重而不行，則賞罰不信也；信而不行，則不以身先之也。故曰：禁勝於身，則令行於民矣」。（《管子・法法》）因此，只有君主「禁勝於身」並「以身先之」，令才會順利執行，而使民尊君。也就是《管子・禁藏》篇所闡發的觀點：「聖人之制事也，能宮室，適車輿，以實藏，則國必富、位必尊」。

其次，法、術、勢三者並用。法，即是以法治國，強調法令的重要性；術，即指君主駕馭百官以推行政令的「權術」；而勢則是君主的至高無上的勢位。《管子》強調爲人之主必須掌握法、術、勢，並綜合運用之，方可使國治。《管子》認爲：「聖君任法而不任智，任數（術數）而不任說。」（《管子・任法》）反之而行就會變成失君之所爲：「失君，則不然，舍法而任智，故民舍事而好譽；舍數（術數）而任說，故民舍實而好言。」（《管子・任法》）因此，君主若想成爲聖君而被人尊必須「任法」和「任術」。另外，《管子》又強調了「勢」的重要性，書中曾曰：「夫尊君卑臣非計親也，以勢勝也。」（《管子・明法》）然後又說：「凡人君之所以爲君者，勢也。」（《管子・法法》）在這裏的法、術、勢的思想與三晉法家的治國之道如出一轍，顯示了《管子》與法家的姻緣會通之處。

最後，也是最重要的策略，就是「予取策略」。《管子》作者認爲治理國家最關鍵的就是學會「予取之道」。只有先給予民眾以實惠，眞正體貼民眾之辛苦，正如《管子・牧民》篇所說：「民惡憂勞，我佚樂之；民惡貧賤，我富貴之；民惡危墜，我存安之；民惡滅絕，我生育之。」這樣就可以通過去民四惡，給予民所需要的東西，只有如此，才會得到民眾之心服，取得了民心，自然君主地位就會穩固。這同大衛・伊斯頓在《政治生活的系統分析》一書中所講的「輸入」「輸出」機制有異曲同工之妙，只不過伊斯頓所說的輸入分成「壓力」和「支持」兩大部分，而《管子》所講的「取」則主要是強調來自民的「支持」。

（三）「民本」與「尊君」的內在聯繫

通過以上分析，我們明顯可以看到《管子》的民本思想其實與儒家傳統德治思想的治國之道存在著會通之處，儒家的孟子也強調「民爲貴，社稷次之，君爲輕。」（《孟子・盡心下》）荀子也非常重視民本思想。而《管子》中的尊君思想卻是在很大程度上同與儒家對立的法家之言相合。這裏，好像《管子》既強調民本又強調尊君，有相互矛盾之處，其實不然，在《管子》那裏，二者也是相互聯繫，不可分割的關係。

首先，「尊君」是「民本」的目的。根據馬克思主義的觀點，每一個居於統治地位的階級「爲了達到自己的目的，就不得不把自己的利益說成是社會全體成員的共同利益。」〔註16〕所謂統治階級「自己的目的」，主要表現爲使全體民眾服從自己的統治。《管子》中的齊國處於中央集權的封建君主制的社會裏，正如列寧指出：「君主制是一人獨裁的政權」，〔註17〕國君居於唯我獨尊的至上地位，代表統治階級行使至高無上的國家權力，所有的民眾都要尊重和服從君主的統治，因此統治階級的一切政策和思想都要以「尊君」爲目的，正如《管子》所說：「安國在乎尊君」（《管子・重令》）。當然《管子》的民本思想也不例外，《管子》認爲，以民爲本，就是要政順民心，「從其四欲」，而「從其四欲，則遠者自親；行其四惡，則近者叛之。」（《管子・牧民》）即以民爲本的目的在於使民尊君而不叛君，《管子》說：「故知予之爲取者，政之寶也。」（《管子・牧民》）也就是說順民心之「予」，是爲了「尊君」之「取」，這才是行政之寶。簡而言之，在封建社會中，無論多麼仁慈的君主，其出發點都是爲了鞏固自己的尊位，這已是被歷史充分證明了的道理。

其次，民本是尊君的手段。歷史上秦王朝靠法家雖可統一天下但卻速亡的命運，充分顯示出僅靠法、術、勢無法眞正得「民心」而使民「內服」的。《管子》作者力圖避免三晉法家思想的內在弊端，於是融合了儒家德治的思想而提出德法兼治的思想（在後文將有詳細闡述）。按照《管子》的這一思路，君主要想眞正使民「歸服」必須施行「德政」「以民爲本」，正如《管子・法法》篇所云：「國何可無道，人何可無求〔註18〕，得道而導之，得賢而使之，

〔註16〕馬克思、恩格斯：《馬克思恩格斯選集》第 1 卷〔M〕，中共中央馬克思恩格斯列寧斯大林著作編譯局譯，北京：人民出版社，1995 年版，第 53 頁。

〔註17〕列寧：《列寧選集》第 4 卷，中共中央馬克思恩格斯列寧斯大林著作編譯局譯，北京：人民出版社，1995 年版，第 49 頁。

〔註18〕注：張佩綸認爲，「求」應爲「賢」，與下文「道」、「賢」相對應。黎翔鳳則

將有所大期於興利除害。」也就是說，只有以民爲本，任用賢人爲民興利除害，國家治理才會有道，君主才會受到萬民之擁戴，否則如果不實行民本政策，就會導致「人道不順，則有禍亂」，（《管子・五輔》）國家無道而大亂，君主之位當然不會受到尊重。因此，在《管子》那裏，民本思想是達到尊君的必要條件。

總之，我們可以看出，尊君與民本思想是相互聯繫的，並且二者統一於維護封建君主專制的政治實踐中。

3.2.3 德法關係論

張岱年先生曾經指出：「先秦時代，唯有《管子》提出法治與道德教化相聯繫的全面觀點。」〔註 19〕這一論斷可謂一語中的。縱觀《管子》一書，對道德強調可謂重也，而對法的論述也同樣不惜筆墨，可以說《管子》是強調德法兼顧的，並且認爲要以德爲魂、以法爲體、德法兼治。

（一）以德為魂

《管子》在論述「道」與「德」的關係時說道：「虛而無形謂之道，化育萬物謂之德。」（《管子・心術上》）也即是說，德是道在萬物中的內在體現，故在行政過程中也要不可避免地體現德的精神。《管子》認爲：「錯國於不傾之地者，授有德也。」（《管子・牧民》）說明在行政過程中不可無德，換言之無德之人就應被罷免。《管子》進一步說：「德之以懷也，威之以威也，則天下歸之矣。」（《管子・君臣下》）並且認爲：「能心行德，則天下莫能與之爭矣。」（《管子・形勢解》）因此，在政治權力運作過程中必須內含德之精神，也就是說爲政要以德爲魂。主要表現在政治權利運作主體之德性以及政治主體如何在使用權利的過程中體現德性的要求。

首先，治理國家需要賢人執政。《管子》在總結以往歷史經驗的基礎上得出一條重要的治國思想，也就是，要使國家保持長治久安和行政系統的正常運轉，離不開人的因素。《管子》作者認爲：「夫霸王之始也，以人爲本。本治則國固，本亂則國危。」（《管子・霸言》）書中又說道：

古之聖王，所以取名廣譽，厚功大業，顯要天下，不忘於後世，

認爲按照文意，「重在求賢，不重在人之賢」，故並非錯字。參見黎翔鳳：《管子校注》，北京：中華書局，2004 年版，第 306 頁。

〔註 19〕張岱年：「《管子》的法教統一觀」〔J〕，《管子學刊》，1989 年第 3 期。

非得人者，未之嘗聞。暴王之所以失國家，危社稷，覆宗廟，滅於天下，非失人者，未之嘗聞。……故曰：人，不可不務也，此天下之極也。(《管子・五輔》)

當然，《管子》所強調的「人」，不是指一般的庸人而是指具有崇高德行的「賢人」。也就是書中所說：「道術德性，出於賢人。」(《管子・君臣下》) 要想國家順利發展、行政系統有序運作，就必須由賢人來當政。〔註 20〕那麼，什麼是《管子》所理想的「賢人」呢？顯然就是上文論述的符合「國之四維」要求的明君經臣式的人物。

其次，權力運作過程的道德規範。上文講述的是成為權力運作主體所應具備的條件，也就是要有賢人來主政。但是，選出了賢明的執政人員就萬事大吉，賢人就一定能作出賢明之事嗎？這也是《管子》作者深入思考的問題。他們認為，選出有德性的人來執政只是第一步，有德性還必須確保其有德行，因此必須制定出一套具體的道德規範對政治主體加以約束，否則，賢人也會做出庸人甚至壞人之事。那麼，德行的具體規範是什麼呢？《管子》認為，賢人執政必須做到：「故不為重寶虧其令，故曰令貴於寶。不為愛親危其社稷，故曰社稷戚於親。不為愛人枉其法，故曰法愛於人。不為重祿爵分其威，故曰威重於爵祿。不通此四者，則反於無有。」(《管子・七法》) 這就是說，執掌權力不得貪圖財物、不得徇私枉法、不得為骨肉之親危害國家利益、不得拿權力做交易。除此之外，《管子》認為賢人在運作權利時還必須做到清正廉潔、敢於直言進諫，否則「正言直行之士危，則人主孤而毋內。」(《管子・法法》) 也就是賢人要在實踐中真正能做出賢人之舉。〔註 21〕

（二）以法為體

「天不法（音廢）法則治。法者天下之儀也，所以決疑而明是非也，百姓所縣（懸）命也。」(《管子・禁藏》)《管子・內官》篇曰：「明法審數，立常能備，則治。」顯然，作者認為法律規範是治國所不可缺少的工具。並且法要如「日月之明」(《管子・正》) 使人人皆明瞭法之規定，按法行事，國家才會得以治理。因此，法是政治權力運作過程中的法律規定，如繩索一樣為權力運作劃定了界限，也就是說權力運作要以法為體。那麼，如何才能做到以法為體呢？《管子》對此也做出了回答，這也是我們接下來要論述的內容。

〔註 20〕參見丁原明：論《管子》的廉政思想，《管子學刊》1990 年第 1 期。
〔註 21〕參見丁原明：論《管子》的廉政思想，《管子學刊》1990 年第 1 期。

1. 立法環節

首先，君主是制定法律的主體。《管子》認爲，法令都是從君主那裏產生出來的，國君的主要職責就是「出令布憲」、「制儀法，出號令」（《管子・七法》）。這也是君主專制政體的基本特徵，即國君是國家最高的統治者，握有立法、決策的大權。正如《管子・任法》篇云：「有生法、有守法、有法於法。夫生法者君也，守法者臣也，法於法者民也。君臣上下貴賤皆從法，此謂之大治。」也就是說，要想國家大治，立法只能由國君來完成，其它人只是行法和守法配合國君治理國家。

其次，立法要守「三常」。《管子》深受道家思想的影響，認爲立法決策要順應自然天道。道家的自然天道觀主要表現爲：「人法地，地法天，天法道，道法自然。」（《道德經》第二十五章）《管子》也是從「天、地、人」三者並提的角度，來論述君主的立法和決策，如《管子・君臣上》篇強調：「天有常象，地有常形，人有常禮，一設而不更，此謂三常。兼而一之，人君之道也。」也就是說，君主立法要掌握「三常」的規律，做到「兼而一之」。〔註 22〕

2. 行法環節

首先，君主要做出執法的表率作用。《管子》認爲君主不但要以身作則，還要以身垂範，只有君主「任法不任智。任數而不任說，任公而不任私」（《管子・任法》），國家才可以得到治理。《管子・牧民》篇曰：「上服度則六親固。……御民之轡，在上之所貴；道民之門，在上之所先。」

其次，要秉公執法、賞罰嚴明。《管子》認爲君主在行法時有三種立場，也就是「故主有三術：夫愛人不私賞也，惡人不私罰也，置儀設法以度量斷者，上主也。愛人而私賞之，惡人而私罰之，倍大臣，離左右，專以其心斷者，中主也。臣有所愛而爲私賞之，有所惡而爲私罰之，倍其公法，損其正心，專聽其大臣者，危主也。放爲人主者，不重愛人，不重惡人。重愛曰失德，重惡曰失威。威德皆失，則主危也。」（《管子・任法》）因此，要想不使「主危」，就必須做秉公執法的「上主」。

（三）德法統一

《管子》曰：「刑德者，四時之合也，刑德合於時則生福，詭則生禍。」

〔註 22〕參見胡家聰：《管子》中以法治國的法理之學，《管子學刊》1988 年第 3 期。

(《管子・四時》)因此，管子是主張德法雙管齊下施政的。書中又曰:「以遂德之行，結諸侯之親；以姦佞之罰，刑天下之心。」(《管子・霸言》)主張欲王天下必須法德並舉。《管子・任法》篇則進一步指出官吏行使權力的過程中，刑德是缺一不可的:「群臣不用禮義教訓，則不祥；百官服事者離法而治，則不祥。」顯然，《管子》所重視的行政過程是德法兼顧、法教合一的。

《管子》中具有「道德出於法」的思想。《管子》篇在談論德、法關係時說道:「黃帝之治天下也，其民不引而來，不推而往，不使而成，不禁而止。故黃帝之治也，置法而不變，使民安其法者也。所謂仁義禮樂者皆出於法，此先王之所以一民者也。」(《管子・任法》)就是說，仁義等道德規範都是出於法的，當然這裏的「法」是指包括仁義禮智等具體道德規定在內的廣義之「法」，換句話說，道德規範和刑法律令的本源是一致的，都是來源於先王能統一人民的廣義之「法」。

另外，《管子》認爲法令的推行也離不開道德規範的作用。《管子》作者認爲，法律的推行離不開禮義廉恥這些道德規範的輔助作用，否則，就不會眞正達到使民守法的效果。《管子・權脩》篇云:「凡牧民者，使士無邪行，女無淫事；士無邪行，教也；女無淫事，訓也。教訓成俗，而刑罰省數也。」也就是說，德教的推行彌補了法治的不足，減少了刑罰事件的發生。

《管子》的這一德法並舉的思想顯然融合了儒家和秦晉法家的思想主張。儒家向來主張「以德治國」，如孔子在論述治國爲政理念時認爲:「爲政以德，譬如北辰，居其所而眾星共之。」(《論語・爲政》)並進一步解釋道:「道之以政，齊之以刑，民免而無恥。道之以德，齊之以禮，有恥且格。」(《論語・爲政》)因此孔子是主張重德而輕法的治國理念。孟子繼承並發展了孔子的德治思想，其在比較仁德與力霸時認爲:「以力假仁者霸，霸必有大國；以德行仁者王，王不待大。湯以七十里，文王以百里。以力服人者，非心服也，力不贍也；以德服人者，中心悅而誠服也，如七十子之服孔子也。」(《孟子・公孫丑上》)可以說，以孔子、孟子爲代表的儒家「以德治國」的思想與《管子》把禮、義、廉、恥等道德看作「國之四維」的「德治」思想是有相通之處的。反觀秦晉法家，卻是極力反對以德治國，而強調以法治國。如商鞅認爲:「禮樂，淫佚之征也；慈仁，過之母也。」〔註23〕主張「任其力不任其德」，

〔註23〕《商君書・說民》，引自高亨:《商君書注釋》，北京：中華書局，1974年版，第52頁。

〔註 24〕「不貴義而貴法」〔註 25〕。但是，與孔孟儒家不同的是，《管子》並沒有僅僅止步於「以德治國」的理念，而是又進一步融合了法家「以法治國」的思想理念。三晉法家的代表韓非亦認爲治國要「不務德而務法」。〔註 26〕從上文可知，法家「重法」的思想在《管子》一書中也得到了充分的體現。可以說儒法兩家各自的治國理念在都具有重大的進步意義和歷史推動作用，但是，從人類歷史發展的長河來看，它們的片面性是顯而易見的，只有《管子》的德法並舉的主張才更適合歷史的發展需要。〔註 27〕

3.2.4 邦國關係論

隨著全球化進程的日益發展，國際政治倫理在世界舞臺上扮演著越來越重要的角色，並已開始作爲國際關係理論的重要研究對象而被國際政治學界所重視。故名釋義，國際政治倫理是政治倫理在國際政治領域中的應用。其目的就是爲了調整國際政治主體之間的關係。但是，可能會有人這樣發問，倫理是調整人與人之間關係的道德現象，怎能生搬硬套到國與國之間的關係上來呢？在這一點上，我們有必要作一下解釋。按照霍夫曼在其《超越國界的責任——國際政治倫理學的限制與可能》一書的觀點，國家其實就是人造的「人」，是「人格化」的國家。國家的「人格化」表明國傢具有道德上的權利與義務，正是國家的義務與責任構成了國家道德的主要內容。澄清了上述疑問，我們就可以對國際政治倫理這一概念、內涵加以界定。即國際政治倫理是國際政治生活中的一種價值追求，是國際社會中的「政治之善」，是調整國與國之間關係的道德現象的總和。這裏的國家一詞不是特指現代意義上的民族國家，而是指具有國家性質的一切政治共同體，包括中國先秦時代的各個諸侯國，因爲各個諸侯國都具有相對獨立的財政、外交、軍事等自主權，是具有國家性質的政治共同體。

作爲集先秦諸子思想之大成的《管子》一書，同樣在齊國的邦國交往實

〔註 24〕《商君書·錯法》，引自高亨：《商君書注釋》，北京：中華書局，1974 年版，第 90 頁。

〔註 25〕《商君書·說民》，引自高亨：《商君書注釋》，北京：中華書局，1974 年版，第 144 頁。

〔註 26〕《韓非子·顯學》，引自梁啓雄：《韓子淺解》，北京：中華書局，1960 年版，第 500 頁。

〔註 27〕參見池萬興：《〈管子〉研究》，北京：高等教育出版社，2004 年版，第 189 頁。

踐中，提出了許多寶貴的國際政治倫理思想，其主要表現在處理華夷關係、諸侯關係的倫理道德規範。

（一）尊王攘夷

「尊王攘夷」的思想屬於春秋戰國時期的主流思潮，在《管子》中也得到了很好的體現。劉澤華先生認爲：「尊王攘夷」思想是管子處理華夏與夷狄之間矛盾的基本主張，〔註28〕這是有一定道理的。但這一評價並不全面，「尊王攘夷」思想同時也應是管子處理華夏內部邦國關係的基本主張。因爲「尊王」就是承認周王爲唯一合法之王，使華夏內部政治歸於一統，避免無秩序的紛爭。而「攘夷」才是解決華夏與夷狄之間矛盾的基本主張。因此，「尊王攘夷」是由兩部分主張合而爲一的思想見解，是一個有機的整體，也是中國古代政治傳統中重要的組成部分。

「尊王」觀念在殷商時期就已被重視了。《盤庚》認爲，王作爲「余一人」的，特殊使命，就是「予迓續乃命於天，予豈汝威，用奉畜汝眾」。（《尚書・盤庚》）翻譯成現代文就是：你們的生命，乃我向天求來的，我不是用勢壓你們，是爲了畜養你們，故你們必須聽我的。〔註 29〕顯然在這種觀念下，不尊王就是違背天命。進入西周王朝，「尊王」思想進一步被強調。《大誥》說：「天休於寧（文）王，興我小邦周。」（《尚書・大誥》）即文王受命於天，是天下合法之王。並且周公又通過制禮，突顯了君尊、臣卑的倫理秩序，使「尊王」的思想完全意識形態化了。到了《管子》作者所在的春秋戰國時期，雖然王的實際地位得到了很大的弱化，但是「尊王」的觀念仍留有餘威，各諸侯國雖都沒有把天子放在眼裏，但誰要敢說，廢天子而自立，那他必然會犯眾怒，被群起而攻之，末日很快就會來臨。說白了，那時的各諸侯國，誰也沒有撇開周天子以自立的實力。〔註 30〕這種思想在《管子》中得到了很好的體現。從《管子・小匡》篇我們可以看出，只有打著「尊王」的旗號，才能「兵一出而大功十二」，從而「九合諸侯，一匡天下」。另外，《管子・小匡》篇又用一典型事例來強調「尊王」之思想：葵丘之會，周天子賜桓公不跪之禮，管

〔註28〕參見劉澤華主編：《中國政治思想史》先秦卷，浙江人民出版社 1996 年版，第 94 頁。

〔註29〕參見劉澤華主編：《中國政治思想史》先秦卷，浙江人民出版社 1996 年版，第 10 頁。

〔註30〕參見程國政：《管子雅話》，長江文藝出版社 2002 年版，第 37 頁。

仲建議應守君臣禮儀，於是「天子致命與桓公而不受，天下諸侯稱順焉」。（《管子・小匡》）此事例說明只有尊敬周天子，遵守君臣之禮，才能更好地獲得天下人的尊重，從而才能確立霸主地位，並能增強自己霸主地位的合法性。也就是說，正是「尊王」這一信念使齊國理順了諸侯之間的關係，恢復了一定的秩序，從而避免了過多的相互廝殺和爭鬥。

「攘夷」的觀念是中國歷史上民族矛盾激化的產物。西周末年，戎狄之族對周的威脅越來越大，最後以犬戎爲主的外族勢力滅了西周，這對華夏是個極大的打擊，以至有《春秋公羊傳》所稱的「南夷與北夷交，中國不絕若線」（《春秋公羊傳・襄公四年》）之說。在這種民族危亡的情勢下，救亡圖存的「攘夷」之論便順勢興起。到了春秋戰國時期，華夷矛盾更加激化，再加上各華夏民族開始對夷狄持鄙薄之見，「攘夷」成爲了當時各諸侯國共有的最正義性的行爲之一。《管子》的作者們也同樣具有類似的觀點，並且在書中得到了體現。《管子・小匡》篇云：「中救晉公，禽狄王，敗胡貉，破屠何，而騎寇始服。北伐山戎，制冷支，斬孤竹，而九夷始聽。海濱諸侯，莫不來服。西征攘白狄之地，遂至于西河，方舟投柎，乘桴濟河，至于石枕。縣車束馬，逾大行。與卑耳之貉，拘秦夏，西服流沙西虞，而秦戎始從。」正是這一系列攘夷的行動，才達到了「東夷、西戎、南蠻、北狄、中諸侯國，莫不賓服」（《管子・小匡》）的霸於天下的偉大功績。孔子正是由於管子攘夷保夏之功才感歎到：「微管仲，吾其被髮左衽矣。豈若匹夫匹婦之爲諒也，自經於溝瀆而莫之知也。」〔註 31〕也就是說如果沒有管子攘夷之功，我們華夏族早已淪爲異族之奴了。鑒於此，《管子》的作者將「攘夷」作爲其邦國交往倫理的一項重要原則是合情合理的。

正如上文所說，在《管子》一書中，「尊王」與「攘夷」是相互聯繫、不可分割的，離開了尊王，就難以團結華夏族的各種力量共同「攘夷」；同樣，離開了「攘夷」，在當時的歷史環境中，「尊王」也是無稽之談。「尊王」、「攘夷」合而爲一成爲《管子》邦國交往倫理的一個基本的原則，也是其政治倫理的最重要原則，因爲若沒有「尊王攘夷」思想的指導，也就不會有齊國「霸於天下」目標的實現，當時國際社會也必然會陷於你爭我奪的無政府狀態，從而國際倫理道德也就失去了存在的環境基礎。

〔註 31〕《論語・憲問》，《論語譯注》，楊伯峻譯注，北京：中華書局，2006 年版，第 170 頁。

（二）親鄰睦遠

國與國之間要想並立共存，必須謀求一個並立共存之途，相互聯盟，親鄰睦遠，以求自存自強。〔註 32〕《管子》書中也是把「親鄰睦遠」作爲其邦國交往倫理思想來論述的。其主要表現在交鄰、助鄰、信鄰三個層次上。

首先，結交鄰邦的思想。在當時的國際環境中，一個對外自我孤立的邦國是無法立足生存的，正如《管子》書云：「獨王之國，勞而多禍；獨國之君，卑而不威。」（《管子・形勢》）故《管子》的作者認爲，要想使齊國壯大進而霸於天下，必須交好鄰邦，掌握鄰邦之具體國情。而最重要的結交方式就是遣使前往各國，交好諸侯。並且爲了更好地達到結交的效果，《管子》提出了「因才遣使」的觀點。《管子》又云：「公子舉，爲人博聞而知禮，好學而辭遜，請使游於魯，以結交焉。公子開方，爲人巧轉而兌利，請使游於衛，以結交焉。曹孫宿，其爲人也小廉而苛忕，足恭而辭結，正荊之則也，請使往游，以結交焉。」（《管子・小匡》）派遣使者到各自能發揮其才能的國度去開展外交活動，其外交效果是可想而知的。

其次，援助鄰邦的思想。《管子》作者根據其「予之爲取」的爲政法寶，認爲要想得到鄰國之助，必須在「得助」之前要先施予好處。也就是說只有「先予」才能得到「欲取」。因此「援助鄰邦」思想也就成爲了處理國際關係的一項重要原則。如何援助鄰邦呢？《管子・小匡》篇云：「身我疆埸，則鄰國親我矣。」該篇又云：「敵人攻衛，衛人出旅於曹，桓公城楚丘封之。其畜以散亡，故桓公予之繫馬三百匹，天下諸侯稱仁焉。」

最後，取信於鄰邦的思想。《管子》在處理國際事務中，非常強調信義爲先的原則，《管子・形勢解》篇云：「明主內行其法度，外行其理義，故鄰國親之，與國信之。有患則鄰國憂之，有難則鄰國救之。亂主內失其百姓，外不信於鄰國，故有患則莫之憂也，有難則莫之救也。外內皆失，孤特而無黨，故國弱而主辱。」可見，「信於鄰邦」在國家自強中的作用是不可被輕視的。桓公四年，齊魯作盟，雖然中計，但卻信守與曹劌之約的舉動，使桓公由侵略者一搖變爲了諸侯仰慕的忠信之士，這也充分表明了「信」在外交中的反敗爲勝的作用和地位。

總之，《管子》的親鄰睦遠的邦交政策在齊國「九合諸侯、一霸天下」的過程中起到了重要的作用。這也與近世外交史上的軍經援助，用意完全相同。

〔註 32〕謝雲飛：《管子析論》，臺灣學生書局 1983 年版，第 126 頁。

固然是廣結與國之道，其實也是自助自強的重要做法。〔註 33〕

（三）至善不戰

《管子》一書政治倫理思想的重要目標就是霸於天下，這也是管仲相齊之初向齊桓公提出的條件。一般認爲，稱霸必然主兵，但《管子》的思維則與通常的思維不同，不但不把主兵作爲稱霸的重要條件，而且還特別強調戰爭的危害性。《管子・問》篇曰：「夫兵事者，危物也，不時而勝，不義而得，未爲福也。失謀而敗國之危也，愼謀乃保國。」並且在《管子・兵法》一篇中提出了「至善不戰」的處理國際矛盾的倫理準則。那麼，如何既要兼顧「至善不戰」的原則，又要達到霸於天下的目標呢？《管子》根據予之爲取、剛柔相濟的辯證思維，走出了一條自己特色的稱霸天下之路。

（1）以德服人。《管子》作者認爲：「德不能懷遠國，令不能一諸侯，而求王天下，不可得也。」（《管子・重令》）「德」在其「王天下」的整體戰略中的重要性由此可窺一斑。針對以德服人的手段，《管子》作者又提出了「體」、「禮」兩種方法。《管子・樞言》篇曰：「先王取天下，遠者以禮，近者以體。體禮者，所以取天下；遠、近者，所以殊天下之際。」即待近鄰要親近，對遠國要以禮待之。《管子・樞言》篇又曰：「先王不以勇猛爲邊境，則邊境安；邊境安，則鄰國親；鄰國親，則舉當矣。」另外，《管子》中記載的一事例也證明了「體」的作用，即桓公在救燕之後，（燕王）親自送桓公出境，而桓公按周禮將（燕公）所達之齊地割於燕，這一舉動不但徹底折服了燕國，而且也使其它諸侯皆視齊國爲禮儀之楷模，而悉數歸之。正是在以「體」「禮」爲核心的以德服人的戰略下，齊國漸漸獲得人心，增強了諸侯國對齊國的向心力，從而爲稱霸天下打下了良好的道義基礎。正是在這層意義之上，孔子稱讚道：「桓公九合諸侯，不以兵車，管仲之力也。如其仁，如其仁。」〔註 34〕

（2）以粟制敵。在古代社會中，農業是國家的經濟命脈，因此《管子》認爲，粟之多少，不但決定著用之富貧，而且決定著制敵之成敗。《管子・國蓄》篇曰：「凡五穀者，萬物之主也。」也就是說穀粟是成就萬事之本。「甲兵之本，必先於田宅」（《管子・侈靡》），「民饑不可使戰」（《管子・八觀》），說明粟之多少是克敵制勝的法寶。正因爲粟之重要性，《管子》強調以粟制敵，

〔註 33〕謝雲飛：《管子析論》，臺灣學生書局 1983 年版，第 130 頁。

〔註 34〕《論語・憲問》，《論語譯注》，楊伯峻譯注，北京：中華書局，2006 年版，第 170 頁。

使敵自覺來服而免於兵刀之苦。《管子・輕重戊》集中提出了以粟制敵的謀略，即用巧妙的手段，擾亂敵國的農業生產，使之糧食貧乏，在經濟上不得不依賴我方，從而使敵國降服。該篇記載道，齊欲征服魯、梁，利用魯、梁之民俗爲綈，使齊人皆服綈，大量購進，魯、梁之君聞之，則教其民爲綈，使民放棄了其它農業生產。當魯、梁之民皆爲綈之時，齊桓公又下令齊人改服帛，並且以閉關方式斬斷與魯、梁通使，此時魯、梁再改綈修農爲時已晚，因爲「穀不可三日而得」。「魯、梁之人糴十百，齊糶十錢，二十四月，魯、梁之民歸齊者十分之六。三年，魯、梁之君請服。」《管子・輕重戊》所述的事件顯然不可視爲信史，但這也正突出地表現了《管子》一書對以粟制敵重要性的強調。〔註 35〕以粟制敵雖然也暗含了不可告人的伎倆，但與生靈塗炭的武力征戰比較起來顯然在道德層次上高出了一截。

總之，至善不戰是《管子》邦國交往政治倫理中的一項重要原則，在齊國稱霸過程中起到了事半功倍的顯著作用。當然《管子》強調的至善不戰，並不代表徹底否定了戰爭的作用。相反《管子》認爲，只有陰陽配合，剛柔相濟才能真正霸於天下，因此其作者同樣強調主兵的作用。如《管子・參患》篇曰：「君之所以卑尊，國之所以安危者，莫要於兵。」這樣，既講究德性懷柔又重視強兵後盾，則霸於天下的目標指日可待也！

小　結

從應用倫理學的角度分析，《管子》一書所蘊含的應用倫理內容主要是涉及政治倫理和經濟倫理兩個方面。《管子》政治倫理思想是春秋戰國那個動蕩時代經濟、政治、文化發展的必然產物，在當時的背景之下，《管子》確立了其政治倫理發展的目標是構建「中正和調」的政治文明社會，並制定了「予之爲取」的政治倫理實踐方略，其政治倫理內容重點圍繞著如下幾對政治生活中的矛盾關係而展開論述的：其一，君臣關係論，君主應該是符合聖賢的明君，臣下應該是經世之臣，爲君之道重在「無爲」，爲臣之道重在「有爲」；其二，君民關係論，《管子》認爲國之四民乃君主之本，進而提出了豐富的民本思想，同時該書有主張「尊君」思想，大力提高君主的權威地位，而且「尊君」和「民本」二者可並行而不悖，「尊君」是「民本」的目的，而「民本」

〔註 35〕參見王德敏、劉斌等：《管子十日談》，安徽文藝出版社 1997 年版，第 92 頁。

則是「尊君」的必要手段；其三，德法關係論，《管子》主張治理國家要兼顧德治和法治兩個手段，要以德為魂、以法為體、德法統一；其四，邦國關係論，在中國的先秦時代，各邦國之間要想和諧共存，同樣也需要倫理道德的調節，作為集先秦諸子思想之大成的《管子》一書，同樣在齊國的邦國交往實踐中，提出了許多寶貴的邦交倫理思想，其主要表現在處理華夷關係、諸侯關係的倫理道德規範，包括尊王攘夷、親鄰睦遠、至聖不戰等幾個方面。

第四章　經濟倫理論

梁啓超先生《管子傳》中指出：「經濟學之成爲專門科學，自近代始也……自百餘年前，英人有亞丹斯密者起，天下始翕然知此之爲重。然斯密之言經濟也，以個人爲本位，不以國家爲本位，故其學說之益於人國者雖不少，而弊亦隨之。晚近數十年來，始有起而糾其偏匡其缺者。……是放善言經濟者，必合全國民而盈虛消長之，此國民經濟學所爲可貴也。此義也，至最近二三十年間，始大昌於天下。然吾國有人焉於二千年前導其先河者，則管子也。」〔註1〕任公不但指出了《管子》經濟思想在中國經濟史上的崇高地位，而且認爲其具有國家本位的特點，而這一點正是西方個人本位經濟學所欠缺的。因此，對於《管子》經濟和經濟倫理思想的研究是有意義的。

所謂經濟倫理，一般認爲，指的是基於經濟主體的相互關係，並且能夠反應經濟與倫理關係的一個概念，包括經濟活動主體的倫理規則、經濟結構和經濟機制的倫理性、協調經濟主體利益矛盾的倫理原則等內容。〔註2〕根據這一定義，我們主要是從三個方面來探討《管子》經濟倫理方面的思想：經濟主體的德性規範、產業部門的發展戰略、利益調控的宏觀策略等。

4.1 經濟主體的德性規範

一般認爲，經濟主體指的是在經濟生活中能夠獨立承擔經濟責任並獲得

〔註 1〕梁啓超：《管子傳》，中華書局，1936 年版，第 46 頁。

〔註 2〕參見甘紹平、余湧主編：《應用倫理學教程》，北京：中國社會科學出版社，2008 年版，第 98 頁。

經濟利益的個人或組織形態。在微觀經濟學中，經濟主體主要指的是經濟生活中的企業和個人，而在凱恩斯所倡導之宏觀經濟學中，經濟主體除了包括經濟生活中的企業和個人以外，還包括國家這一負責經濟協調的主體形態。由於下文我們將以專節討論《管子》的宏觀調控經濟倫理思想，故本節所討論的經濟主體主要限於微觀經濟中的行爲主體。另外，在中國先秦時代，由於大規模社會化生產還未成形，現代企業形態基本不存在，經濟主體主要是以個體勞動爲主的個體戶形態，商品交換也是發生在個體之間的簡單交換形式，消費也是以個人消費爲主。《管子》書中所討論的經濟主體道德規範主要包括忠於本業的職業倫理規範、以誠爲本的商品交換倫理規範以及崇尚節儉的消費倫理規範等三方面的內容。

4.1.1 忠於本業

《管子》認爲各經濟行業的從業主體都要忠於本業，做到不離不棄。《管子・八觀》篇日：「民倍本行而求外勢，則國之情僞竭在敵國矣。」按照黎翔鳳的辨析，這裏的「本行」指的是本業之義，〔註3〕原句是說民眾背棄自己的本業而做行外之事，國家空虛之狀況就會暴露在敵國的面前（而易於受到敵國的攻擊）。也就是說，民眾不能隨便脫離自己的本行本業，因爲這將關係到國家的安危。《管子・立政》又舉例日：百工商賈，不得服長鬈貂」，意思是說工商之人，不得穿戴士大夫的服裝，換言之，就是強調工商之人不得棄業而從政，否則就會「商賈在朝，則貨財上流；婦言人事，則賞罰不信；男女無別，則民無廉恥。貨財上流，賞罰不信，民無廉恥，而求百姓之安難，兵士之死節，不可得也。(《管子・權脩》)

意思是說，商賈之人背棄本行而從政，就像婦人不守婦道，男女角色錯亂一樣，都會威脅到國家的安全。

並且《管子》還認爲不僅要使各從業主體忠於本業，還要使他們的子孫最好不要背棄自己祖傳的行業。如《管子・小匡》有言：

> 今夫農群萃而州處……以旦暮從事於田野，稅衣就功，別苗莠，列疏遬。首戴苧蒲，身服襏襫，沾體塗足，暴其髮膚，盡其四支之力，以疾從事於田野。少而習焉，其心安焉，不見異物而遷焉。是

〔註3〕參見黎翔鳳撰，梁運華整理：《管子校注》（上冊），中華書局，2004年版，第270頁。

> 故其父兄之教不肅而成；其子弟之學不勞而能。是故農之子常爲農……今夫工群萃而州處……旦昔從事於此，以教其子弟。少而習焉，其心安焉，不見異物而遷焉。是故其父兄之教不肅而成，其子弟之學不勞而能。夫是故工之子常爲工。今夫商群萃而州處……旦昔從事於此，以教其子弟。相語以利，相示以時，相陳以知賈。少而習焉，其心安焉，不見異物而遷焉。是故其父兄之教不肅而成；其子弟之學不勞而能。夫是故商之子常爲商。

也就是說不管是作爲生產者的農民和工人，還是從事商品流通的商人，都要教化自己的子孫恒常堅守自己的老本行。

俗話說「術業有專攻」，《管子》的這種恒守本業的思想，有利於從業人員的專業化培養，提高生產效率，從而對於生產力的發展會產生積極的促進作用，可以說「這種走專業化的道路在古代確是一大創見」。〔註 4〕而且還可以節省對於子孫的教育成本，從小就在長輩言傳身教的薰陶下，其教育效果也要比其它教育方式更顯著。但是，需要指出的是，對於這一思想我們也要辯證地看待，它的弊端也是顯而易見的，主要表現在，這一思想嚴重壓抑了人的自由，特別是擇業的自由，人一出生就被賦予了終生的職業，並且還要一輩子忠於這一職業，哪還有自由可言？從另一個方面講，這同樣也會阻礙生產力的發展，有的人天生就不喜歡祖傳的行業，沒有興趣，生產效率如何提高？因爲沒有興趣，也就失去了內在的從業動力，在這種情況下，不可能會取得事業的良好發展，如果這樣的人不在少數，對於生產力的影響是可想而知的。

4.1.2 以誠爲本

誠信思想並不是《管子》的發明，它最初出現在古代祭祀文化之中，人對神要有虔誠的心態，《尚書・商書・太甲》描述人對神之態度時有言：「鬼神無常享，享於克誠。」《禮記・曲禮》亦曰：「禱祠祭祀，供給鬼神，非禮不誠不莊。」後來，這種「誠」觀念慢慢轉變爲處理人與人的關係上，發展爲人類主體之間要講誠信的道德責任，以及對自身進行積極道德反省的心理態度。〔註 5〕如《孟子》之「誠」即是此義：「信於友有道，事親弗悅，弗信

〔註 4〕周俊敏：《〈管子〉經濟倫理思想研究》，長沙：嶽麓書社，2003 年版，第 145 頁。

〔註 5〕徐復觀：《中國人性論史》（先秦篇）〔M〕，上海：三聯書店，2001 年版，第 20 頁。

於友矣。悅親有道，反身不誠，不悅於親矣。誠身有道，不明乎善，不誠其身矣。是故誠者，天之道也。思誠者，人之道也。至誠而不動者，未之有也。不誠，未有能動者也。」（《孟子・離婁上》）而《管子》的貢獻則是把「誠」率先應用到經濟領域，使人們在經濟活動中要以「誠信」之德來指導自己的經濟行爲。

《管子・乘馬》篇有言：「非誠賈不得食於賈，非誠工不得食於工，非誠農不得食於農」。從此處可以看出，作爲農、工、商的各經濟主體還必須做到「誠」，失去了「誠」字就失去了在本行業的立足之本。爲了解釋「誠」字之含義，該篇後文緊接著又用比擬的手法，以臣對君之「誠」來說明上文經濟領域之「誠」：「君知臣，臣亦知君知己也。故臣莫敢不竭力俱操其誠以來。」從該句可以瞭解到，臣之所以做到「誠」，主要是因爲君瞭解臣，臣也知道君瞭解自己，所以要竭力以「誠」對待君主，顯然這裏的「誠」應該主要是指「誠實無妄」之義，故經濟主體之「誠」也是此義。也就是說，在《管子》看來，各經濟主體都要「以誠爲本」，做到誠實無妄，即從事農業的不能在農產品上弄虛作假，手工業者不能在產品上偷工減料，同樣商人也不能以假冒僞劣的商品來欺騙消費者。《管子》這種以「誠」來約束農、工、商等經濟主體的做法是有益於經濟之正常運行的，如果人們在經濟交往中不以誠信爲本，互相坑蒙拐騙，其後果必然會使經濟無秩序可循而動蕩不安，經濟自然得不到發展。

4.1.3 崇尚節儉

在經濟領域，經濟主體主要包括賣方和買方，其中的買方指的就是消費者，因此消費者的道德素質同樣也會影響到整體經濟運轉的態勢。《管子》認爲作爲消費者首先應該具有的德性就是「儉」，也就是要有節儉意識。如《管子・法法》篇曰：「明君制宗廟，足以設賓祀，不求其美；爲宮室臺榭，足以避燥濕寒暑，不求其大；爲雕文刻鏤，足以辨貴賤，不求其觀。故農夫不失其時，百工不失其功，商無廢利，民無遊日，財無砥墆。故曰：儉其道乎！」意思是說國家要尚儉去奢，使農工商之力都用在刀刃上，不做無用之功，這樣民眾才不會放蕩，財貨才會流通順暢。《管子》認爲使民節儉也會有利於民生問題的解決，因爲在農業社會，自然災害對農業生產影響頗大，如《管子・五輔》篇曰：「天時不祥，則有水旱；地道不宜，則有飢饉。」爲了應對未來可能的荒災之年，最好的辦法就是養成勤儉節約的習慣，有備無患，正如《管子・五輔》篇又曰：「纖嗇省用，以備飢饉……節飲食，撙衣服，則財用足。」的確，在當時的社會條件下，人們的通常收入都不太多，如果不勤儉節約，不要說是災荒之年，就是正常的年份可能都無法熬到年底，可以說《管子》是從百姓的艱辛生活出發，說出了崇尚節儉的實質，這也充分體現了《管子》濃厚的人文關懷之情。〔註 6〕另外《管子》還把侈儉與禍福問題聯繫在一起，如《管子・禁藏》篇曰：「故適身行義，儉約恭敬，其唯無福，禍亦不來矣；驕傲侈泰，離度絕理，其唯無禍，福亦不至矣。是故君於上觀絕理者以自恐也，下觀不及者以自隱也。故曰：譽不虛出，而患不獨生，福不擇家，禍不索人，此之謂也。」也就是說，節儉雖然可能帶不來福祉，但至少可以保證無禍惹身，而驕奢淫欲不但帶不來福祉，而且還可能惹禍上身。這種禍福觀的觀點，把人生的生活態度與禍福聯繫起來，在某種程度上還是符合日常生活邏輯的。〔註 7〕

《管子》認爲要使民儉樸，就必須由君主帶頭崇尚節儉，上行下效，以形成「儉」之良好風俗，如《管子・八觀》所言：

> 入國邑，視宮室，觀車馬衣服，而侈儉之國可知也。夫國城大而田野淺狹者，其野不足以養其民；城域大而人民寡者，其民不足以守其城；宮營大而室屋寡者，其室不足以實其宮；室屋眾而人徒寡者，其人不足以處其室；囷倉寡而臺榭繁者，其藏不足以共其費。故曰：主上無積而宮室美，氓家無積而衣服脩，乘車者飾觀望，步行者雜文采，本資少而末用多者，侈國之俗也。國侈則用費，用費則民貧，民貧則姦智生，姦智生則邪巧作。故姦邪之所生，生於匱不足；匱不足之所生，生於侈；侈之所生，生於毋度。故曰：審度量，節衣服，儉財用，禁侈泰，爲國之急也。不通於若計者，不可使用國。故曰：入國邑，視宮室，觀車馬衣服，而侈儉之國可知也。

由此可以看出，從君主的衣食住行等方面的用度，就可以管窺出一個國家的

〔註 6〕參見周俊敏：《〈管子〉經濟倫理思想研究》，長沙：嶽麓書社，2003 年版，第 164～165 頁。

〔註 7〕參見周俊敏：《〈管子〉經濟倫理思想研究》，長沙：嶽麓書社，2003 年版，第 165 頁。

侈儉程度。因爲按照上行下效的道理，君主的節儉與否直接會影響到普通民眾的節儉態度，故必須在君主帶領下倡導節儉，這樣既有助於全國形成節儉之風，而且還會根除姦邪之危害！

當然，《管子》的「儉」也不是絕對的一「儉」到底、毫無節制。《管子》認爲不但要「儉」，還要使「儉」適當，不要過度，過猶不及。如《管子・版法解》篇曰：「審用財，愼施報，察稱量。故用財不可以嗇，用力不可以苦。用財嗇則費，用力苦則勞。」意思是說，「儉」要提過了「度」，就會變成「吝嗇」，而走向另一個極端了。於是《管子》又提出了「儉」要有「節」的思想，強調對「儉」節制的一面，如《管子・乘馬》篇曰：「辨於黃金之理則知侈儉，知侈儉則百用節矣。故儉則傷事，侈則傷貨。儉則金賤，金賤則事不成，故傷事。侈則金貴，金貴則貨賤，故傷貨。貨盡而後知不足，是不知量也；事已而後知貨之有餘，是不知節也。不知量，不知節，不可謂之有道。」也就是說，儉和侈都要合度，都要有所「節」，過「侈」不行，過「儉」也不行，要符合中庸之道。從這裏我們也可以看出，《管子》在有些地方提倡侈靡也是有道理的，只要符合度即可。這與孔子的節儉思想有些相通之處，孔子也是倡導節儉的，如子曰：「禮，與其奢也，寧儉；喪，與其易也，寧戚。」（《論語・八佾》）又曰：「奢則不孫，儉則固。與其不孫也，寧固。」（《論語・述而》）但是孔子也是主張儉要有度的，如《論語・八佾》篇記載子貢與孔子關於祭禮的問答：「子貢欲去告朔之餼羊。子曰：『賜也！爾愛其羊，我愛其禮。』」也就是說，在孔子那裏，「儉」也要以「禮」節之。

4.2 產業發展的倫理思想

經濟倫理不僅包括經濟主體之間的倫理規範，而且還包括各大產業之間發展優先秩序的倫理關係內容。一個國家或地區的產業發展戰略對於該國或地區的經濟發展至關重要。例如，新中國建立初期制定的優先發展工業的戰略，對於提高工業生產水平起到了至關重要的作用，大大緩解了當時鞏固國防以及工業品嚴重供應不足的落後局面。在《管子》中也有關於產業發展戰略的經濟倫理思想，主要表現爲：以農爲本、整飭末業以及重視工商等三方面內容。

4.2.1 以農爲本

《管子》非常重視農業的發展，全書的第一句話便開門見山地道出了農業對於治國的重要意義：「凡有地牧民者，務在四時，守在倉廩。國多財則遠者來，地辟舉則民留處，倉廩實則知禮節，衣食足則知榮辱。」(《管子・牧民》)《管子・揆度》亦曰：「一農不耕，民有爲之饑者；一女不織，民有爲之寒者。飢寒凍餓，必起於糞土。故先王謹於其始。」也就是說牧民的關鍵在於發展農業，充實倉廩，解決民眾的溫飽問題。並且《管子》還認爲土地和農業勞動是創造財富的根源，國家要富強就是要抓好這兩個因素，如《管子・八觀》所言：「彼民非穀不食，穀非地不生，地非民不動，民非作力，毋以致財。」意思是說，民眾必須依靠糧食作物來維持生存，糧食作物離開了土地便不可能生長，而土地要生產出糧食就必須依靠民眾的勞作，所以民眾不在土地上勞作就不可能創造出財富。《管子》的這種財富創造的觀點，顯然與英國古典政治經濟學派先驅威廉・配第關於勞動和土地是財富之父母的觀點有共通之處，但卻比後者發現這一思想提前了將近兩千年。也就是說《管子》從財富創造的角度進一步論證了農業生產的重要性。另外，《管子》認爲，國防建設的強弱，也是以農業生產的情況爲基礎的，如《管子・治國》篇曰：「民事農則田墾，田墾則粟多，粟多則國富。國富者兵強，兵強者戰勝，戰勝者地廣。」這種國防建設的思想，被後世法家所繼承，商鞅變法的主題就是獎勵「耕戰」，主張以耕養戰，爲國防戰事提供強大的糧草支持，也正是在這種思想的指引下，秦國由弱變強，進而完成了國家統一的豐功偉績。

鑒於農業生產的重要作用和意義，《管子》認爲在國家的產業發展戰略中，必須貫徹以農爲本的思想，一旦農業與其它產業發生矛盾，則優先要保證農業生產的順利進行。如《管子・八觀》篇曰：

> 故曰：山林雖近，草木雖美，宮室必有度，禁發必有時，是何也？曰：大木不可獨伐也，大木不可獨舉也，大木不可獨運也，大木不可加之薄牆之上。故曰，山林雖廣，草木雖美，禁發必有時；國雖充盈，金玉雖多，宮室必有度；江海雖廣，池澤雖博，魚鱉雖多，罔罟必有正，船網不可一財而成也。非私草木爱魚鱉也，惡廢民於生穀也。故曰：先王之禁山澤之作者，博民於生穀也。

意思是說，山林開採以及漁業捕撈都要有時間限制，做到適度開採和捕撈，其原因並不是因爲保護草木魚蝦，而是因爲怕民眾耽誤了穀物的生產，也就是說其它產業都應該爲農業生產讓路。甚至爲了保證農業之生產，對於影響農業的「末產」要明令禁止，如《管子・權脩》篇曰：「上不好本事，則末產不禁；末產不禁，則民緩於時事而輕地利。輕地利而求田野之辟，倉廩之實，不可得也。」這裏的本事指的就是農業生產之事，有後文爲證：「是以先王知眾民、強兵、廣地、富國之必生於粟也，故禁末作，止奇巧，而利農事。今爲末作奇巧者，一日作而五日食。農夫終歲之作，不足以自食也。然則民舍本事而事末作。舍本事而事末作，則田荒而國貧矣。」（《管子・治國》）也就是說，末產之風盛行，必然影響作爲「本事」的農業生產，民眾丟棄了農業生產之「本事」，其結果必然是田野荒廢而國家貧窮。在此《管子》以「本事」一詞明確表達了以農爲本的說法。

4.2.2 整飭末業

上文表明，對於影響農業生產的末業要嚴厲禁止。何爲「末業」呢？《管子・重令》篇云：

> 菽粟不足，末生不禁，民必有飢餓之色，而工以雕文刻鏤相稚也，謂之逆。布帛不足，衣服毋度，民必有凍寒之傷，而女以美衣錦繡綦組相稚也，謂之逆。萬乘藏兵之國，卒不能野戰應敵，社稷必有危亡之患，而士以毋分役相稚也，謂之逆。爵人不論能，祿人不論功，則士無爲行制死節，而群臣必通外請謁，取權道，行事便辟，以貴富爲榮華以相稚也，謂之逆。

《管子・治國》篇亦云：「凡爲國之急者，必先禁末作文巧，末作文巧禁則民無所遊食，民無所遊食則必農。」也就是說，所謂的末業或者末作，指的是追求文巧修飾的奢侈品產業。爲何要禁止奢侈品生產呢？原因就是奢侈品是暴利行業，如果不加禁止，由於趨利避害之本性，人們就會蜂擁而至，爭先恐後地從事奢侈品的生產，一旦這種情況發生，那麼農業生產之「本事」就會面臨勞動力嚴重缺乏的狀態而無法進行，正如《管子・權脩》篇所說：「末產不禁則野不辟。」這種觀點在當時的歷史條件下是極有見地的，在中國的春秋戰國時期，生產力還處於極不發達的狀態，再加上戰亂頻繁，人民的溫飽問題遠沒有得到解決，而人們的溫飽問題主要是依賴農業之生產，如果在這種不發達的條件下，人們再棄農而追求奢侈品的生產，那將會爲人類整體的生存帶來滅頂之災。從這一層面來說，《管子》的「禁末」之說具有很強的人文主義關懷。

當然，在《管子》那裏，「禁末」並不是把奢侈品的生產完全根除，事實上在古代等級森嚴的社會中，任何時候都不可能做到這一點，因爲社會上的人們既然有等級貴賤之分，那麼就不可能杜絕上層或大富之人享受奢侈品的可能，有奢侈品的需求自然就會有奢侈品的生產。顯然《管子》也洞察到了這一點，於是書中又出現了「飭末」的非絕對話語，如《管子・幼官》篇有言：「計凡付終，務本飭末則富。」所謂「飭末」就是說對「末業」進行整頓的意思。如何整頓「末業」呢？《管子》認爲應該把「末業」之生產由國家來統一管理，如《管子・乘馬》篇曰：「賈，知賈之貴賤、日至於市，而不爲官賈者，與功而不與分焉。工，治容貌功能，日至於市，而不爲官工者，與功而不與分焉。不可使而爲工，則視貨離之實，而出夫粟。」也就是說工、賈都要成爲「官工」和「官賈」，接受國家的統一調度，否則就分不到利潤，這樣就把工商嚴格控制起來，奢侈品的國家壟斷局面自然就形成了。並且《管子》認爲如果國家壟斷了奢侈品的生產與經營，還會在特殊時期起到積極的作用，如《管子・侈靡》篇曰：「巨瘞培，所以使貧民也；美壟墓，所以文明也；巨棺槨，所以起木工也；多衣衾，所以起女工也。猶不盡，故有次浮也，有差樊，有瘞藏。作此相食，然後民相利，守戰之備合矣。」也就是說奢靡之消費，能夠爲貧民增加就業的機會，使他們有活幹而不至於挨餓。正如《管子・乘馬數》篇曰：「若歲凶旱水泆，民失本則，脩宮室臺榭，以前無狗後無彘者爲庸。故脩宮室臺榭，非麗其樂也，以平國策也。」意思是說在災荒時期，民眾無法進行農業生產來維持生計，國家就要爲了創造就業機會而修建一些奢侈工程，以解決民眾的饑荒問題。但是如果不是因爲民眾失去本業，而無休止地修建奢侈工程，就會耽誤了農業之生產，後果不堪設想。如《管子・乘馬數》篇有言：「今至於其亡策乘馬之君，春秋冬夏，不知時終始，作功起眾，立宮室臺榭。民失其本事，君不知其失諸春策，又失諸夏秋之策數也。民無糧賣子數矣。猛毅之人淫暴，貧病之民乞請，君行律度焉，則民被刑僇而不從於主上。此策乘馬之數亡也。」

也就是說，《管子》認爲，「末業」必須由國家統一管理，在民間不得自由從事「末業」的行爲，即在民間應該做到「禁末」。而國家壟斷的「末業」生產也是需要整頓的，只能在必需的時候才能進行奢侈品的生產，條件就是不能影響民眾的農業生產，而且即使生產奢侈品，也要以解決民生爲目的，這就是《管子》的「飭末」思想。

需要指出的是，《管子》的「飭末」學說，並沒有否定日常工商業的發展，因爲所謂的「末產」指的是注重「文巧」的奢侈品，並不是日常生活中的必需品，因此，對於生產日常必需品的工商業來說，並不在禁止或整頓的範圍之內，相反，《管子》還認爲應該大力加強工商業的發展，這也是我們下一節論述的重點內容。

4.2.3 重視工商

齊國歷來就有重視工商業的傳統，在太公建立齊國之時，根據齊國沿海的有利地理位置，便制定了大力發展工商業的強國之策，《史記·齊太公世家》載：「太公至國，脩政，因其俗，簡其禮，通商工之業，便魚鹽之利，而人民多歸齊，齊爲大國。」於是齊國之重工商之風漸成氣候，爲齊國「九合諸侯，一霸天下」的豐功偉績提供了強大的經濟後盾，《史記·貨殖列傳》記載曰：「齊帶山海，膏壤千里，宜桑麻，人民多文采布帛魚鹽。臨菑亦海岱之間一都會也。其俗寬緩闊達，而足智，好議論，地重，難動搖，怯於眾鬬，勇於持刺，故多劫人者，大國之風也。」《史記·蘇秦列傳》曾詳細描述了齊國都城的繁華景象：

> 臨菑之中七萬戶，臣竊度之，不下戶三男子，三七二十一萬，不待發於遠縣，而臨菑之卒固已二十一萬矣。臨菑甚富而實，其民無不吹竽鼓瑟，彈琴擊筑，鬥雞走狗，六博蹋鞠者。臨菑之塗，車轂擊，人肩摩，連衽成帷，舉袂成幕，揮汗成雨，家殷人足，志高氣揚。夫以大王之賢與齊之彊，天下莫能當。顯然這種繁榮局面襯托了齊國重視工商政策取得的巨大成功。

《管子》一書主要是以齊國文化爲寫作背景，當然也會受到齊國重視工商傳統的影響。《管子·小匡》篇記載齊桓公詢問管子「安國之道」，管子對曰：「修舊法，擇其善者，舉而嚴用之；慈於民，予無財，寬政役，敬百姓，則國富而民安矣。」舊法當然指的是太公以來的齊國治國之法，而在能使國富民安的舊法中，自然包括姜太公制定的能刺激齊國經濟發展的重視工商之策。事實上，《管子》在強調了以農爲本的思想後，就開始大力倡導發展工商業，並且把工商之民排在農民之後，與士一起被看作「國之石民」，如《管子·小匡》篇所言：「士、農、工、商者，國之石民也。」所謂「石民」，指的就是堅如磐石的奠基之民，也就是說包括工、商在內的四個職業群體是國家建立的基礎。《管子・法法》篇也表達了類似觀點：「故農夫不失其時，百工不失其功，商無廢利，民無遊日，財無砥墆。故曰：儉其道乎！」意思是說，農、工、商之民都能盡其本分，節儉之道自然就得到了貫徹。也就是說工商之業對於國家的節儉之策影響也是非常大的。

《管子》還對工、商業的特殊作用和意義分別進行了論述。對於工業，《管子》認爲其最大的作用在於能夠增強國防的力量。如《管子・七法》有言：「爲兵之數：……存乎論工，而工無敵；存乎製器，而器無敵；……而工不蓋天下，不能正天下；工蓋天下，而器不蓋天下，不能正天下。」也就是說，工人的技術水平以及所製造武器的優劣是增強軍備、匡正天下的關鍵因素。《管子・問》篇亦曰：「工之巧，出足以利軍伍，處可以修城郭、補守備者幾何人？」說的也是工匠對於軍事的重要意義。另外，《管子》認爲手工業生產對於農業發展的作用也是巨大的，像「耒耜械器」（《管子・國蓄》）這些農業生產工具必然要依賴手工業的生產。《管子・小匡》云：「舉財長工，以止民用。」意思是增加財富並且增強工匠的水平，才可以滿足民眾的日用需求。爲了節約資源，使耕戰兩方面有效聯合起來，工匠的作用還表現在，要發揮自己的特長，使農業工具具有兵器之特點，農時可以用於耕織，戰時可以作爲武器，如《管子・禁藏》篇所言：「繕農具當器械，耕農當攻戰，推引銚耨以當劍戟，被蓑以當鎧鑐，菹笠以當盾櫓。故耕器具則戰器備，农事習則功戰巧矣。」當然，一般情況下，《管子》的工業是不把奢侈品生產包括在內的，正如《管子・五輔》篇所言：「古之良工，不勞其智巧以爲玩好；是故無用之物，守法者不失。」意思是說，好工匠是不會生產奇巧不實用之物的。

對於商業來說，《管子》認爲這是使民眾互通有無，活躍經濟的必要環節，正如《管子・乘馬》曰：「聚者有市，無市則民乏。」也就是說，人口聚集的地方必須有交易市場，沒有市場民眾就會窮乏。《管子・問》曰：「市者，天地之財具也，而萬人之所和而利也，正是道也。」市場就是聚集眾人之財富而相互爲利，這是符合治國之道的。《管子》認爲市場之交易還有利於縮小人們之間的貧富差距，如《管子・治國》有言：「故先王使農、士、商、工四民交能易作，終歲之利無道相過也。」意思是說，要使國之四民之間互相交換技能和勞動，在年終結算時，四民之間的收入就不會差別太大。這種思想還是比較有見地的，商品只有在流通中才能使其價值充分發揮作用，使財富分配的更加均勻，否則，商業流通如果受阻，就會發生囤積居奇等市場畸形出現，使財富僅是集中在少數人手裏，而導致貧富分化日益嚴重。鑒於商業的巨大作用，《管子》認爲應該大力發展商業，並出臺了一些刺激商業發展的獎勵措施，如：「請以令爲諸侯之商賈立客舍，一乘者有食，三乘者有芻菽，五乘者有伍養。天下之商賈歸齊若流水。」（《管子・輕重乙》）也就是說，按照商人交易量的多少，給予相應的獎勵，這樣就可以吸引天下的商人雲集於齊國，從而爲齊國的經濟增添活力。

當然，《管子》重視工商業的發展並沒有衝擊農業的「本事」地位，在正常情況下，工商之業對於農業發展是有利的，正如上文所說，手工業的發展能夠爲農業提供必要的生產工具，商業的交易能夠滿足農民用糧食換取其它必用品的要求。即使工商之業與農業發生衝突的情況下，《管子》認爲也是要以農業生產爲優先的，如：「粟重而萬物輕，粟輕而萬物重，兩者不衡立。故殺正商賈之利而益農夫之事，則請重粟之價金三百。若是則田野大辟，而農夫勸其事矣。」（《管子・輕重乙》）意思是說，一旦農作物與其它商品價格不平衡的時候，應該犧牲商賈之利而增加農民的收入。

4.3 宏觀調控的倫理思想

所謂「宏觀調控」指的是國家政府在對經濟總量運行規律的認識基礎上，利用經濟政策對經濟總體運行進行調節和控制。〔註 8〕雖然宏觀調控是在改革開放後從西方引進的一個概念，但是這種宏觀調控的思想理念在中國古代即已產生了。並且，在中國古代，「處於統治地位的思想一直是『大一統』思想，這種『大一統』思想集中表現在封建王朝的治國思想當中。其中，國家管理經濟的思想，即宏觀經濟思想，要比『士、農、工、商』從事『生計』的經濟思想，即微觀經濟思想要豐富得多」。〔註 9〕而在中國先秦時期，《管子》一書在宏觀調控思想方面可謂是集大成之著作，較之以前的管理思想，《管子》的思想具有顯著的國家宏觀調控的意識，而且具有系統性和理論性，可以說，中國古代對於國家宏觀調控比較系統的理論，主要是從《管

〔註 8〕參見童年成：《宏觀調控理論與政策》，北京：高等教育出版社，2001 年版，第 27 頁。

〔註 9〕童年成：《宏觀調控理論與政策》，北京：高等教育出版社，2001 年版，第 2 頁。

子》開始的。〔註 10〕本節主要是從倫理的角度來分析《管子》中所蘊含的宏觀調控思想，即對於調控目的、調控策略等方面進行倫理學向度的考量，以反映《管子》宏觀調控的倫理導向，並揭示《管子》對於經濟運行中道德和人性要求的獨特思考。

4.3.1 宏觀調控的倫理目標

政府干預經濟運行的倫理目標是宏觀調控的重要依據，是個人利益與公共利益相結合的一種社會公共目標，這種公共目標要符合社會倫理的要求，既要維護個人利益之獲得，又要保證公共利益的實現，使社會成爲一個良序的好社會。〔註 11〕《管子》的宏觀調控政策同樣也是在追求一種符合倫理要求的「天下大治」的美好社會，正如《管子・國蓄》篇曰：「不能調通民利，不足以語制謂大治。」此處「調通」一詞指的就是現今所謂「調控」之義。也就是說國家對經濟進行調控的倫理目標，就是使國家經濟健康發展，從而使國家達到「大治」之境界。《管子》認爲這一追求「大治」的宏觀調控倫理目標可以細化爲兩個具體方面：富國富民、分配正義。

（一）富國富民

《管子》認爲君主要想建立豐功偉業，必須建立在國家富強的基礎之上。《管子・重令》篇曰：「地大國富，人眾兵強，此霸王之本也」。《管子・治國》篇亦云：「昔者，七十九代之君，法制不一，號令不同，然俱王天下者，何也？必國富而粟多也。」也就是說，只有國家富強，才能像古代聖王那樣完成「王天下」的功績。《管子》又從兩個方面說明了國家富強的道理，首先，認爲只有國富才能吸引民眾歸附，《管子・牧民》有言：「國多財則遠者來，地辟舉則民留處」，《管子・五輔》篇又曰：「得人之道，莫如利之」，等都是說明了這一道理，也就是說，只有國家財力雄厚，才能有能力改善民眾的生存條件，以滿足他們的基本利益需求，也就是《管子・明法解》所說的：「明主之道，立民所欲，以求其功。」其次，國家社稷的安危主要是依賴強大的國防建設，而強大的國防建設同樣也要建立在國家財力雄厚的基礎之上，如《管子・治

〔註 10〕參見袁闖：《管理寶典——〈管子〉與中國文化》，開封：河南大學出版社，1998 年版，第 143 頁。

〔註 11〕參見甘紹平、余湧主編：《應用倫理學教程》，北京：中國社會科學出版社，2008 年版，第 122 頁。

國》篇所云：「國富者兵強，兵強者戰勝，戰勝者地廣。」在「王天下」的過程中，如果既能「得民」又能「強兵」，自然離成功就不遠了。因此，《管子》認爲國家調控經濟的目的之一就是爲了富國，使國力強大，爲了日後的「王天下」而添磚加瓦。用現代倫理學來分析，《管子》這種富國思想其實就是促進社會公共利益增長的思想。

國家的財力增長主要來源於國家財政收入的增長，而國家財政收入多少主要依賴於社會民間財富的多寡。《管子》同樣也明白這個道理，於是提出了「爲國先富民」的思想觀念。《管子》認爲民眾是國家得以建立的最根本要素，如《管子・小匡》篇云：「士農工商四民者，國之石民也，」因此，正如上文所說，國家的形成與安定必須建立在「得民」的基礎上，而欲「得民」就必須「富之」。作爲「國家之本」的民眾富足了，國家得以安定的同時國家財力同樣也會產生增長的空間，於是「善爲國者，必先富民」（《管子・治國》）。因此國家宏觀調控的另一個目的就是通過國家的財政手段使民眾盡快富裕起來。這種富民思想類似於當代倫理學中促進個人利益增長的思想。

從上文可以看出，「富國」可以爲「富民」提供保障條件，而「富民」又是「富國」目標實現的前提和基礎，二者是相輔相成的關係，用現代經濟倫理學的話語來說，就是形成了公共利益與個人利益的有機結合，因此宏觀調控的具體實踐既要照顧到公共利益的實現，又要照顧到個人利益的增長，不可偏執一端。

（二）分配正義

《管子》的分配理論在先秦已達到了一定的高度，已經具備了根據初次分配與二次分配而不同對待的分配正義理論雛形。《管子》認爲在初次分配時，基本要按照生產效率的高低來進行。也就是說國家的宏觀經濟政策在初次分配時要鼓勵按勞動分配，如《管子・權脩》篇所言：「凡牧民者，以其所積者食之，不可不審也。其積多者其食多，其積寡者其食寡，無積者不食。」這裏的「積」指的是生產量的意思。意思是說，在分配財富時要按照自身勞動產量的多寡來進行，多勞多得，不勞不得。而如果不按照這種方式分配，就會助長「不勞而獲」的不良風氣，最後的結果只能是人人偷懶，而無人願意工作，整個社會的財富就不可能增長。這種結果不但使國家無法富強，而且還會影響到社會的治安與穩定，正如《管子・牧民》篇接著說道：「或有積而不食者，則民離上；有積多而食寡者，則民不力；有積寡而食多者，則民多詐；有無積而徒食者，則民偷幸。故離上、不力、多詐、偷幸，舉事不成，應敵不用。」

但是，《管子》並沒有就此打住，而是進一步思考了按勞分配的方式所可能產生的弊端。由於人的勞動能力都是千差萬別的，如果僅按勞動分配，必然會造成能力強者的收入越來越多，而能力弱者則可能連溫飽都無法解決，從而造成嚴重的貧富分化現象，正如《管子・國蓄》篇所言：「分地若一，強者能守；分財若一，智者能收。智者有什倍人之功，愚者有不賡本之事。然而人君不能調，故民有相百倍之生也。」也就是說「智者」與「愚者」的收入，僅是按勞分配，而君主不採取其它調控手段的話，一定會造成收入「百倍」之差距。《管子》認為任由這種貧富差距發展下去的話，也會產生嚴重的社會問題，因為「甚富不知恥，甚貧不可使」（《管子・侈靡》）。也就是說，財富分配不能兩極化，要做到「貧富」有度。而要做到「貧富」有度，就需要國家在二次分配中貫徹「公平合理」的宏觀調控政策。因此宏觀調控政策的目的不僅是要調節財富的初次分配，還需要對於二次分配進行調節。

事實上，《管子》的這種分配正義原則兼顧了效率和公平兩個方面，既要考慮到生產效率，又要兼顧分配的公平性。這與當代西方經濟學家奧肯（Arthur M. Okun）的觀點有相同之處，奧肯認為：「如果平等與效率雙方都有價值，而且其中一方對另一方沒有絕對的優先權，那麼它們的衝突的方面就應該達成妥協。這時，為了效率就要犧牲某些平等，為了平等就要犧牲某些效率。然而……無論哪一方的犧牲都必須是公正的。」〔註12〕奧肯進而提議：「在平等中注入一些合理性，在效率中注入一些人道。」〔註13〕因此，管子與奧肯一樣，都認為在促進經濟的發展過程中，要融入一定的倫理道德之訴求，追求分配的正義。

4.3.2 輕重術及其倫理考量

西方經濟學認為，發現商品價格的平衡理論，其重要性並不亞於物理學中牛頓力學定律的發現，可見平衡理論在經濟學中的重要地位，因為認識了它，就可以找到調控價格的主穴道，而在中國，最早提出平衡概念的就是管

〔註12〕奧肯：《平等與效率》，王奔洲等譯，北京：華夏出版社，1999年版，第86～87頁。

〔註13〕奧肯：《平等與效率》，王奔洲等譯，北京：華夏出版社，1999年版，第116頁。

子學派。〔註 14〕《管子》的價格平衡理論是通過其「衡無數」的理論來表達的，在《管子・輕重乙》篇中通過桓公與管子的一段對話描述了這一理論：

> 桓公問於管子曰：「衡有數乎？」
>
> 管子對曰：「衡無數也。衡者使物一高一下，不得常固。」
>
> 桓公曰：「然則衡數不可調耶？」
>
> 管子對曰：「不可調。調則澄。澄則常，常則高下不貳，高下不貳則萬物不可得而使固。」

管子所說的「衡」指的就是價格的變動具有內在的平衡性，而這種平衡又是一種價格上下波動的動態不衡，是沒有「定數」的，也就是「使物一高一下，不得常固」的意思。而「不可調」指的是這種規律性是不能改動的，人們只能按照這種規律辦事，既不能使物價過於失衡，也不能使物價固定不變。而要使物價維持平衡狀態當然要靠宏觀經濟政策的調整了。

通過上文關於「衡無數」理論分析，我們瞭解到，在《管子》看來，認識了商品價格的上下波動規律，就要進一步認識商品價格具體是如何變動的，以及如何利用這一規律使經濟達到平衡狀態，於是《管子》提出了「輕重」理論。《管子》的輕重理論可以說是《管子》在經濟思想史上留下的濃墨重彩的一筆。著名經濟史學家胡寄窗先生在其《中國經濟思想史（上）》中曾指出：「對古代輕重論闡發最詳、保存最多的現只《管子》一書。其餘典籍談輕重論之處固屬不少，大都是一知半解，不足爲訓。在《管子》的全部經濟概念中，以其輕重論爲最突出而又最複雜，可謂變化多端，在這裏我們看到《管子》作者『天才的閃耀』。」〔註 15〕《管子》書中的「輕重」一詞具有廣義和狹義之分，從廣義上講，古代統治者在政治、經濟甚至法律等方面的舉措，都可以被囊括在《管子》的「輕重」理論之中，諸如，「作算術」、「修建城郭」、「合陰陽」、「素賞之計」等，無不爲「輕重」理論的研究對象；從狹義上講，主要是指封建國家通過運用商品輕重變化的規律，而實行的穩定物價政策，以達到富國之目的。〔註 16〕本書所論及《管子》之「輕重」思想，

〔註 14〕任繼亮：《〈管子〉經濟思想研究》，北京：中國社會科學出版社，2005 年版，第 192 頁。

〔註 15〕引自司馬琪主編：《十家論管》，上海：上海人民出版社，2008 年版，第 281 頁。

〔註 16〕參見馬非百：《管子輕重篇新詮》，北京：中華書局，1979 年版，第 53～54

主要是從狹義上來分析的。本書的「輕重之術」指的就是利用輕重理論進行調節經濟運行的方法。

（一）市場供求的輕重變化規律

《管子》認為欲瞭解調控經濟的輕重之術，首先必須瞭解商品的輕重規律性。在《管子》看來，商品的價格首先是隨著市場上的供求水平而上下變化的。《管子・國蓄》篇有言：「夫物多則賤，寡則貴，散則輕，聚則重。」意思是，市場貨物供應增多，物價則下降，供應減少，物價則上陞；並且商品均勻地散佈於市場中，由於能使民眾輕易得到，而變得低廉，如果商品被聚集於某些商賈手中，就會因普通民眾難以獲得而變得貴重，《管子・輕重甲》篇所言：「君章〔註17〕之以物則物重，不章以物則物輕；守之以物則物重，不守以物則物輕」以及《管子・揆度》篇所言：「物臧則重，發則輕」都是指的後一層意思。因此，《管子》不僅重視商品供應多少的問題，而且還關注到供應渠道是否閉塞的問題，二者都會對物價產生影響。當然，供應以及供應之渠道暢通與否是物價高低的關鍵因素，但如果不考慮需求多少的問題，同樣會失去其影響的價值，例如，會有這種情況出現，商品供應增多，而人們的需求增長的更快，那麼物價同樣不會降低，反而升高。《管子》同樣也看到了這一方面的問題，認為商品價格之高低最終還是取決於供與求的相對變化，如《管子・國蓄》篇所言：「夫民有餘則輕之……民不足則重之。」有餘指的是供大於求的情況，不足指的是供不應求的情況。

此外，《管子》認為物價不僅與供求關係相關，而且與一般等價物的價值對比關係也是密不可分的。所謂「一般等價物」指的是從商品中分離出來表現其它商品價值的商品，在商品交換過程中充當交換媒介的作用。在人類歷史上，牛、馬、羊以及糧食等都曾經作為一般等價物，後來固定貨幣產生後，金銀等貨幣形態成為了常見的一般等價物。《管子》的經濟理論中，商品交換的媒介既包括穀物糧食，也包括貨幣。首先分析一下糧食作為一般等價物對於物價的影響情況，《管子・國蓄》篇曰：「凡五穀者，萬物之主也。穀貴則萬物必賤，穀賤則萬物必貴。兩者為敵，則不俱平。」意思是說，當穀物作為萬物交換標準的時候，其與萬物的價格變化是負相關的關係。貨幣作為交

頁。

〔註17〕此處的「章」指的是「障」的意思，參見郭沫若：《郭沫若全集》歷史編第八卷《管子集校》（三），人民出版社，1985年版，第253頁。

換標準的情形於此相同，如《管子・山至數》所言：「幣重而萬物輕，幣輕而萬物重。」當然，此處的萬物包含穀物在內。也就是說《管子》所言的「穀物」兼具兩個職能，梁啓超已對此做過說明：「吾初讀之而不解其所謂，及潛心以探索其理，乃知當時之穀兼含兩種性質，一曰爲普通消費目的物之性質，二曰爲貨幣之性質。當其爲普通消費目的物也，其價格固與百物同，爲貨幣之價格所左右。當其爲貨幣則反是，而其價格常能左右百物之價格。」〔註18〕

（二）輕重之術及其倫理考量

《管子・心術上》有言：「無爲之道因也。」強調要因循規律來行動。在經濟領域也是如此，《管子》認爲，認識了商品的輕重規律性，就要按照這種規律性來制定調控經濟的具體方案。《管子》認爲國家調控政策首先要考慮的是使貨物流通順暢的問題，在此基礎上再根據市場實際之供求關係，反其道而行之，從而達到平衡物價的目的，另外這種調控政策也要符合社會倫理的基本要求。

首先，嚴禁囤積居奇。正如上文所說，商品供應渠道是否通暢是影響商品輕重的因素之一，欲使商品價格不要過度高於民眾的期望值，穩定物價，政府就必須疏通供貨渠道，使商品自由流動起來，正如《管子・輕重甲》所言：「萬物通則萬物運，萬物運則萬物賤」，意思是說，萬物供應渠道通暢，萬物就會在市場上自由流轉，萬物能夠自由流轉於民間市場，其價格自然就會回落（當然這是建立在沒有其它因素影響的基礎上）。而《管子》認爲妨礙商品自由流通的原因主要是商賈囤積居奇以獲得暴利的現象，因此要使「大賈蓄家不得豪奪吾民」（《管子・國蓄》），就要嚴禁商賈私自聚集商品而壟斷市場的行爲，使貨物散於市場，而由重變輕。

其次，以重射輕、以賤泄平。《管子》強調任何行動都要因循規律而動，如《管子・輕重戊》篇曰：「聖人因而理之。」《管子・輕重丁》亦曰：「故可因者因之，乘者乘之，此因天下以制天下。」當然宏觀調控也是如此，必須因循商品輕重規律而行動。《管子》認爲按照「衡無數」的經濟平衡規律，商品過輕或過重都會使物價失去平衡，而失去價格平衡就會產生問題，如《管子・山權數》云：「彼重則見射，輕則見泄，故與天下調。泄者，失權也；見射者，失策也。」本地區物價過高，外地區的物資就會湧入而對本地區進

〔註18〕梁啓超：《管子傳》，中華書局，1943年版，第74頁。

行傾銷；如果本地區物價過低，則物資就會泄散外流，這就是本地區市場失衡、政府失策的表現。其解決方法就是國家要運用輕重理論進行調節，利用政府的「重輕」來對付市場的「輕重」，使市場物價恢復平衡。正如《管子・輕重乙》所言：「故善爲國者，天下下，我高；天下輕，我重；天下多，我寡。然後可以朝天下。」《管子・國蓄》篇提供了具體的做法：「凡輕重之大利，以重射輕，以賤泄平。」我們先來討論「以重射輕」的策略。所謂「以重射輕」，指的是政府用自己所掌握的重商品來換取市場上的輕商品，使市場物價過輕的現象得以緩解。政府所掌握的重商品主要表現爲可以作爲一般等價物的穀物和貨幣，按照上文所說「萬物輕則穀重」、「萬物輕則幣重」的規律性，當市場物價過低的時候，則穀物或貨幣的價值相比就會升高，政府就拿出儲蓄的穀物或貨幣以高於市場價的價格來換取市場上價格過低的商品，這樣就會使物價過低的商品在市場上數量減少，影響了供求關係，物價自然提升而趨於正常價格，這一過程類似於當代經濟學中的「通貨膨脹」策略。下面再來分析「以賤泄平」的策略。所謂「以賤泄平」，正好與「以重射輕」策略相反，指的是市場上物價水平過高時，這時就會形成「萬物重則穀輕」、「萬物重則幣輕」的狀況，政府就拿出儲備的商品物資以低於市場價的形式銷售到市場上，換取民眾手中的穀物或貨幣，使市場上的商品數量增加，而貨幣量減少，物價自然會向正常情況回落，這就類似與當代經濟學中的「通貨緊縮」策略。

《管子》這種「嚴禁囤積居奇」以及「以重射輕、以賤泄平」的輕重調控策略其實就是追求經濟正義原則的具體實踐。所謂正義原則指的就是公正公平的倫理要求，它是每一個社會正常運轉所離不開的基本價值原則，正如西方學者米爾恩所說：「不論一個社會共同體特定的文化和價值如何，有一種東西是每個成員都應該得到和給予的，這就是公平對待」。〔註 19〕而經濟正義原則指的就是公平正義的道德原則在經濟生活中的應用和體現，即在經濟交往中要公正平等地對待每一個經濟主體。如果允許市場上囤積居奇現象的存在，商品就會被少數商賈所壟斷，這些商賈自然就會擁有隨意定價的霸王特權，而其它普通商家或民眾不管價格多高都只能處於被動接受的不公平地位，其結果就是公平正義得不到維護，某些人獲得暴利，而另一些人被逼的

〔註 19〕A. J. M. 米爾恩：《人的權利與人的多樣性——人權哲學》，夏勇等譯，北京：中國大百科全書出版社，1995 年版，第 58 頁。

家破人亡。因此如果要維護經濟正義的倫理原則，政府必須承擔起「打擊囤積居奇」的調控重任。同樣，「以重射輕、以賤泄平」的輕重調控策略也是爲了維護公平正義的原則而設立的，試想如果任由市場自由發展而不加人爲干預，按照當代經濟學的理論，就會導致物價的大幅度波動，這種物價的大幅度波動自然會造成不公平的交易發生，使某些人投機取巧，從中牟取暴利，破壞經濟秩序，另外也會加劇貧富兩極分化，從而影響分配正義原則的落實。（輕重術的詳細分析請參見本書附錄 3）。

4.3.3 財政稅收的倫理思想

稅收是國家財政收入的主要來源，向來都被統治者高度重視。在「禮崩樂壞」的春秋戰國時期更是如此，各個邦國之間爲了爭奪勢力範圍而經常大動干戈、互相征伐，這就需要強大的國家財政作爲後盾，換言之，要使自己的邦國立於不敗之地，必須增加各種苛捐雜稅以獲得足夠的財政來源，於是橫征暴斂現象經常發生，由於當時生產力不夠發達，再加上戰亂頻繁，民眾的收入都很難解決自己的溫飽，還要受到統治者的野蠻收刮，其悲慘情形可想而知了，《禮記・檀弓下》曾以這樣一則故事來描述當時民眾對於苛政的痛恨和畏懼：「孔子過泰山側，有婦人哭於墓者而哀，夫子式而聽之。使子路問之曰：『子之哭也，一似重有憂者。』而曰：『然，昔者吾舅死於虎，吾夫又死焉，今吾子又死焉。』夫子曰：『何爲不去也？』曰：『無苛政。』夫子曰：『小子識之，苛政猛於虎也。』」民眾對於苛政的畏懼可見一斑，在這種情形下，民眾是不可能有任何生產積極性的，生產量的減少又會影響到稅收的來源，統治者爲了滿足自己的利益和欲望，就會出臺更加苛刻的稅收政策，於是自然形成了一種惡性循環，民眾食不果腹、家破人亡，統治者的財政收入也得不到任何保障，只能是兩相俱傷的結果。爲了打破這種惡性循環，許多開明的政治家都認識到其元兇主要是來自於不合理的稅收政策，於是改革稅制的呼聲越來越高。在這種背景下，齊國在管子的倡導下率先進行了稅制的改革，不但引領了這一改革的浪潮，而且也爲齊國成爲春秋首霸打下了良好的財政基礎。而《管子》的稅收思想則主要是以齊國的稅制改革爲背景並形成了一套符合時代發展的傑出稅收理論。

（一）相地衰徵、體恤民情

在西周時期，中國的稅收方式主要是採用的勞役租稅，庶人或農奴以勞役的形式無償在公田上耕種，公田的收入構成了國家稅收的主要部分。〔註20〕到了春秋時期，隨著新興地主階級的壯大，公田慢慢轉化爲私田，於是國家稅收失去了來源，面臨著不得不改革的局面。在這種情況下，管仲提出了「案田而稅，相地而衰徵」稅收改革政策，開啓了中國歷史上廢公田爲私田以及改勞役租爲土地等實物租的稅收改革之先河〔註21〕。《管子・小匡》篇記載了管子的這一政策：「相地而衰其政，則民不移矣。正旅舊，則民不惰。山澤各以其時至，則民不苟。陵陸、丘井、田疇均，則民不惑。無奪民時，則百姓富；犧牲不勞，則牛馬育。」上文「相地而衰其政」，指的就是「相地而衰徵」的政策，這裏的「政」通「徵」，〔註22〕韋昭注曰：「相，視也；衰，差也，視土地之美惡及所生出以差徵賦之輕重也」。〔註23〕意思是說，要按照土地的肥沃程度以及產出量的多少來徵收稅收。《管子・乘馬數》對其做了進一步的解釋：「郡縣上臾之壤守之若干，間壤守之若干，下壤守之若干。故相壤定籍而民不移，振貧補不足，下樂上。故以上壤之滿補下壤之眾，章四時，守諸開闔，民之不移也，如廢方於地。此之謂策乘馬之數也。」聞一多認爲這裏的「定籍」就是「衰徵」的意思。〔註24〕意思是說，按照土壤之好壞來定稅收的標準，能夠做到「振貧補不足」，使民眾對政策之公平心服口服，他們就會積極開墾，努力生產。換言之，只有按照這種情況來徵收租稅，才能做到公平合理，激發民眾的生產積極性，使「民不移」。

並且《管子》還對如何確定田地之優劣以便得出稅收標準做出了具體的考察方案。一種方法是通過考察土地實際的肥沃程度來確定土地的好壞，如《管子・乘馬數》有言：「有一人耕而五人食者，有一人耕而四人食者，有一人耕而三人食者，有一人耕而二人食者。此齊力而功地。田筴相員，此國筴

〔註20〕參見左言東：《中國政治制度史》，杭州：浙江古籍出版社，1986年版，第68頁。

〔註21〕注：按照巫寶三先生的分析，《管子》中「相地而衰徵」應該是管仲相齊時期提出的改革政策，這要比魯國的「初稅畝」至少早半個世紀提出。參見司馬琪主編：《十家論管》，上海：上海人民出版社，2008年版，第441頁。

〔註22〕參見郭沫若：《郭沫若全集》歷史編第五卷《管子集校》（一），人民出版社，1984年版，第522頁。

〔註23〕引自郭沫若：《郭沫若全集》歷史編第五卷《管子集校》（一），人民出版社，1984年版，第523頁。

〔註24〕參見郭沫若：《郭沫若全集》歷史編第七卷《管子集校》（三），人民出版社，1984年版，第493頁。

之時守也。君不守以筴，則民且守於上，此國筴流已。」也就是說，肥沃不同的田地，其產出能夠養活的人口也是不同的。另外一種方案是按照土地耕種的難易程度來確定地之好壞，如《管子・乘馬》篇云：「地之不可食者，山之無木者，百而當一。涸澤，百而當一。地之無草木者，百而當一。樊棘雜處，民不得入焉，百而當一。藪，鐮纆得入焉，九而當一。蔓山，其木可以為材，可以為軸，斤斧得入焉，九而當一。泛山，其木可以為棺，可以為車，斤斧得入焉，十而當一。流水，網罟得入焉，五而當一。林，其木可以為棺，可以為車，斤斧得入焉，五而當一。澤，網罟得入焉，五而當一。命之曰地均，以實數。」按照這兩種方法來確定衰徵的標準，應該是公平合理的，同樣地理位置的土地可以通過實際肥沃程度來確定稅收的標準，不同地理位置的土地則按照耕種的難易程度來確定稅收的標準，這樣既可以鼓勵民眾開墾荒地，擴大耕種範圍，又可以使民眾對於現有土地保持耕種的積極性。

《管子》採用「相地而衰徵」的稅收政策，對於國家的宏觀調控具有重要的意義。其一，可以刺激民眾的生產積極性，擴大物資供應的數量和範圍，影響市場的供求關係。由於穀物糧食在當時是可以作為一般等價物來看待的，根據輕重規律「穀重則萬物輕，穀輕則萬物重」，穀物的生產量對於物價的平衡是至關重要的，而在春秋戰國時期，農業生產還不發達，糧食還屬於稀缺之物，因此盡可能地提高農業勞動生產率不但有利於解決民生，而且還可以增加國家調控經濟的砝碼。其二，這一稅收政策還有助於解決貧富分化問題，通過「地均」的方法，使民眾得到的土地不但數量上做到平均，而且在實際產量的指標上也能更加均衡，使農民的收入差距能夠維持基本的平衡。

（二）減免稅、惜民力

《管子》認為「相地而衰徵」的稅收政策使徵收公平度更加具有合理性，但僅做到這一點還不夠，還要考慮徵收的多少和人民的承受度。因為「相地而衰徵」只是說明根據所擁有的土地來承擔的稅收比例，做到科學合理，但並沒有給出稅收數量上的限額。如果統治者的稅率很重，即使分攤的再均勻合理，同樣會加重民眾的負擔，甚至會造成民不聊生的後果，而這與《管子》的民本思想是背道而馳的。因此《管子》進一步認為，稅收的額度一定要考慮到民眾的承受度，不能橫征暴斂而不顧民生，如《管子・權修》篇所言：「地之生財有時，民之用力有倦，而人君之欲無窮。以有時與有倦養無窮之君，而度量不生於其間，則上下相疾也。是以臣有殺其君，子有殺其父者矣。故取於民有度，用之有止，國雖小必安；取於民無度，用之不止，國雖大必危。」也就是說，民眾的生產能力是有限的，而君主的欲望是無窮的，如果爲了滿足君主之欲望而取民無度，就會民怨鼎沸而發生暴亂之事，國雖大必危。

鑒於此，《管子》制定了積極合理的減免稅政策。首先，爲了活躍市場，發展經濟，對於商業稅收採取減稅的刺激政策，《管子・大匡》曰：「乃輕稅，弛關市之征，爲賦祿之制。」該篇又載：「桓公踐位十九年，弛關市之征，五十而取一。」對於關稅和市場商業稅收採用寬鬆的徵收政策，自然可以吸引天下之大賈雲集於齊國，促進齊國經濟的快速發展。其次，對於農業稅收也根據客觀情況之變化制定了體恤民生的減免稅政策，「賦祿以粟，案田而稅。二歲而稅一，上年什取三，中年什取二，下年什取一；歲饑不稅，歲饑弛而稅」。（《管子・大匡》）意思是說，農業之稅賦，不但要按土地之好壞來徵收，並且也不是每年都要徵收，而是兩年徵收一次。徵收稅賦的年份也要根據當年的收成合理制定標準，好年景時徵收十分之三，中等年景則要減免一些，按照十分之二標準徵收，不好年景則要進一步降低徵收標準，到了災害饑荒之年，則要免收農業稅。顯然，《管子》這種考慮農民承受度的減免稅政策，必然會得到民眾的擁護，使民眾安居樂業，激發其從事農業生產的積極性，對於振興農業之本提供了積極的政策支持。

小　結

齊國之所以能夠九匡諸侯，一霸天下，主要是依賴兩駕馬車，一輛是上文闡述的政治文明建設，另一輛則是經濟文明建設。因此，除了政治倫理之外，《管子》的經濟倫理思想也是其核心內容之一。所謂經濟倫理，一般認爲，包括經濟活動主體的倫理規則、經濟結構和經濟機制的倫理性、協調經濟主體利益矛盾的倫理原則等內容。《管子》認爲經濟主體的道德規範主要包括忠於本業、以誠爲本以及崇尚節儉等內容。《管子》提倡的產業發展戰略是以農爲本、整飭末業和重視工商等幾個方面。宏觀調控也是《管子》經濟倫理思想的重要內容，《管子》認爲宏觀調控之目的表現爲富國富民、穩定物價、調節分配等三個方面。《管子》宏觀調控策略主要是輕重之術和稅收之策，輕重之術主要是用來調節商品供求關係，使之保持平衡狀態，包括嚴禁囤積居奇、以重射輕、以賤泄平等具體策略。稅收之策主要是兩方面的目的，一是通過減稅刺激生產和商品流通，二是調節收入分配問題。

第五章　修養教化論

《管子》認爲，人之德性形成過程並非自然而然的先天過程，而是主觀能動性與客觀存在相互配合的形成過程，故在此過程中，人之主觀能動性是不可小視的。換言之，道德之獲得，有賴於主動去追求。而追求結果如何當然要視個人素質或能力之高下來定奪，因此必須提升自身的能力和素質方可得之。提升自身的素質或能力，也即是加強自我的修養。修養必有其行動目標，修養目標就是《管子》的理想人格；修養更要依賴日常的實踐，《管子》非常重視日常實踐的修養功夫論問題。

在《管子》看來，道德建設除需要依賴個人修養之外，還需要外在教化，雙管齊下，效果才佳。尤其是，普通民眾更需要外在教育和感化之，方可化民成俗。使民皆向善，國家才可久安，正如《管子・權脩》所言：「故百姓皆說爲善，則暴亂之行無由至矣。」故對於治國者而言，道德教化就是爲政安邦的要訣。

5.1 理想人格

在西方，「人格」（personality）一詞源於拉丁文中的單詞「persona」，該詞的原初意義指的是演員臉上所帶的面具（mask），類似於今天舞臺上的臉譜，後來被引申爲人們在生活舞臺上所扮演的角色及其異於他人的精神面貌。〔註 1〕當代西方最流行的定義是心理學上的解釋，即把人格看作人的性格、能力、氣質等諸項心理特徵的綜合表現。

〔註 1〕參見徐強：《人格與社會》，南京：南京師範大學出版社，2004 年版，第 15 頁。

中國的「人格」一詞是在近代從西方引進的，但是由於中西文化價值觀念上存在明顯差異，西方文化主要是從稟性氣質的角度來尋找人格價值標準的，而中國傳統文化則主要是從倫理道德的角度來尋找人格評價尺度的，因此從倫理道德的角度來分析則應該成爲對中國傳統人格的主要研究方向。〔註 2〕

所謂理想人格，顧名思義指的就是在人格方面人們學習或嚮往的模範榜樣，而在中國，通常指的是「道德上的完美典型」。〔註 3〕在中國歷代典籍中，「聖人」、「賢人」、「聖賢」、「君子」、「大丈夫」等道德至善形象比比皆是，也正是這些道德人格所具有的浩然正氣和高尚情操，激勵了一代代中華民族的仁人志士，成爲了中華民族得以延續的寶貴精神財富。《管子》作爲先秦的一部傳世奇書，同樣也在理想人格的思想方面貢獻了自己的智慧。在《管子》中，理想人格主要表現在「內聖外王」、「公而無私」、「變而不化」等三個方面。

5.1.1 內聖外王的人格範型

馮友蘭先生認爲中國傳統的理想人格就是內聖外王〔註 4〕的人格，他曾經說過：「聖人的人格，就是照中國哲學的傳統，哲學是使人有這種人格的學問。所以哲學家講的就是中國哲學家所謂內聖外王之道。在中國哲學中，無論哪一派哪一家，都自以爲是講『內聖外王之道』。」〔註 5〕「內聖外王之道」之所以被各家各派看重，是因爲傳統社會在自給自足的自然經濟基礎上，宗親血緣關係爲連接人們的主要關係，人們之間的普遍利益聯繫還未形成，在這種條件下，宗法倫理自然成爲調節人們關係的重要手段，並且以農業爲主的經濟形式，客觀上也要求社會的穩定和團結，這樣就帶來了天下一統的政治訴求，因此「內聖外王」正反映了傳統社會對當時理想人格的一種期待。〔註 6〕

在《管子》中，非常推崇「聖人」或「賢人」，〔註 7〕在第 1 章我們已經

〔註 2〕參見朱義祿：《儒家理想人格與中國文化》，上海：復旦大學出版社，2006 年版，第 5～6 頁。

〔註 3〕朱貽庭主編：《倫理學小詞典》，上海：上海辭書出版社，2004 年版，第 103 頁。

〔註 4〕注：內聖外王的說法最早是由莊子提出的。

〔註 5〕馮友蘭：《新原道》之緒論，商務印書館，1945 年版，第 3 頁。

〔註 6〕參見徐強：《人格與社會》，南京：南京師範大學出版社。2004 年版，第 29 頁。

〔註 7〕注：在《管子》中，對「聖人」與「賢人」二字並沒有進行嚴格的區分，基本上指的是同一類人。

瞭解到道德的產生本身就是由賢人創造的，突出了賢人爲道德之創始人的地位，其後《管子》又通過得「道」之不易來進一步提高「聖人」的地位和作用，如書中曰：「道在天地之間也，其大無外，其小無內，故曰『不遠而難極也』。虛之與人也無間，唯聖人得虛道，故曰『並處而難得』。」（《管子・心術上》）也就是說，「道」是很難得的，唯有聖人能得之。但是《管子》抬高聖賢的地位並不是目的，而是要引出眞正要提倡的「內聖外王」的理想人格。爲了說明這一點，我們有必要再分析一下《管子・君臣下》篇的那段經典話語：「古者未有君臣上下之別，未有夫婦妃匹之合，獸處群居，以力相征。於是智者詐愚，強者淩弱，老幼孤獨不得其所。故智者假眾力以禁強虐，而暴人止。爲民興利除害，正民之德，而民師之。是故道術德行，出於賢人。其從義理兆形於民心，則民反道矣。名物處，違是非之分，則賞罰行矣。上下設，民生體，而國都立矣。是故國之所以爲國者，民體以爲國；君之所以爲君者，賞罰以爲君。」也就是說，得道成德的賢人不僅要獨善其身，更重要的是兼濟天下，使亂世變得有秩序可循。

《管子》認爲聖賢必須完成外在之事功才能稱得上眞正的聖賢。《管子・心術上》在解釋聖人「可以爲天下始」的問題時，認爲之所以聖人具有如此之高的地位，是因爲其不僅是有德之人，而且還是「王天下」之人，如該篇所言：「『物固有形，形固有名』，此言不得過實、實不得延名。姑形以形，以形務名，督言正名，故曰『聖人』。」意思是說，聖人之所以被稱爲聖人，是因爲其正萬物之名的外在事功，從而使萬物形名相符而有序。《管子》中多處表達了這一觀點，如「神聖者王」（《管子・君臣下》）、「是故聖人上德而下功，」（《管子・戒》）、「聖人之所以爲聖人者，善分民也。聖人不能分民，則猶百姓也，於己不足，安得名聖？是故有事則用，無事則歸之於民，唯聖人爲善託業於民。」（《管子・乘馬》）

另一方面，《管子》同時認爲君王必須出於聖賢才能符合王之標準。在《管子・小問》篇，桓公在詢問大臣自己能否坐天下之王時，管仲和鮑叔牙推薦賓胥無來回答這個問題，賓胥無對曰：「古之王者，其君豐，其臣教。今君之臣豐。」意思是說古代能成就王業的，都是君主的德性高於大臣。〔註8〕桓公聽了歎曰：「昔者大王賢，王季賢，文王賢，武王賢；武王伐殷克之，七年而

〔註 8〕參見趙守正：《管子注譯》（下冊），南寧：廣西人民出版社，1987 年版，第 101 頁。

崩，周公旦輔成王而治天下，僅能制於四海之內矣。今寡人之子不若寡人，寡人不若二三子。以此觀之，則吾不王必矣。」意思是說，以前周的大王、王季、文王和武王都是大賢之人，而周成王由周公輔佐才勉強能控制四海之內，現在我的兒子不如我，我又不如諸位大臣賢明，顯然我是不能成就王業的了。〔註 9〕通過這一個事例說明，在《管子》思想裏，成王者必定是賢德之人。正如《管子・度地》篇所言：「能爲霸王者，蓋天子聖人也。」在此基礎上，《管子》提出了「聖王」的稱謂。該書中的聖王就是兼具高尙德性而又身居君主之位的意思，認爲只有行聖王之政，才會眞正長治久安，如《管子・法禁》曰：「聖王之身，治世之時，德行必有所是，道義必有所明，故士莫敢詭俗異禮，以自見於國；莫敢布惠緩行，修上下之交，以和親於民；故莫敢超等逾官，漁利蘇功，以取順其君。」

由上文可知，聖人必須完成外在事功方可名副其實，而君主要想成爲聖王，必須具有聖人之德，而聖王之德的標誌就是行聖王之政。可見，《管子》的「內聖外王」之理想人格，更偏重於「外王」的層面。相比較而言，這與儒家荀子的內聖外王更加接近，而與孟子的內聖外王之道稍遠一些。因爲孟子更加強調外王必須落實在內聖之本上，如《孟子・梁惠王下》所言：「苟爲善，後世子孫必有王者也。」而荀子強調的則是聖人的外在社會事功，如《荀子・儒效》篇曰：「修百王之法若辨白黑，應當時之變若數一二，行禮要節而安之若生四枝，要時立功之巧若詔四時；平正和民之善，億萬之眾而摶若一人。如是，則可謂聖人矣。」另外與《管子》一樣，「聖王」一詞在《荀子》中曾多次出現，而聖王一詞在《論語》、《孟子》中均未出現，這也說明《管子》與《荀子》的理想人格可能聯繫更緊密一些。〔註 10〕

5.1.2 公而無私的價值取向

《管子》認爲「內聖外王」的聖賢人格所應具備的價值取向最主要是表現在「公而無私」的方面。《管子》認爲私是亂天下之根源，聖人要像天地那樣無私，正如《管子・心術下》篇所言：「是故聖人若天然，無私覆也；若地然，無私載也。私者，亂天下者也。」因此聖君要做到「廢私立公」（《管子・

〔註 9〕參見趙守正：《管子注譯》（下冊），南寧：廣西人民出版社，1987 年版，第 101 頁。

〔註 10〕參見朱義祿：《儒家理想人格與中國文化》，上海：復旦大學出版社，2006 年版，第 20～21 頁。

正》)、「任公而不任私」(《管子・任法》),要像風雨那樣「至公而無私,所行無常鄉,人雖遇漂濡而莫之怨也。故曰:『風雨無鄉而怨怒不及也。』」(《管子・形勢解》)否則「舍公而好私」(《管子・任法》),就會「民離法而妄行,」(《管子・任法》)天下大亂而「國家不治」(《管子・任法》)。而要眞正做到「公而無私」,就必須瞭解《管子》對於「公私」的觀點和看法,這樣才能知道立什麼樣的「公」,去什麼樣的「私」。《管子》的「公私觀」包含一下幾層含義:

其一,要做到天下爲公,而不能天下爲私。《管子・法法》篇曰:「明君公國一民以聽於世,忠臣直進以論其能。明君不以祿爵私所愛,忠臣不誣能以干爵祿。君不私國,臣不誣能,行此道者,雖未大治,正民之經也。」也就是說明君要使國家爲公而不爲私,才可以統一民心,忠臣才會前來輔助並盡其能,如果做到這樣,即使達不到大治之境界,也至少能夠達到使民不亂的水平。如果做不到這一點,治理國家就不會取得成功,正如該篇接著說道:「今以誣能之臣事私國之君,而能濟功名者,古今無之。誣能之人易知也。臣度之先王者,舜之有天下也,禹爲司空,契爲司徒,皋陶爲李,后稷爲田。此四士者,天下之賢人也,猶尙精一德以事其君。今誣能之人,服事任官,皆兼四賢之能。自此觀之,功名之不立,亦易知也。故列尊祿重,無以不受也;勢利官大,無以不從也;以此事君,此所謂誣能篡利之臣者也。世無公國之君,則無直進之士;無論能之主,則無成功之臣。昔者三代之相授也,安得二天下而殺之。」

在先秦時期,「天下爲公」並非《管子》獨家之言,並且《管子》也只是表達了「天下爲公」的意涵,並沒有直接使用這一詞語。「天下爲公」最早是在《禮記》中出現的,《禮記・禮運》篇曰:「大道之行也,天下爲公。選賢與能,講信修睦,故人不獨親其親,不獨子其子,使老有所終,壯有所用,幼有所長,矜寡孤獨廢疾者,皆有所養。男有分,女有歸。貨,惡其棄於地也,不必藏於己;力,惡其不出於身也,不必爲己。是故,謀閉而不興,盜竊亂賊而不作,故外戶而不閉,是謂大同。」在這裏,天下爲公意味著就是要建立大同社會,在這種社會中能夠做到「選賢任能」、「講信修睦」,人們處於無矛盾的太平盛世之中。顯然,這要比《管子》所提之「公國而不私國」的思想境界更高一些。從上文可以看出,在《管子》那裏,天下爲公只是激勵君主的一個思想觀念,君主有了這個觀念,就不會把國家作爲私有,而僅僅依賴自己或家人來治理國家，不去招攬社會之賢達來輔佐自己。《管子》認爲君主一旦具有天下爲公的理念，就會更加開放，既然國家是天下眾人的，當然天下之人都可以參與到國家治理活動中來，這樣君主就會尋找聖賢來從事政務。當然這種天下爲公的理念不會影響到君主自身的地位，正如《管子・君臣上》所言：「是故知善，人君也；身善，人役也。君身善，則不公矣。」君主只要做到知人善任而不事必躬親，把一些屬於人役的具體政務都交給臣下去做就算是「公國」之君了，這樣把君臣的關係分的更加清楚，反而更加突出了君主的地位。

其二，要行公法而舍私惠。《管子》認爲國家治理要採用法治而不能採用人治的方法。《管子・明法解》曰：「法度者，主之所以制天下而禁姦邪也，所以牧領海內而奉宗廟也。私意者，所以生亂長姦而害公正也，所以壅蔽失正而危亡也。故法度行則國治，私意行則國亂。」意思是說國家利用法度則治，按私人之意而無法可循則亂。該篇又曰：「夫舍公法而行私惠，則是利姦邪而長暴亂也。行私惠而賞無功，則是使民偷幸而望於上也；行私惠而赦有罪，則是使民輕上而易爲非也。夫舍公法用私惠，明主不爲也。」也就是說君主賞罰要分明，不能舍公法而行私惠，要依法治理國家，而不能使私自感情來干涉政治。這一點也是《管子》與法家思想具有的共通之處之一，例如法家代表人物商鞅在《商君書》有言：「君臣釋法任私必亂，故立法明分，而不以私害法，則治。」（《商君書・修權》）另一法家代表慎子在《慎子・逸文》篇曰：「我喜可抑，我忿可窒，我法不可離也。骨肉可刑，親戚可滅，至法不可闕也。」法家的集大成者韓非也認爲：「匹夫有私便，人主有公利。不作而養足，不仕而名顯，此私便也；息文學而明法度，塞私便而一功勞，此公利也。」（《韓非子・八說》）這些法家代表人物所表達的思想與《管子》一樣，非常注重行公法而禁私意。

其三，要光明正大，公正公平。《管子》認爲聖人或聖王要像天地那樣光明磊落，而沒有私下不可見人的伎倆。如《管子・牧民》篇有言：「如地如天，何私何親？如月如日，唯君之節。」《管子・心術下》亦曰：「是故聖人若天然，無私覆也；若地然，無私載也。私者，亂天下者也。」而要做到與天地一樣無私，《管子》認爲除了具有光明磊落的德性之外，還要對萬民一視同仁，公平公正地對待每一件事、每一個人，正如《管子・形勢解》篇有言：「天公平而無私，故美惡莫不覆；地公平而無私，故小大莫不載。無棄之言，公平而無私，故賢不肖莫不用。故無棄之言者，參伍於天地之無私也。故曰：「有無棄之言者，必參之於天地矣。」

5.1.3 變而不化的主體精神

《管子》認爲聖賢之所以能夠得道成德而「可以爲天下始」，其主要原因在於聖賢具有與眾不同的主體精神，也就是《管子》所說的「變而不化」〔註 11〕的主體精神，其主要表現爲隨環境而權變但卻不被外物所役使的處世態度，也就是可以隨外在環境而自我改變，但這種改變必須建立在獨立自主的基礎上而不能被外物所異化。《管子・心術下》篇曰：「聖人之道，若存若亡，援而用之，歿世不亡。與時變而不化，應物而不移，日用之而不化。」該篇又曰：「聖人裁物，不爲物使。」也就是說可以隨時空環境自己作出一些改變，但這種改變卻不能以犧牲自己的主體性爲代價，要做到「變而不化」。這與莊子的思想有些類似，《莊子・繕性》篇曰：「軒冕在身，非性命也，物之倘來，寄者也。寄之，其來不可圉，其去不可止。故不爲軒冕肆志，不爲窮約趨俗，其樂彼與此同，故無憂而已矣。今寄去則不樂，由是觀之，雖樂，未嘗不荒也。故曰，喪己於物，失性於俗者，謂之倒置之民。」意思也是說要保持自己的本來人格，不要「喪己於物，失性於俗」。但是，莊子卻以此推論出要順應自然而不能做任何人爲改變的極端思想，特別是社會的仁義道德，都是人們創造出來的，而人們卻又被這些人造之物所束縛。如《莊子・馬蹄》曰：「及至聖人，屈折禮樂以匡天下之形，縣跂仁義以慰天下之心，而民乃始踶跂好知，爭歸於利，不可止也。此亦聖人之過也。」意思是說，正是聖人創造的禮義道德，使人們陷入到無休止的爭利鬥爭中。在這一點上，《管子》與《莊子》截然不同，《管子》只是認爲應該在與外界接觸的過程中要保持人格獨立，不被外物所役使，但自身卻可以作出一些應對之「變」，正如上文所引《心術下》篇的內容所說，要「變而不化，應物而不移」，可以有「變」而作出回應，而且爲了「裁物」，當然也要創造一些「裁物」的原則和制度，只是注意不要失去主體性而被外物所異化即可，這也是爲什麼《管子》同時認爲禮義廉恥等仁義道德之重要，而又堅持「不化」的原因所在。

〔註 11〕注：「化」在此類似於當代哲學所使用的「異化」一詞。

5.2 修養功夫論

《管子》認爲道德是由賢人率先創造，然後再「正民之德」，並化民成俗，使萬民形成道德觀念，而且還強調賢人並不是天生即爲賢人，而是經過後天修養而成爲賢人的。因此，這自然就會涉及如何成爲聖賢的問題，也就是人之修養的問題。在回答桓公「君王如何修身」的問題時，管子說道：「道血氣，以求長年、長心、長德。此爲身也。」（《管子・中匡》）也就是說修身包括三個方面：長年、長心和長德。

5.2.1 長年

長年指的是養生延年。《管子》認爲要做到延年益壽，有兩個要訣：其一，要飲食適度得當。《管子・內業》篇云：「食莫若無飽，思莫若勿致，節適之齊，彼將自至」。意思是說「吃東西最好不要吃飽，心思最好不要用盡。調節得當，生命自會到來。」〔註 12〕也就是說養生就不要吃的太飽，當然也不能吃的太少，《管子》認爲吃東西要適度。正如《管子・內業》文中接著說道：「凡食之道：大充，傷而形不臧；大攝，骨枯而血沍。充攝之間，此謂和成，精之所舍，而知之所生，饑飽之失度，乃爲之圖。」意思是說吃的過多和過少都會對身體造成傷害。其二，內心要淡泊名利。管子曰：「見利不誘，見害不俱，寬舒而仁，獨樂其身，是謂雲氣，意行似天。」（《管子・內業》）意思是說要抵擋住利欲的誘惑，保持內心的安寧。《管子・白心》篇也認爲：「臥名利者寫生危。」即「大量擁有名利的反而有生命危險的憂慮。」〔註 13〕顯然這種思想與老子之觀點非常相似，例如《道德經》曾云：「見素抱樸，少私寡欲。」而莊子也有類似的全生保眞之說。這也從一個側面印證了《管子》與道家思想具有密切的聯繫。

5.2.2 長心

長心也就是長智。《管子》認爲欲增長知識才幹也要做到兩個方面：其一，要使內心潔淨，增強耳目的功能。如《管子・心術上》所云：「『潔其宮，闕其門』：宮者，謂心也。心也者，智之舍也，故曰『宮』。潔之者，去好過也。門者，謂耳目也。耳目者，所以聞見也。『物固有形，形固有名』，此言不得

〔註 12〕趙守正：《管子注譯》（下冊），南寧：廣西人民出版社，1987 年版，第 86 頁。
〔註 13〕趙守正：《管子注譯》（下冊），南寧：廣西人民出版社，1987 年版，第 27 頁。

過實、實不得延名。姑形以形，以形務名，督言正名，故曰『聖人』」。也就是說只有做到「潔其宮，闕其門」，在認識上才能達到名實相符而成爲「聖人」。其二，要多加思考。《管子・心術下》篇曰：「能毋問於人而自得之於己乎？故曰，思之。」也就是說向他人學習而能內得於己的方法就是多思考。該篇又曰：「意以先言，意然後形，形然後思，思然後知。」意思是說「思」乃是獲得知識和智力的必要環節。儒家也非常強調「思」對學習的作用，例如孔子曾說：「學而不思則罔，思而不學則殆。」〔註 14〕孔子弟子子夏也認爲思非常重要，曾說道：「博學而篤志，切問而近思，仁在其中矣。」

5.2.3 長德

長德就是指增長人的德性。這也是《管子》倫理思想最重要的內容之一。針對如何長德《管子》提出了重要的「養氣」學說。《管子》認爲，精氣是「道」化成「德」的中間媒介。《管子・內業》篇曰：「凡物之精，此則爲生。下生五穀，上爲列星。流於天地之間，謂之鬼神；藏於胸中，謂之聖人。是故民氣，杲乎如登於天，杳乎如入於淵，淖乎如在於海，卒乎如在於己。是故此氣也，不可止以力，而可安以德；不可呼以聲，而可迎以音。敬守勿失，是謂成德，德成而智出，萬物果得。」也就是說「精氣」作爲「道」的載體，〔註 15〕流入人體，被「藏於胸中」便可化「道」爲「德」，成爲「聖人」。換言之，養好體內之精氣即可達到長德之功效。這類似於孟子的「養氣」說學，孟子在回答擅長何事的時候說道：「我知言，我善養吾浩然之氣。」（《孟子・公孫丑上》）進一步回答何謂「浩然之氣」時曰：「難言也。其爲氣也，至大至剛，以直養而無害，則塞於天地之間。其爲氣也，配義與道。」（《孟子・公孫丑上》）也就是說「浩然之氣」指的是配有「義與道」之氣，是德性之氣，《管子・內業》篇也曾出現「浩然和平，以氣爲淵」等與孟子類似的說法。張岱年先生在比較管子與孟子之「氣論」的時候指出：「《管子・內業》有『浩然和平，以氣爲淵』，這『浩然』二字同於孟子所謂『浩然之氣』的『浩然』。《管子・內業》又云：『摶氣如神，萬物備存』，意與孟子所謂『萬物皆備於我』相彷彿。這是《管子・內業》影響了孟子還是孟子影響了《管

〔註 14〕《論語・爲政》，《論語譯注》，楊伯峻譯注，北京：中華書局，2006 年版，第 18 頁。

〔註 15〕參見本書 1.1.3 節內容。

子・內業》，由於兩者先後不可考，就難以定論了。」〔註 16〕雖然無法確定二者之先後，但我們卻可以得出這樣的結論：至少在先秦時期，氣論作爲道德修養的理論基礎，是有一定的文化土壤的。〔註 17〕

如何才能更好地「養氣」呢？《管子》爲此又提出了自己的「虛靜」學說。《管子・心術上》曰：「道，不遠而難極也，與人並處而難得也。虛其欲，神將入舍；掃除不潔，神乃留處。」這裏的神指的就是精氣，〔註 18〕意思是說得到「道」非容易之事，只有做到「虛其欲」方有可能。原因何在？《管子》認爲，原因是「天之道虛」，而人要通過「法天合德」來增長德性，當然最重要的就是「法天之虛」了。除「虛」之外，還要做到「靜」，《管子・內業》篇曰：「是故聖人與時變而不化，從物而不移。能正能靜，然後能定。定心在中，耳目聰明，四肢堅固，可以爲精舍。」意思是人只有做到「靜」，才可爲「精舍」。《管子・內業》篇云：「天主正，地主平，人主安靜。」也就是說人的特點就是安靜，《管子》同樣也爲其「守靜」論提供了形而上學之根據。〔註 19〕

5.3 道德教化的意義和內容

梁任公評價管子時曾有言：「管子賢於商君遠矣！商君徒治標而不治本者也，管子則治本而兼治標者也！商君捨富國強兵無餘事，管子則於富國強兵之外，尤有一大目的存焉！其法治主義，凡以達此目的而已！其目的奈何？……管子謹四維，以此知管子賢於商君遠矣！管子之種種設施，其究皆歸於化民成俗。」〔註 20〕也就是說，管子賢於商鞅的地方就在於管子治本兼治標，其最終目的就是力張四維、化民成俗。任公之言，一語中的，《管子》〔註 21〕確實非常重視道德之教化。

〔註 16〕張岱年：《張岱年全集》（第 7 卷），石家莊：河北人民出版社，1996 年版，第 107 頁。

〔註 17〕參見張連偉：《〈管子〉哲學思想研究》，成都：巴蜀書社，2008 年版，第 120 頁。

〔註 18〕參見顧寶田：試論《管子》精氣說的性質，《〈管子〉研究》第一輯，濟南：山東人民出版社，1987 年版，第 114 頁。

〔註 19〕參見張連偉：《〈管子〉哲學思想研究》，成都：巴蜀書社，2008 年版，第 120 頁。

〔註 20〕梁啓超：《管子傳》〔M〕，中華書局，1943 年版，第 37 頁。

〔註 21〕注：梁啓超在《管子傳》緒論中說，他是據《管子》以傳管子，故其筆下的管子就是《管子》中之管子形象。

5.3.1 道德教化的意義

首先，道德教化能夠促進個人之成長。《管子‧權脩》篇曰：「一年之計，莫如樹穀；十年之計，莫如樹木；終生之計，莫如樹人。一樹一獲者，穀也；一樹十獲者，木也；一樹百獲者，人也。」意思是說教化乃終身之計，並且收穫亦良多。既然能做到「一樹百獲」，說明教化對人之成長意義非常重大。《管子》認爲道德教化對人的改變主要是治人之心，使人的精神境界得以提升，如《管子‧內業》篇曰：「凡人之生也，必以平正。所以失之，必以喜怒憂患。是故止怒莫若詩，去憂莫若樂，節樂莫若禮，守禮莫若敬，守敬莫若靜。內靜外敬，能反其性，性將大定。」而且《管子》認爲教化不但具有塑造人心的作用，而且效果非常神奇，「若夫教者，標然若秋雲之遠，動人心之悲；藹然若夏之靜雲乃及人之體；鶩然若謞之靜，動人意以怨；蕩蕩若流水，使人思之，人所生往。教之始也，身必備之，辟之若秋雲之始見，賢者不肖者化焉。」（《管子‧侈靡》）《管子》用一幅如詩如畫的圖景惟妙惟肖地描述了教化的作用，宛如春風化細雨，潤物細無聲，不管賢與不肖，其心都會受到教化的潛移默化。

其次，道德教化能夠促進經濟之發展。後世學者王夫之在批評《管子》「倉廩實則知禮節，衣食足則知榮辱」的觀點時認爲：「衣食足而後廉恥興，財物阜而後禮樂作，是執末以求其本也。……末者以資本之用者也，而非待末而後有本也。待其足而後有廉恥，待其阜而後有禮樂，則先乎此者無有矣。無有之始且置之，可以得利者，無不爲也。」（《詩廣傳‧小雅》）也就是說在王夫之看來，《管子》犯了本末倒置的錯誤，認爲這樣抹殺了道德對經濟的主導地位和作用，他的觀點是：「先王以裕民之衣食，必以廉恥之心裕之，以調國之財用，必以禮樂之情調之。其異於管商之末說，亦辯矣。」（《詩廣傳‧小雅》）意思是說應該通過道德的倡導來促進經濟的增長。王船山之批評對否？在第 1 章我們通過分析，瞭解到《管子》的「倉廩實則知禮節，衣食足則知榮辱」的觀點，只是說明經濟是道德教化的必要條件，並沒有誰爲本誰爲末之意味，顯然船山用本末之說批評《管子》是站不住腳的。至於船山的結論，要以道德促進經濟增長，其實《管子》中也有類似思想。《管子‧侈靡》篇有言：「爲國者，反民性，然後可以與民戚。民欲佚而教以勞，民欲生而教以死。勞教定而國富，死教定而威行。」意思是說通過教化，就可以使懶惰之人變得勤勞，怕死之人變得勇敢，這樣國家就會富裕強大。《管子‧幼官》篇也認爲只要「通之以道，畜之以惠，親之以仁，養之以義，報之以德，結之以信，接之以禮，和之以樂」，就可以達到「地辟穀成」、「農佚粟十」、「務輕金九」的經濟繁榮程度。《管子》這種道德教化對經濟發展有促進作用的言論，是非常有見地的，當時齊國重四維道德教化而使國家強盛的歷史事實也佐證了這一觀點的正確性。西方學者馬克斯・韋伯在其《新教倫理與資本主義精神》一書中就得出與《管子》類似的觀點，認爲正是新教的道德倫理成了資本主義蓬勃發展的推動力。可惜，在中國，後世之學者很少關注到《管子》這一眞知灼見，只是從「倉廩實則知禮節，衣食足則知榮辱」的觀點看到了「富而後教」的思想，至於王船山看到了道德促進經濟的一面，卻是從本末角度來分析的，主張「禮樂爲本，衣食爲末」，顯然又陷入了儒家式「道德決定論」的泥潭之中。〔註 22〕

通過上文的分析，我們可以看到《管子》既主張經濟保障是道德教化的前提條件，又主張道德教化對經濟發展的促進作用。這種經濟與道德的辯證關係，竟然與後世之馬克思主義的經濟道德辯證關係論有極爲相似之處。恩格斯在討論經濟與道德、政治、法律的關係時就曾指出：「所有這些先生們所缺少的東西就是辯證法。他們總是只在這裏看到原因，在那裏看到結果。他們從來看不到：這是一種空洞的抽象，這種形而上學的兩極對立在現實世界只存在於危機中，而整個偉大的發展過程是在相互作用的形式中進行的。雖然相互作用的力量很不相等：其中經濟運動是最強有力的、最本原的、最有決定性的，這裏沒有什麼是絕對的，一切都是相對的。對他們來說，黑格爾是不存在的……」〔註 23〕也就是說一切都是相對的，相對的兩極都是相互作用，相互促進的，當然道德與經濟的關係也受這一規律指導。《管子》的道德經濟關係與馬克思主義的這一觀點比較起來，是較爲樸素的，《管子》看到了二者的辯證性，但卻沒有看到經濟是「最有決定性的」層面，與歷史唯物主義要求的距離還很遠。但是兩千年前就能夠得出如此熠熠生輝的觀點，已經足以使人扼腕興歎了。

最後，道德教化能夠促進國家之穩定。《管子》認爲道德是國家得以存續

〔註 22〕參見朱貽庭主編：《中國傳統倫理思想史》（增訂本）〔M〕，上海：華東師範大學出版社，2003 年版，第 475 頁。

〔註 23〕馬克思、恩格斯：《馬克思恩格斯選集》第 4 卷〔M〕，中共中央馬克思恩格斯列寧斯大林著作編譯局譯，北京：人民出版社，1995 年版，第 705 頁。

的基石，道德教化則是鞏固這一基石的有效手段。爲了說明這一點，我們有必要再考察一下《管子》的四維學說，該學說認爲禮、義、廉、恥等諸德是國家的四個支柱，關係著國家之危亡。只有使民知禮、知義、有廉、有恥，上位之君才會安寧，江山才會永保，而使民知禮、知義、有廉、有恥的過程本身就是道德教化的過程。另外，《管子》還通過治國必得民心的角度詳細說明了道德教化的作用，《管子・君臣下》曰：「是故國之所以爲國者，民體以爲國。」也就是說國家要以民爲本（這一點在下一章有詳細論述），治國在於治民。《管子》認爲牧民重要的是得民之心。而得民心之方，並不是在於嚴刑峻法，因爲「刑罰不足以畏其意，殺戮不足以服其心」（《管子・牧民》）而是在於首先使民眾瞭解治者的德政，教化民眾，使其向善而不作亂，如《管子・版法》所言：「驟令不行，民心乃外；外之有徒，禍乃始牙。眾之所忿，置不能圖。舉所美，必觀其所終；廢所惡、必計其所窮。慶勉敦敬以顯之，富祿有功以勸之，爵貴有名以休之。兼愛無遺，是謂君心。必先順教，萬民鄉風；旦暮利之，眾乃勝任。」欲使人心改變、民風向善必須進行教化，又如《管子・權脩》篇所言：「凡牧民者，使士無邪行，女無淫事。士無邪行，教也；女無淫事，訓也。教訓成俗而刑罰省，數也。」這與孔子的理論也具有共通之處，如《論語・爲政》篇孔子有言：「道之以政，齊之以刑，民免而無恥。道之以德，齊之以禮，有恥且格。」這也是強調道德教化而刑罰省的仁政觀點。

5.3.2 道德教化的內容

《管子》認爲道德教化之核心內容應該是「國之四維」、「九惠之教」以及「訓民之經」。

（一）力張四維

由於國之四維是《管子》的道德體系的核心，自然是道德教化的重中之重，如《管子・權脩》云：「凡牧民者，欲民之有禮也。……凡牧民者，欲民之有義也。……凡牧民者，欲民之有廉也。……凡牧民者，欲民之有恥也。」也就是說，教化民眾就是使民眾有禮、有義、有廉、有恥。欲使民有禮、有義、有廉、有恥，首先要使民眾知道禮義廉恥之內涵，故《管子・牧民》篇做了交代：「禮不逾節，義不自進，廉不蔽惡、恥不從枉。」而且《管子》還針對禮、義二維給出了具體的內容：

義有七體。七體者何？曰：孝悌慈惠，以養親戚；恭敬忠信，以事君上；中正比宜，以行禮節；整齊撙詘，以辟刑僇；纖嗇省用，以備飢饉；敦懞純固，以備禍亂；和協輯睦，以備寇戎。凡此七者，義之體也。……民知義矣，而未知禮，然後飾八經以導之禮。所謂八經者何？曰：上下有義，貴賤有分，長幼有等，貧富有度。凡此八者，禮之經也。故上下無義則亂，貴賤無分則爭，長幼無等則倍，貧富無度則失。上下亂，貴賤爭，長幼倍，貧富失，而國不亂者，未之嘗聞也。是故聖王飭此八禮以導其民。八者各得其義，則爲人君者，中正而無私；爲人臣者，忠信而不黨；爲人父者，慈惠以教；爲人子者，孝悌以肅；爲人兄者，寬裕以誨；爲人弟者，比順以敬；爲人夫者，敦懞以固；爲人妻者，勸勉以貞。夫然，則下不倍上，臣不殺君，賤不逾貴，少不陵長，遠不間親，新不間舊，小不加大，淫不破義。凡此八者，禮之經也。」（《管子・五輔》）〔註24〕

從禮、義的內含可以看出，對於民眾的道德教化內容是非常具體的，這也增加了道德教化的可操作性。

（二）九惠之教

《管子》認爲僅有國之四維的教育綱領還不夠，要想使民眞正受到道德的教化，還要在實踐中貫徹一些道德教化的具體措施，在實際生活中教育民眾應該如何積德行善。於是《管子》制定了「九惠之教」的道德教化內容。何爲「九惠之教」？《管子・入國》曰：「入國四旬，五行九惠之教。一曰老老，二曰慈幼，三曰恤孤，四曰養疾，五曰合獨，六曰問疾，七曰通窮，八曰振困，九曰接絕。」所謂「九惠之教」，一方面是惠民的九項措施，另一方面指的是九項教育民眾的具體內容。下面我們對這九項內容分別作一分析：

「所謂老老者，凡國、都皆有掌老，年七十已上，一子無徵，三月有饋肉；八十已上，二子無徵，月有饋肉；九十已上，盡家無徵，日有酒肉。死，上共棺槨。勸子弟：精膳食，問所欲，求所嗜。此之謂老老。」（《管子・入國》，下面幾段引文出處相同）意思是城邑和國都都要設立「掌老」的官職，掌老的職責是幫助並監督所轄區內的老人養老問題，並且教育轄區內的子弟如何行孝道，使他們盡好養親的義務，這就是「老老」。因此這一條就是勸民

〔註24〕關於禮、義含義的具體分析請參見本書第2章的內容。

行孝的內容。

「所謂慈幼者，凡國、都皆有掌幼，士民有子，子有幼弱不勝養爲累者，有三幼者無婦征，四幼者盡家無征，五幼又予之葆，受二人之食，能事而後止。此之謂慈幼。」意思是在城邑和國都都要設立「掌幼」的官職，其職責是通過實行一系列的優惠措施，去掉父母不能慈愛孩子的包袱，激勵父母都要有慈愛之心，這就是「慈幼」。

「所謂恤孤者，凡國、都皆有掌孤，士人死，子孤幼，無父母所養，不能自生者，屬之其鄉黨、知識、故人。養一孤者一子無徵，養二孤者二子無徵，養三孤者盡家無徵。掌孤數行問之，必知其食飲飢寒身之膌勝而哀憐之。此之謂恤孤。」意思是說，在城邑和國都都要設立「掌孤」的官職，利用政府的獎勵措施，鼓勵民眾對社會上的孤兒盡愛心，領養孤兒，並且「掌孤」要時時監督領養孤兒的家庭是否盡了領養的責任，以使民眾形成關愛孤兒的良好風氣。

「所謂養疾者，凡國、都皆有掌養疾，聾、盲、喑、啞、跛躄、偏枯、握遞，不耐自生者，上收而養之疾官，而衣食之，殊身而後止。此之謂養疾。」意思是說，城邑和國都都要設立「掌養疾」的官職，其職責是收養社會上不能自力更生的殘疾人，使他們能有所養。這就是「養疾」的內涵。

「所謂合獨者，凡國、都皆有掌媒，丈夫無妻曰鰥，婦人無夫曰寡，取鰥寡而合和之，予田宅而家室之，三年然後事之。此之謂合獨。」意思是說，所謂「合獨」之教，指的是在城邑和國都都要設立「掌媒」的官職，其職責是說和「鰥」、「寡」之人重新組成家庭，並給予田宅，使之安家落戶，過上安穩和美的生活。

「所謂問疾者，凡國、都皆有掌病，士人有病者，掌病以上令問之。九十以上，日一問；八十以上，二日一問；七十以上，三日一問；眾庶五日一問。疾甚者，以告上，身問之。掌病行於國中，以問病爲事。此之謂問病。」意思是說，城邑和國都都要設立「問病」的官職，對有病之人進行關心，特別是老年病人要時常關照。

「所謂通窮者，凡國、都皆有通窮，若有窮夫婦無居處，窮賓客絕糧食，居其鄉黨以聞者有賞，不以聞者有罰，此之謂通窮。」意思是說，城邑和國都要設有「通窮」的官職，如有遇到無處可歸，無糧可食的窮苦之人，要及時上報，上報者有賞，不報者受罰，以鼓勵人們關心落難之人。

「所謂振困者，歲凶，庸人訾厲，多死傷：馳刑罰，赦有罪，散倉粟以食之。此之謂振困。」意思是說，在凶年的時候，一般會赦免一些犯人，對於出獄之人，要在生活上給予資助和關照。

「所謂接絕者，士民死上事、死戰事，使其知識、故人受資於上而祠之。此之謂接絕也。」意思是說，對於那些為國犧牲的人士，要獎勵他們的親友和家人，讓他們好好祭祀他們。這就叫做「接絕」。

以上九個方面，把社會上的鰥寡孤獨生老病死等亟需救助的各類人士都照顧到了，其實，道德就是以「善」為訴求，而最重要的「善」就是關心他人，特別是關心需要幫助的那些人，在先秦其它典籍中也有類似的思想，如《禮記·禮運》篇有言：「使老有所終，壯有所用，幼有所長，矜寡孤獨廢疾者，皆有所養。」《淮南子》亦云：「命有司，省囹圄，去桎梏，毋笞掠，止獄訟。養幼小，存孤獨，以通句萌。」（《淮南子·時則訓》）

通過分析「九惠之教」的具體內容，使我們瞭解到，《管子》設立一些教民之官，通過他們對於弱者的關心和照顧，一方面使弱者感受到社會的溫暖，另一方面使民眾瞭解到哪些人士是應該受到幫助的，以及如何幫助需要幫助的人，通過官員的引導，上行下效，使社會風氣越來越和善，另外還頒佈一系列的獎勵措施，激勵人們幫助他人。

（三）訓民之經

《管子·牧民》篇曰：「訓民之經，在明鬼神，祇山川，敬宗廟，恭祖舊。」意思是說教訓民眾，要使他們尊鬼神、祭山川、敬宗廟、恭敬宗親故舊。〔註 25〕其原因何在？該篇接著說：「不明鬼神則陋民不悟，不祇山川則威令不聞，不敬宗廟則民乃上校，不恭祖舊則孝悌不備。」意思是說，不尊信鬼神，民眾就不會感悟；不祭山川，威令就不能遠播；不敬奉宗廟，民眾就會犯上作亂；不敬重宗親故舊，孝悌就不會完備。〔註 26〕也就是說祭祀等宗教之事不僅能使民開化，還能使民守法，以及道德向善。

《管子》是在談論國之四維的過程中談到以上祭祀之事的，其主要用意應該是利用宗教祭祀的活動來加強民眾的道德教化。這應該是對西周尊祖敬

〔註 25〕劉柯、李克和：《管子譯注》〔M〕，哈爾濱：黑龍江人民出版社，2003 年版，第 4 頁。

〔註 26〕劉柯、李克和：《管子譯注》〔M〕，哈爾濱：黑龍江人民出版社，2003 年版，第 4 頁。

宗、以德配天文化的繼承。其實在先秦時期，祭祀文化的作用之一就是起到對民眾的道德教化作用，如《禮記・祭統》曰：「所以濟志也，諸德之發也。是故其德盛者，其志厚；其志厚者，其義章；其義章者，其祭也敬。……祭而不敬，何以爲民父母矣？」《禮記》又曰：「因物之精，制爲之極，明命鬼神，以爲黔首則。百眾以畏，萬民以服。」（《禮記・祭義》）正如西方學者愛彌爾・涂爾幹（Durkheim）曾指出的那樣，宗教「儀式的功能是使信仰者更牢固地依附於神，神作爲社會的形象表達，又將個體具體依附在他所屬的社會」。〔註 27〕在《管子》那裏，祭祀之事也是要通過人們對神靈的畏懼心理，使民向善，以有助於社會之和諧。而這些宗教祭祀的禮儀本身也可以形成維護等級制度的倫理規範，以增強維護政治統治的合法性信仰。正如胡家聰先生指出：「所謂『明鬼神，祗山川，敬宗廟，恭祖舊』等，亦是維護田氏宗法貴族統治的合法性，以此『訓民』，形成道德規範，使之遵從等級制的統治。」〔註 28〕

5.4 道德教化的基本方略

在我們看來，《管子》的道德教化基本方略不外乎如下幾點：營造環境、實事求是、謹小慎微、賞罰並舉。

5.4.1 營造環境

唯物辯證法認爲，外因是事物變化的條件。事物的發展一般都離不開外在條件的輔助作用。道德教化也是如此，道德教化必須在適合的外部環境中，才能取得應有的效果。正如荀子所言：「蓬生麻中，不扶而直。……故君子居必擇鄉，遊必就士，所以防邪辟而近中正也。」（《荀子・勸學》）《管子》也看到了環境的影響對道德教育的作用，如《管子・牧民》篇說曰「野蕪曠則民乃荒，上無量則民乃妄，文巧不禁則民乃淫，不障兩源，則刑乃繁。」《管子・八觀》亦云：「明君者，閉其門，塞其塗，弇其迹，使民毋由接於淫非之地，是以民之道正行善也，若性然。」顯然，外在環境對道德建設的影響非常大，鑒於此，《管子》提出了營造良好環境，以加強道德教化的觀點。

〔註 27〕引自周怡：《解讀社會》〔M〕，北京：社會科學文獻出版社，2004 年版，第 215 頁。

〔註 28〕胡家聰：《管子新探》，北京：中國社會科學出版社，2003 年版，第 41 頁。

（一）改善道德教化的物質環境

通過「倉廩實則知禮節，衣食足則知榮辱」這句話就可以看出，在《管子》那裏，道德教化對物質條件的依賴性。《管子》之言確實乃至理名言，因爲按照馬斯洛的需求層次學說，道德屬於人類的高級需求，這種需求的滿足必須建立在基本生存物質需求得到滿足的基礎之上。正如費爾巴哈指出的那樣，「德行和身體一樣，需要飲食、衣服、陽光、空氣和住居。……如果缺乏生活上的必需品，那麼也就缺乏道德上的必要性。生活的基礎也就是道德的基礎。如果由於飢餓由於貧窮你腹內空空，那麼不問在你的頭腦中、在你的心中或在你的感覺中就不會有道德的基礎和資料。」〔註 29〕這也是中國儒家提出的「富而後教」觀點的應有之義。

鑒於物質經濟條件對於道德教化如此重要，《管子》認爲必須爲道德教化創造良好的物質環境，於是提出了「德有六興」的強國富民之方略，「德有六興……所謂六興者何？曰：辟田疇，利壇宅，修樹藝，勸士民，勉稼穡，修牆屋，此謂厚其生。發伏利，輸墆積，修道途，便關市，愼將宿，此謂輸之以財。導水潦，利陂溝，決潘渚，潰泥滯，通鬱閉，愼津梁，此謂遺之以利。薄徵斂，輕徵賦，弛刑罰，赦罪戾，宥小過，此謂寬其政。養長老，慈幼孤，恤鰥寡，問疾病，弔禍喪，此謂匡其急。衣凍寒，食饑渴，匡貧窶，振罷露，資乏絕，此謂振其窮。凡此六者，德之興也。六者既布，則民之所欲，無不得矣。夫民必得其所欲，然後聽上；聽上，然後政可善爲也。故曰：德不可不興也。」（《管子・五輔》）這六個方面分別是「厚其生」、「輸之以財」、「遺之以利」、「寬其政」、「匡其急」、「振其窮」。可以看出，《管子》的「德之六興」指的就是解決人民衣食住行等物質需求的具體措施。《管子》認爲解決了人們的溫飽問題，就能夠基本滿足「民之所欲」，而「民之所欲」得到了滿足，就會聽從治者的教化，國家就會得到良好的治理。

《管子》爲了道德教化而改善物質環境條件的智慧之策，對於我們今天的道德建設很有啓發。社會主義當然需要高尚的道德，但是道德建設卻必須建立在物質基礎優先發展的基礎之上，正如鄧小平指出：「我們當前以及今後相當長一個歷史時期的主要任務是什麼？一句話，就是搞現代化建設。」〔註 30〕而

〔註 29〕（德）費爾巴哈：《費爾巴哈哲學著作選集》上卷，榮震華、李金山等譯，北京：商務印書館，1984 年版，第 569 頁。

〔註 30〕鄧小平：《鄧小平文選》第二卷〔C〕，北京：人民出版社，1994 年版，第 162

「現代化建設的任務是多方面的，各個方面需要綜合平衡，不能單打一。但是說到最後，還是要把經濟建設當作中心。離開了經濟建設這個中心，就有喪失物質基礎的危險。」〔註 31〕江澤民在談論解決人的思想問題時也指出：「解決中國的所有問題，關鍵在發展；解決人們的思想認識問題……最終也要靠發展。」〔註 32〕道德建設也屬於人的思想教育問題，當然也得建立在經濟發展的基礎之上。

（二）營造道德教育的氛圍

道德教育不但要有必需的物質經濟基礎，而且也要有良好的教育氛圍。因爲「人的本質不是單個人所固有的抽象物。在其現實性上，它是一切社會關係的總和。」〔註 33〕故人一定是處在特定社會關係之中的，與他人的關係便構成了自己學習和生活的人文環境，而在他人的角度來看，自己同時又成爲了他人學習和生活的環境組成部分，也就是說，人與他人是互相影響、互相依存的有機關係。道德教化過程中的人與人之關係當然也是如此，「一個人自我道德人格和品質的形成，要靠外在的道德教育和內在的自我努力兩種因素。在這個過程中，形成道德人格的內在因素和外在因素的連結，需要道德主體自覺，也就是說這種連結是有意識的或通過意識而實現的。然而，某個人形成自己道德人格的內在因素，對於他人道德人格的形成同時也就是外在因素。……自我向善，在無形中也就影響周圍的人向善；自我趨惡，同樣也影響周圍的人趨惡」。〔註 34〕因此，良好的教育氛圍對道德教化來說是至關重要的。兩千年前的《管子》也非常重視道德教化環境氛圍的培養問題，並且重點在學堂教育和社會教育兩個方面提倡營造良好的道德教化氛圍。

首先，學堂教育環境氛圍的營造。春秋戰國時期的齊國是非常注重學堂教育的，當時齊國建立的稷下學宮就是以學術重鎮而聞名天下的，當時的學者主要是聚集於此展開百家爭鳴，〔註 35〕《史記》中曾記載稷下學宮的興盛

頁。

〔註 31〕同上書，第 250 頁。

〔註 32〕江澤民：《論「三個代表」》，北京：中央文獻出版社，2001 年版，第 123 頁。

〔註 33〕馬克思、恩格斯：《馬克思恩格斯選集》第 1 卷〔M〕，中共中央馬克思恩格斯列寧斯大林著作編譯局譯，北京：人民出版社，1995 年版，第 56 頁。

〔註 34〕羅國傑主編：《倫理學》，北京：人民出版社，1989 年版，第 458 頁。

〔註 35〕參見陳鼓應：《管子四篇詮釋——稷下道家代表作解析》，北京：商務印書館，2006 年版，第 6 頁。

狀況：「宣王喜文學遊說之士，自如騶衍、淳于髡、田駢、接予、愼到、環淵之徒七十六人，皆賜列第，爲上大夫，不治而議論。是以齊稷下學士復盛，且數百千人。」一所兩千年前的學堂竟然教師有七十六人，學生能達數百千人，確實是令人驚歎之事。緣何吸引教師和學生如此之多，筆者認爲除了齊國政府大力支持外，還在於其行之有效的教學氛圍的培養。

《管子》書中的《管子・弟子職》一篇詳細記載了當時齊國學堂教育的具體情形。其中大部分都是關於做人處事的德育實踐。首先是制定了學習的基本準則，「先生施教，弟子是則。溫恭自虛，所受是極。見善從之，聞義則服。溫柔孝悌，毋驕恃力。志毋虛邪，行必正直。遊居有常，必就有德。顏色整齊，中心必式。夙興夜寐，衣帶必飾；朝益暮習，小心翼翼。一此不解，是謂學則。」（《管子・弟子職》，以下引文出處同）從這一「學則」可以看出，學生在學堂裏最重要的是注重禮儀，按有德之士的標準要求自己，並且要把日常德行反覆踐行而堅持不懈。其後該篇把每一個做人的德行細節做了詳細的交代，現僅舉幾例以說明之。例一，在日常生活中踐行尊師重道之行爲，如「少者之事，夜寐早作，既拚盥漱，執事有恪。攝衣共盥，先生乃作。沃盥徹盥，豚拚正席，先生乃坐。出入恭敬，如見賓客。危坐鄉師，顏色毋怍。」意思是說，作爲學生，每天都要服侍老師之起居，在老師面前畢恭畢敬，養成孝敬師長的習慣。例二，會見賓客要以禮相待，不要怠慢，如文中所言：「若有賓客，弟子駿作。對客無讓，應且遂行，趨進受命。所求雖不在，必以反命。」例三，要與同學相互切磋，攜手並進，如文中有言：「先生既息，各就其友。相切相磋，各長其儀。」從這幾則例子可以看出，在學堂裏，每一個學生都在學習做一位有德之君子，無論吃飯、會客還是學習都在實踐禮義德行，自然就會形成一個良好的道德教育環境和氛圍，在這種氛圍中，「近朱者赤，近墨者黑」（《醒世恒言》），即使有內在邪念之人，也會主動改造自己而逐漸向善。

其次，是社會教育環境氛圍的營造。《管子》提出的「四民分居」政策不僅是有效管理民眾的手段，有利於發展經濟和提高軍力，而且還爲民眾之道德教化提供了有利的社會環境。下面我們來具體看一下《管子》的「四民分居」思想。《管子・小匡》篇曰：「士農工商四民者，國之石民也，不可使雜處，雜處則其言哤，其事亂。是故聖王之處士必於閒燕，處農必就田野，處工必就官府，處商必就市井。」由於四民雜處，言論就會雜亂，導致社會不穩定，因此必須使四民各自分居，如此就會使「士之子常爲士」、「農之子常爲農」，「工之子常爲工」、「商之子常爲商」。於是就會造成「士群萃而州處，閒燕則父與父言義，子與子言孝，其事君者言敬，長者言愛，幼者言弟。旦昔從事於此，以教其子弟，少而習焉，其心安焉，不見異物而遷焉。是故其父兄之教不肅而成；其子弟之學不勞而能。」其它農、工、商三類人也與士一樣，「旦昔從事於此，以教其子弟。少而習焉，其心安焉，不見異物而遷焉。是故其父兄之教不肅而成，其子弟之學不勞而能。」（《管子・小匡》）也就是說，「按此就四民職業，分地而居，以施教育，不必分設教師，即各使其父兄爲其子弟之模範」。〔註 36〕特別是在道德修養方面，父母可以言傳身教，再加上左鄰右舍都是同一類人，可以相互影響，相互教化，自然會形成良好的道德教化社會氛圍。

但是這種能夠在營造道德教化環境中產生奇效的制度，在當今之世界是萬萬不可行的，因爲它嚴重限制了民眾的遷徙自由，正如梁啓超先生所說：「此實一種奇異之教育制度，管子諸政策中所最不可解者也。夫其所謂習而安之，則教易成，此固甚合於教育原理，無所容難。而其古代階級制度之下，民各世其職業，則所謂士之子常爲一士，農之子當爲農者，亦無足怪；所最可怪者，謂士農工商，不可使雜處，必劃分而限定之。此豈非禁民之遷徙自由乎？其干涉之程度，得毋太過乎？」〔註 37〕

5.4.2 實事求是

《管子・正世》篇曰：「夫君人之道，莫貴於勝。勝，故君道立；君道立，然後下從；下從，故教可立而化可成也。夫民不心服體從，則不可以禮義之文教也，君人者不可以不察也。」意思是說，道德教化重在使民眾「心服體從」，而要使民眾「心服體從」，關鍵在於能夠勝民的「君道」立。《管子》在該篇中認爲這種「君道」指的就是要遵循實事求是的原則，重視中庸之道，也就是治民莫過於得「齊」的主張：「夫盜賊不勝則良民危……故事莫急於當務，治莫貴於得齊。制民急則民迫，民迫則窘，窘則民失其所葆；緩則縱，縱則淫，淫則行私，行私則離公，離公則難用。故治之所以不立者，齊不得也。齊不得則治難行。故治民之齊，不可不察也。」（《管子・正世》）這裏的

〔註 36〕羅焌：《諸子學述》，上海：華東師範大學出版社，2008 年版，第 307 頁。
〔註 37〕梁啓超：《管子傳》〔M〕，中華書局，1943 年版，第 54～55 頁。

齊指的是「適中」的意思，《爾雅》:「齊，中也。」此處指掌握治民之方要緩急適中。〔註 38〕教化民眾是治理國家的良方，當然也需要注重輕重緩急，實事求是。如何才能做到中庸之道呢？《管子》認爲這就要求治理民眾要做到因時制宜、因事制宜，如《管子・正世》篇所言:「聖人者，明於治亂之道，習於人事之終始者也。其治人民也，期於利民而止。故其位齊也，不慕古，不留今，與時變，與俗化。」也就是說，治理人民的「適中」政策，既不能迷信古代，也不能拘泥於今天，而是隨著時代和國人的風俗習慣的發展而變化的。〔註 39〕

所謂「與時變」指的就是因時制宜、適時權變的策略方針。《管子》中的「與時變」有兩層意涵：其一，指的是依據四時而變。《管子》認爲道德教化的內容要根據每一時令的具體特徵而進行調整，如《管子・禁藏》篇有言:「當春三月，萩室熯造，鑽隧易火，杼井易水，所以去茲毒也。舉春祭，塞久禱，以魚爲牲，以蘗爲酒，相召，所以屬親戚也。毋殺畜生，毋拊卵，毋伐木，毋夭英，毋拊竿，所以息百長也。賜鰥寡，振孤獨，貸無種，與無賦，所以勸弱民。發五正，赦薄罪，出拘民，解仇讎，所以建時功施生穀也。夏賞五德，滿爵祿，遷官位，禮孝悌，復賢力，所以勸功也。秋行五刑，誅大罪，所以禁淫邪，止盜賊。冬收五藏，最萬物，所以內作民也。四時事備，而民功百倍矣。故春仁、夏忠、秋急、冬閉，順天之時，約地之宜，忠人之和，故風雨時，五穀實，草木美多，六畜蕃息，國富兵強，民材而令行，內無煩擾之政，外無強敵之患也。」也就是說，要根據四時之變化，「勸民」的內容要做到「春仁、夏忠、秋急、冬閉」，即道德教化要因四時而動。其二，「與時變」還指的是要隨機應變、與時俱進。上文的因四時而變是具有循環規律的變化，是指教化大方向的基本安排之變化，但是具體到每一天，每一時，客觀情況都會有所不同和變化，如果僅僅是按照四時而變，就會出現不符合當時具體情況的教條行爲，爲了克服這一點，《管子》又提出了隨時權變的思想，如《管子・正世》篇曰:「其設賞有薄有厚，其立禁有輕有重，迹行不必同，非故相反也，皆隨時而變，因俗而動。」也就是說，治民之方要隨時而

〔註 38〕參見趙守正:《管子注譯》(下冊)，南寧：廣西人民出版社，1987 年版，第 69 頁。

〔註 39〕參見趙守正:《管子注譯》(下冊)，南寧：廣西人民出版社，1987 年版，第 71 頁。

動。《管子・白心》篇也表達了這一觀點：「隨變斷事也，知時以為度。」即根據時間不同而調整處事之法。

所謂「與俗化」，指的就是要按照當地具體風俗習慣的實際情況，來移風易俗，教化民眾。《管子》認為要做到「與俗化」，重要的是要對各地實際民風的調查研究，以做到有的放矢，取得教化實效。《管子・八觀》篇詳細介紹了調查民風的具體內容：「入州里，觀習俗，聽民之所以化其上，而治亂之國可知也。州里不鬲，閭閈不設，出入毋時，早晏不禁，則攘奪竊盜，攻擊殘賊之民，毋自勝矣。食穀水，巷鑿井，場圃接，樹木茂，宮牆毀壞，門戶不閉，外內交通，則男女之別，毋自正矣。鄉毋長游，里毋士舍，時無會同，喪烝不聚，禁罰不嚴，則齒長輯睦，毋自生矣。故昏禮不謹，則民不修廉；論賢不鄉舉，則士不及行；貨財行於國，則法令毀於官；請謁得於上，則黨與成於下；鄉官毋法制，百姓群徒不從，此亡國弒君之所自生也。故曰：入州里，觀習俗，聽民之所以化其上者，而治亂之國可知也。」也就是說，派調查人員滲入到民間鄉里，從民眾的日常生活中觀察各地的風氣禮俗，從而得出該地區是「治」還是「亂」的結論，根據調查研究的實際情況以及「治」或「亂」的結論，再決定採取何種教化措施。如果「民風不正」，就要展開「移風易俗」的工作，也就是「與俗化」之「化」的過程。當然這種「化」也要掌握其規律，「漸也、順也、靡也，久也、服也、習也，謂之化。」（《管子・七法》）也就是說，「化」一定要注重循序漸近，不可操之過急，就如上文所說，要像春風細雨一樣，潛移默化，逐漸深入人心，從而達到移風易俗的最佳效果。

5.4.3 謹小慎微

任何事物的成長都是一個由小到大的過程，《管子》認為道德教化的過程亦是如此，正如上文所引之「化」的過程：「漸也、順也、靡也，久也、服也、習也，謂之化。」道德教化就是一個由小慢慢積累而循序漸進的過程。因此道德的教化必須從小處著眼、由微至著。於是《管子》提出了道德教化要「謹小慎微」的觀點：「凡牧民者，欲民之正也。欲民之正，則微邪不可不禁也。微邪者，大邪之所生也。微邪不禁，而求大邪之無傷國，不可得也。凡牧民者，欲民之有禮也。欲民之有禮，則小禮不可不謹也。小禮不謹於國，而求百姓之行大禮，不可得也。凡牧民者，欲民之有義也。欲民之有義，則小義不可不行。小義不行於國，而求百姓之行大義，不可得也。凡牧民者，欲民之有廉也。欲民之有廉，則小廉不可不修也。小廉不修於國，而求百姓之行大廉，不可得也。凡牧牧民者，欲民之有恥也。欲民之有恥，則小恥不可不飾也。小恥不飾於國，而求百姓之行大恥，不可得也。凡牧民者，欲民之修小禮、行小義、飾小廉、謹小恥、禁微邪，此厲民之道也，民之修小禮、行小義、飾小廉、謹小恥、禁微邪，治之本也。」也就是說「禁微邪」、「修小禮」、「行小義」、「飾小廉」、「謹小恥」等細微道德要求是道德教化之本，如果不從這些小處抓起，要想使民眾「行大禮」、「行大義」、「行大廉」、「行大恥」是絕對不可能的事情。

《易傳》中也有這種「謹小愼微」的類似觀點，如「善不積不足以成名，惡不積不足以滅身。小人以小善爲無益而弗爲也，以小惡爲無傷而弗去也，故惡積而不可掩，罪大而不可解。《易》曰：『何校滅耳，凶。』」（《繫辭下》）《易傳》雖然相傳爲孔子所作，但並沒有確鑿的證據，因此與《管子》一樣其作者也是存疑的，故至於在這一觀點上有無相互影響，或者是誰影響誰的問題如今是無法得到考證的。但有一點可以看出，二者雖意思類似，但是角度則不同，《管子》是基於由上而下教化萬民的立場來提出這一觀點的，而《易傳》則是從個人之修養的角度來談論的，一個重在外在之事功，一個重在內在之修養。

5.4.4 賞罰並舉

《管子》爲了使道德教化取得實際效果，還認爲，要利用人的趨利避害的本性，設立諸如「選賢」、「舉惡」的制度，並與賞罰制度結合，以「形成一種社會道德價值導向，引導和激勵人們去積極的踐行統治階級所倡導的社會道德」。〔註40〕

（1）以德選才。《管子・君臣下》認爲：「選賢遂材，而禮孝悌，則姦僞止。」「匹夫有善，可得而舉」（《管子・小匡》）意思是指只有選才與禮孝悌等德性結合起來，要唯善是舉，國家才能得以安寧。並且《管子》還給出了以德選才的程序：「凡孝悌、忠信、賢良，俊材，若在長家子弟、臣妾、屬役、賓客，則什伍以復於游宗，游宗以復於里尉，里尉以復於州長，州長以計於鄉師，鄉師以著於士師。」（《管子・立政》）也就是說要從基層一級級上報，

〔註40〕遲丕賢：「試論《管子》的道德經驗方法」〔J〕，《管子學刊》，1999年第3期。

然後「桓公親見之，遂使役之官」。(《管子・小匡》) 如果瞞報，就會受罰，「有而不以告，謂之蔽賢，其罪五。」(《管子・小匡》) 這種把德性修養作爲選官任官的標準，與後世儒家「舉孝廉」制度有相通之處，這種制度的好處就是確實把許多有德之士選入了官員隊伍，使得官員隊伍更加清明，對於鞏固國家統治起到了重要作用，但這種制度也有其僵化的一面，例如在漢朝時期，許多人打著舉孝廉的幌子，而唯親是舉，按自己的喜好是舉等，由此滋生了許多腐敗現象，連漢明帝都感歎：「今選舉不實，邪佞未去；權門請託，殘吏放手。」(《後漢書・明帝紀》)。

（2）賞罰之法。《管子》的道德教化非常注重因循人性，由於人性都是趨利避害的，因此道德教化也要以利害引導之。管子在回答桓公決塞問題時說道：「君不高仁，則國不相被；君不高慈孝，則民簡其親而輕過。此亂之至也。則君請以國策十分之一者樹表置高，鄉之孝子聘之幣，孝子兄弟眾寡不與師旅之事。」(《管子・山權數》) 意思是指道德對於國家穩定至關重要，君主高揚孝道，就要用金錢獎賞孝子孝行，用免去兵役的獎勵來激勵孝行，以樹立起行孝的表率和模範。《管子・大匡》篇也認爲：「士庶人聞之吏賢、孝、悌，可賞也。」而對無德之人的懲罰也是很重的，甚至要以殺頭之罪論處，《管子・大匡》篇云：「從今以往二年，嫡子不聞孝，不聞愛其弟，不聞敬老國良，三者無一焉，可誅也。」人都是有理性的，這種嚴酷的懲罰自然會使人們產生「唯恐避之不及」的心態，而要想不受懲罰，途徑只有一個，那就是加強自己的道德修養。可見這種利益引導的道德教化方法對人們的孝行激勵作用是很大的。

小　結

第 2 章主要談論規範德性論，本章則討論的是如何才能使人們具備這些德性。這就涉及到道德修養和道德教化之問題了。修養不能無的放矢，《管子》之理想人格乃修養之目標，其主要特徵爲內聖外王的人格範型、公而無私的價值取向、變而不化的主體精神；修養更要依賴日常之行動，《管子》之修養功夫論也是重要之問題，其內容主要包括長年、長心、長德三個相互聯繫的部分。在《管子》看來，道德之建設乃潛移默化之過程，除需要依賴個人之修養之外，還需要外在之教化，雙管齊下，效果才佳。尤其是，普通民眾之修養自覺相對較弱，需要外在教育和感化之，方可化民成俗，於國於民都有益處。道德教化之內容主要包括國之四維、九惠之教以及訓民之經等三個方面。道德教化之效果取決於良好的教化方略，其中包括營造環境、實事求是、謹小慎微以及賞罰並舉。營造環境又分爲營造物質環境和教育氛圍兩個方面。實事求是指的是「與時變、與俗化」的因時、因時制宜的策略。謹小慎微則是強調道德教化要從小處著眼，不能空喊宏大口號。賞罰並舉主要是爲道德教化提供激勵保障。

結語：《管子》倫理思想的基本特徵與現代價值

行文至此，我們已經借助古人的經典注疏和前輩時賢的研究成果，從道德基礎問題、德性規範、政治倫理、經濟倫理以及修養教化等五個方面，對《管子》這部巨著所蘊含的倫理思想作了較爲系統的梳理。在此，我們進一步通過「《管子》倫理思想的基本特徵」以及「《管子》倫理思想的現代價值」等兩個問題的探討來結束本書的寫作。

一、《管子》倫理思想的基本特徵

《管子》的倫理思想是該書的核心內容，它像一根紅線貫穿著全書的始終，因此其內在特徵也是表現在多個方面，筆者經過初步的研究，現從總體上總結出幾條《管子》倫理思想的主要特徵，以就教於各位方家。

（一）國家至上的倫理原則

我們從《管子》的謀篇佈局就可看出，「國家」是《管子》全書核心內容的出發點和歸宿，換言之，國家是《管子》作者考慮的首要對象，全書都是從國家治理的角度來談論各種問題的，即以國家來統帥其它諸問題。其倫理思想也不例外，同樣也是以「國家至上」或「國家本位」的價值觀作爲全書倫理思想立論的基礎，「當然，那時候的國家與現代國家觀念是不同的，雖然它已經是獨立的政治、經濟主體，但顯然他還只是一個較大的諸侯國而已，在當時仍有某些局限」。〔註1〕

〔註1〕周俊敏：《〈管子〉經濟倫理思想研究》，嶽麓書社2003年版，第55頁。

首先，從倫理道德之必要性上觀之，倫理道德之存在主要是因爲治理國家之需要。諸如《管子・君臣下》篇有言：「古者未有君臣上下之別，未有夫婦妃匹之合，獸處群居，以力相征。於是智者詐愚，強者淩弱，老幼孤獨不得其所。故智者假眾力以禁強虐，而暴人止。爲民興利除害，正民之德，而民師之。是故道術德行，出於賢人。其從義理兆形於民心，則民反道矣。名物處，違是非之分，則賞罰行矣。上下設，民生體，而國都立矣。是故國之所以爲國者，民體以爲國；君之所以爲君者，賞罰以爲君。」從此段文字可以看出，道德產生的主要目的就是爲了使民有序、治國安邦。在《管子・牧民》篇作者又從國家的角度闡發了道德之必要性的觀點：「國有四維，一維絕則傾，二維絕則危，三維絕則覆，四維絕則滅。傾可正也，危可安也、覆可起也，滅不可復錯也。何謂四維？一曰禮，二曰義，三曰廉，四曰恥。禮不逾節，義不自進，廉不蔽惡、恥不從枉。故不逾節則上位安，不自進則民無巧詐，不蔽惡則行自全，不從枉則邪事不生。」道德乃國家之維，道德存在之目的就是使國家得以善治而免於傾覆之危局。

其次，從政治倫理思想層面觀之，堅持的亦是「國家至上」的原則。第 4 章所談論之君臣關係、君民關係、德法關係以及邦國關係等內容都是爲了達到國家善治、富強的目的而得出的倫理思想精華。除了以上幾個方面，再補充一下「國家至上」原則在「國」與「君」關係上的體現。《管子》中記載了一則管仲的事跡，當召忽願爲公子糾而死時，管仲就不贊同他這種愚忠的做法，他說：「夷吾之爲君臣也，將承君命奉社稷以持宗廟，豈死一糾哉？夷吾之所死者，社稷破，宗廟滅，祭祀絕，則夷吾死之。非此三者，則夷吾生。夷吾生則齊國利，夷君死則齊國不利。」〔註 2〕在這裏，管仲並未否認要爲國家犧牲的精神。但是卻認爲，其所犧牲之國，不是某個人之國而是代表祖宗、社稷的齊國江山。顯然，在管仲那裏，國家利益是高於君主個人的。在《管子》中也論述了國家安危重於君主得失的觀點：「故取於民有度，用之有止，國雖小必安；取於民無度，用之不止，國雖大必危。」〔註 3〕因此，爲了達到國家安定，必須限制君主之欲望。顯然，《管子》中的「國家至上」的思想觀點，是對封建君主專制體制的一種深刻警醒，表達了對君主權力高度集中之後的擔憂，從而在君主利益之上，設置了一個更高的價值追求——國家至上。

〔註 2〕《管子・大匡》。
〔註 3〕《管子・權脩》。

但是，由於其並未制定出限制君權的切實可行的制度措施，也只能流於空想，從而也就無法阻擋後來家國同構、君主利益與國家利益日趨統一的腳步。

復次，從經濟倫理方面觀之，在經濟領域也是以國家爲本位的。《管子》認爲經濟之發展主要是爲了達到國富民強的治國目的，並且國家應該主導經濟之發展。下面就具體分析之。在對於經濟主體的規範制定方面，是以國家富強爲目的的，諸如「忠於本業」的道德規範即是如此，《管子‧八觀》篇曰：「民倍本行而求外勢，則國之情僞竭在敵國矣。」意思是說民眾不忠實於本行業，國家就會有危難，換言之，爲了國家的強盛，必須使民眾忠實於本業。在產業發展戰略和宏觀經濟調控方面，同樣也是以國家富強爲根本目的的。這種以國家爲本位的經濟倫理與當今之社會主義國家的經濟政策有類似之處，都強調國家利益的優先性，堅持「國家積極引導」的經濟原則，與西方當今之放任自由主義經濟策略恰恰相反，正如梁任公所言，國家本位之經濟策略優點是能夠彌補自由放任經濟之不足，而在中國首倡國家本位經濟政策者，當屬兩千年前之管子也。

最後，從道德修養與教化的層面觀之，亦是以治國安邦爲目的的。《管子》所提倡之理想人格爲內聖外王之範型，雖然在《管子》那裏，內聖與外王兩方面都是不可缺少的，但相比較而言，外王層面則更具有關鍵性，正如書中所言：「聖人之所以爲聖人者，善分民也。聖人不能分民，則猶百姓也，於己不足，安得名聖？是故有事則用，無事則歸之於民，唯聖人爲善託業於民。」（《管子‧乘馬》）換言之，聖人必須以完成外在之事功爲目的，方可稱之爲聖人。另外，在道德教化方面，《管子》認爲其目的也是爲了國家之穩定，如《管子‧侈靡》篇有言：「爲國者，反民性，然後可以與民戚。民欲佚而教以勞，民欲生而教以死。勞教定而國富，死教定而威行。」又如《管子‧版法》所言：「驟令不行，民心乃外；外之有徒，禍乃始牙。眾之所忿，置不能圖。舉所美，必觀其所終；廢所惡、必計其所窮。慶勉敦敬以顯之，富祿有功以勸之，爵貴有名以休之。兼愛無遺，是謂君心。必先順教，萬民鄉風；旦暮利之，眾乃勝任。」說的都是爲了國家富強而有序之目的，就要大力開展道德教化。而且通過「九惠之教」等諸方面的教化內容，我們很容易看出，國家或政府是道德教化之主導者，其過程監督和效果評價都是由國家或政府出面來施行的，從此處亦可看出道德教化堅持的是「國家至上」的價值觀點。

（二）樸素唯物與辯證的思維方法

《管子》一書充滿了唯物主義的氣息，是中國古代樸素唯物主義思想的重要倡導者。其倫理思想亦然，也是以唯物主義作爲其哲學基礎的。在探討道德之本源時，《管子》把「精氣」與「水」等物質性的東西作爲道德生成的物質基礎，顯然是具有唯物主義特性的。在社會歷史觀上，《管子》的倫理思想也具有唯物主義特性，例如《管子》中就有關於經濟生活是道德生活建設之前提的思想，該書開篇就寫到：「凡有地牧民者，務在四時，守在倉廩。國多財則遠者來，地辟舉則民留處。倉廩實則知禮節，衣食足則知榮辱。」〔註 4〕這與孟子關於「有恒產者有恒心」〔註 5〕的思想是一致的，意思是說，民眾富裕了，自然就會遵守禮節；民眾解決了溫飽之後，自然就會懂得榮辱。而且在上文中我們還談到了道德等人文精神對於發展經濟也具有重大的推動作用。這些唯物史觀思想雖然表達的非常樸素，但卻出現在早於馬克思兩千多年的管子那裏，怎能不令人驚歎？

此外，在《管子》的倫理思想中還具有強烈的辯證思維。其中主要包括「動靜貴因」和「倫理具有相對性」的辯證思想在倫理生活中的體現。首先，動靜貴因。所謂動靜貴因，就是說爲政之事必須因時制宜，因事制宜。《管子》認爲：「可淺可深，可浮可沈，可曲可直，可言可默；天不一時，地不一利，人不一事。」〔註 6〕也就是說人事是相對的，必須因天時、地利而或浮或沈、或言或默從而達到動靜皆宜，這其實已經表達了事物一直處於運動變化之中的辯證思想。《管子》認爲，在道德建設中也同樣要遵循這一規律，達到因時、因地制宜，諸如道德教化過程中，《管子》認爲要做到「與時變、與俗化」。其次，在《管子》全書對倫理思想的論述上，也充分顯示了事物具有相對性的辯證思想。即《管子》從不單獨僅從一端論述問題，而是堅持了全面而中庸的觀點。例如，在談論父子關係時，不但重視子女之孝道弘揚，而且還強調只有父慈，子才會有孝行的觀點。再如君臣倫理，不但強調君要明，而且強調臣要忠，君明臣忠是一對矛盾而不可分割，而封建社會後期所提倡的愚忠思想正是違反了辯證法而偏執一端，從而產生了眾所週知的惡劣影響。同樣，民本、尊君的對立矛盾，以及德法兼治、道德教化的防微杜漸思想，還

〔註 4〕《管子·牧民》。
〔註 5〕《孟子·滕文公上》。
〔註 6〕《管子·宙合》。

有義利並舉的邦交倫理思想等無不都滲透著豐富的辯證思想。可以說也正是其熠熠生輝的辯證因素，使齊國的倫理生活更加和諧，從而為九合諸侯、一匡天下打下了堅實的思想基礎。

（三）義利並重的價值導向

在中國古代，義利問題一直是學者關注的熱門話題。儒家一般強調的是重義輕利，主張義優先於利，要以義制利。諸如孔子曰：「君子喻於義，小人喻於利。」（《論語・里仁》孟子甚至提出「何必曰利？」的極端主張。當然，儒家所反對之利一般是個人私利，對於公利並不排斥，如《論語・堯曰》有言：「因民之所利而利之。」墨家則主張「貴義尚利」思想，並且以「利」作為「義」之標準，但其「利」指的是「公利」或者「利他人之利」。如《墨子・經上》篇曰：「義，利也，」「義，志以天下為芬，而能能利之，不必用。」又曰：「仁人之事者，必務求興天下之利，除天下之害。」而三晉法家則強調重利輕義，如《韓非子・六反》篇曰：「故法之為道，前苦而長利；仁之為道，偷樂而後窮。聖人權其輕重，出其大利，故用法之相忍，而棄仁人之相憐也。」

《管子》也提出了自己的義利觀思想，同時也力圖避免以上各派義利觀的偏激之處。《管子》認為既要「重利」又要「尚義」，要堅持「義利並重」。《管子》之利並不排斥個人私利，只是認為私利之獲得必須要合乎道義，在此前提之下提倡大力滿足個人之私利。在這種義利觀思想的指導下，《管子》的倫理思想就具有了「義利並重」的鮮明特色。《管子》的人性論思想首先肯定了人之「趨利」之本性，因此為國者必須施行德政，因循人性，滿足民眾之私利之需求，這樣才會使民心服。同時又強調人之私利要接受道義的監督，諸如《管子・白心》篇曰：「非吾儀雖利不為，非吾當雖利不行，非吾道雖利不取。」在道德教化方面，《管子》同樣也是堅持「義利並重」的觀點，如「倉廩實則知禮節，衣食足則知榮辱」，說明了使民眾獲「利」與使民知「禮」，這兩手都要抓，不可獨執其一端。在政治倫理和經濟倫理方面亦是如此，「以粟制敵」等政治策略以及「既重民眾收益增長又重國家經濟監管」的經濟策略都蘊含著豐富的義利並重思想。

二、《管子》倫理思想的現代價值

「疑今者察之古，不知來者視之往。」（《管子・形勢》）本著古為今用的原則，在今天我們研究《管子》的倫理思想，必將對當今的社會主義精神文明以及整個和諧社會的構建都會產生重要的理論及現實意義。

（一）治國理念創新方面的啟示

每一個國家的有序治理，都是與其有效的治國理念和手段分不開的。治國理念主要包括德治、法治以及二者之間的協調關係等方面的內容。我們國家自從改革開放以來，一直在探索符合中國特色社會主義國情的先進治國理念，但是我們在探索的過程中不能一味借鑒西方的經驗，同時也要從我們傳統文化中尋找靈感。《管子》中含有豐富的治國思想，我們自然也可以從中得到許多重要的啓示。

首先，我們的治國理念要「以德爲魂」。《管子》認爲，以德爲魂是權利運作過程的內在要求。如《管子》所說，「能心行德，則天下莫能與之爭也。」（《形勢解》）也就是說，爲政有德是國家強盛的關鍵一環。由於否定德治，秦朝二世即亡的歷史教訓就從反面印證了「行德政」的重要性。以德治國在我們社會主義社會中也是需要大力提倡的。正如江澤民同志提出：「我們建設有中國特色的社會主義……要堅持不懈地加強社會主義道德建設，以德治國。」〔註 7〕

其次，我們的治國理念要「以法爲體」。《管子》一書，非常重視法律的外在規範作用，書中認爲：「明法審數，立常能備，則治。」（《內官》）表達出了權力運作要以法爲體的思想觀點。現在的民主國家都是提倡法治的國家，法律在現代國家治理中扮演著越來越重要的作用。在社會主義新中國，我們也要堅持以法爲體的治國理念，「堅決落實以法治國的方略，堅持依法辦事，培育百姓的法律意識，把當地的政治經濟文化建設納入法制的軌道上來，把自己的熱情和智慧融彙到法治的過程中去」。〔註 8〕

最後，我們的治國理念要堅持「德法兼治」。以德治國和以法治國都是我們黨執政的理念，但是我們往往在強調其一端的時候，卻忘記了另一端。文革期間，我們忽視法制建設的沉痛教訓值得我們警惕，而改革開放初期大力加強法治建設的同時，卻忽略了道德建設，致使我國社會道德嚴重滑坡的教訓，也值得我們深思。在這方面《管子》的德法並重思想給我們樹立了榜樣。治理國家既不能像儒家那樣重德輕法，也不可像三晉法家那樣重法輕德，而

〔註 7〕江澤民：《江澤民文選》第三卷，北京：人民出版社，2006 年版，第 200 頁。

〔註 8〕李偉迪：論以法治國與以德治國結合的基點，http：//www.law-lib.com/lw/lw_view.asp?no=1426&page=2。

是要德治、法治兩手都要抓，兩手都要硬。只有這樣，我們的政治文明才能眞正立住腳、站得穩。

（二）國際倫理思想方面的啟示

前國家主席江澤民同志曾多次強調當今的世界是一個多極化的世界，任何一個國家都沒有眞正的實力來主導世界並使之變成單極化的世界。正是由於世界是多元的，一方面使我們居住的這個星球充滿了相互之間的合作氣息；另一方面，也使得一些固有民族矛盾因文明的差異性而變得更加激化。因此，爲了使當今世界變得更有秩序性，國際倫理的建設就必須在以下兩方面同時下功夫：

其一，研究如何使各民族、各國家之間的合作關係更加強化。《管子》作者特別強調，在群雄爭霸、價値多元的春秋戰國時代，與他國之間的合作與聯盟是國家生死存亡的關鍵因素，並提出了「親鄰睦遠」的政策主張以及一系列結交鄰邦的具體措施。我們如今也是生活在一個多元文化並存的時代，國家之間的交流與合作是世界人民共同的願望，因此，我們也要借鑒《管子》的思路來制定出適合時代要求的、國家間加強交流與合作的政策與主張。

其二，研究如何使民族間、國家間的矛盾衝突最小化。亨廷頓在《文明的衝突》一書中，向人們作了一個提醒：在世界中，衝突是一直存在的。在此，筆者認爲，衝突雖然無法避免，但我們卻可以盡力使衝突達到最小化。減小國家間的衝突關鍵是找到可行之策，在這一點上，《管子》也給了我們許多啓示。在《管子》形成的春秋戰國時期也是一個多元文化並存的時期，同樣也有加強合作、減少衝突的國際倫理客觀要求，《管子》關於「尊王攘夷」以及「至善不戰」的思想就是針對以上問題而得出的國際倫理原則。研究《管子》的這些國際倫理思想，對我們形成新的國際倫理原則必然會有所啓示和幫助。

（三）從商人員德性修養方面的啟示

《管子》非常重視從商人員的德性修養，對於當代從商人員的道德修養具有重要的啓迪意義。當今中國，一切向「錢」看的觀點還大有市場，許多經濟界人士對於道德修養置若罔聞，導致經濟生活中道德淪喪現象非常嚴重，尤其是誠信的缺失是當今經濟領域影響重大的問題。例如前兩年的三鹿奶粉事件，正是一些黑心的奶農在牛奶中添加對人體有害的三聚氰胺，而生產商也不管不問，從而生產出來的有毒奶粉致使兩千多位無辜兒童爲之喪命，事件之惡劣，舉世皆驚！無獨有偶，上海的「樓垮垮」事件，煙臺的「樓脆脆」事件等，都是因爲開發商和建築商偷工減料造成的嚴重後果。這一系列的危害公共安全的事件，說明了我們經濟領域的誠信是多麼缺乏，正如2001年頒佈的《公民道德實施綱要》中指出：「不講信用、欺騙欺詐成爲社會公害。」《綱要》接著說：「這些問題如果得不到及時有效解決，必然損害正常的經濟和社會秩序，損害改革發展穩定的大局，應當引起全黨全社會高度重視。」爲了根除這些公害，我們有必要借鑒《管子》的思想，大力研究在經濟領域貫徹誠信原則的問題，使誠信成爲我們從事各行各業的立足之本。

（四）社會道德建設方面的啟示

自從2001年我國《公民道德建設實施綱要》頒佈以來，我們的公民道德建設問題被提上了日程，特別是「八榮八恥」的提出，更加表現出黨中央對公民道德建設問題的重視。同樣《管子》的全民道德建設思想在這方面也對我們有所啓迪。

首先，加強經濟基礎的建設。「倉廩實則知禮節，衣食足則知榮辱」，也就是說，按照《管子》道德建設的基本思路，要想使社會形成文明禮貌的道德風氣，其前提之一就是要把經濟發展上去。當今社會應該借鑒《管子》經濟爲道德建設基礎的思想，在提高物質文明的基礎上來加強精神文明。

其次，要從小處著眼，切忌大話空談。正如《管子》所說，德育在於化民成俗，道德風氣只能在潛移默化、日積月累的過程中形成。因此，我們今天的公民道德體系建設也不可能一蹴而就，只能是像《管子》要求的那樣，「行小義，飾小廉，謹小恥，禁微邪」（《管子・權脩》），然後和風細雨形成民俗，這樣眞正的全民道德體系才會得以建立。

最後，還要注意加強道德建設的制度保障。道德風俗是特定規章制度的前提和基礎，而規章制度的確立，反過來又會約束和保障道德風尙向良性方向發展。如上文《管子》所說得那樣，由「道」「德」形成「禮制」，再由「禮制」來規範道德行爲，這種辯證的道德體系建設路徑是科學合理的。在當代中國，我們也要根據社會主義道德要求，形成一些切實可行的制度保障，例如建立起「見義勇爲政府保障制度」、「個人信用評價制度」等等對道德體系建設有促進作用的揚善抑惡的制度體系，對道德風尙加以制度約束，進行合理的引導。只有這樣，才能使公民道德體系穩步發展，並使之順利地向共產主義的道德目標前進。

誠然，《管子》的倫理思想作爲中國封建社會萌芽階段的意識形態，有其深刻的歷史和階級局限性，它的最終目的是爲當時新興地主階級服務的。因此，我們今天借鑒《管子》的倫理思想也要堅持批判繼承的態度，不能完全否定，也不能全盤接受。本書在揭示其歷史局限性方面沒有做深入探討，是本書的不足之處，但是，這也可以轉化爲筆者今後進一步研究《管子》一書的動力，在學術的道路上繼續前進。

《管子》的倫理思想博大精深，本書只是對其作了初步的探索和認識，寄希望於能起到拋磚引玉的功效，以引起更多的學者對《管子》這部奇書的關注，特別是能在其倫理思想方面的研究上取得更多、更豐富的成果。

附錄一：管子與韓非人性論之比較

韓廣忠〔註1〕

摘要：管子、韓非的人性論都是其著書立說的前提基礎。管、韓同屬法家，其人性論相同之處在於：首先二者都是經驗主義人性論的代表；其次二者人性論都是爲其政治立說而服務的。管、韓在法家内部分屬不同派別，其人性論也存在著相異點：首先在對待儒家式道德態度上，管子採取的是包容性態度，把道德也看作人性所趨之「利」，而韓非則採取的是拒斥道德之術的反儒立場，把人性所趨之「利」僅限定爲純粹的外在之功利；其次二者人性論所服務的執政者類型以及治國理念也存在著相異之處。總體上看，管子的人性論思想更具有包容性和開放性，而韓非的人性論思想更具有革命性和實用性。

關鍵詞：管子；韓非；人性論；趨利避害；道德

中圖分類號：B82　　　　文獻標識碼：A　　　　文章編號：

人性論是中國思想史上重要的一個倫理學範疇，特別是在先秦時代，學者著書立說往往都繞不開人性論這一話題。管子是先秦諸子之一，在他的思想中也蘊含著豐富的人性論觀點。《管子・禁藏》篇云：「凡人之情，見利莫能勿就，見害莫能勿避。」〔註2〕顯然，管子是以趨利避害作爲人之本性的。談到這裏，我們很自然地就會聯想到法家另一代表人物韓非子的趨利避害人性論思想。正如《韓非子・難二》篇所說「好利勿害，夫人之所有也。」〔註3〕那麼，生活

〔註1〕本文内容發表於雜誌《寶雞文理學院學報》社會科學版2010年第三期。

〔註2〕本文所引《管子》一書均依據趙守正《管子注譯》（廣西人民出版社，1982年版），以下只隨文注出篇名。

〔註3〕本文所引《韓非子》一書均依據邵增樺注譯《韓非子今注今譯》（臺灣商務印

在不同時代背景的管子與韓非，其人性思想除了表述雷同外，其內涵眞的也是一致的嗎？帶著這一問號，筆者對二者的人性論思想作了一番考察，深入研究後發現，此二者之人性論在內涵上確實有其類似之點，但同時也有其相異之處。我們認爲，對二者人性論的深入研究是具有重要學術意義的。欲瞭解一理論，必先知其由來，然後再看其實踐之應用，管韓二者都是講究實用主義的政治家，根據這一特點，本書主要是從二者人性論的經驗主義理論基礎、政治之發用以及對道德的態度等角度展開分析論證的，敬請方家指正。

一、管子與韓非人性論之相同點

（一）二者都是經驗主義的人性論思想

「有關人性論建立之方法與態度，在中國先秦時期之發展可大分爲二：其一是孟子之立場，其乃是就人之道德價值之要求與自覺處論人性，而此種價值之自覺與要求顯然是超越於一般經驗之上，……吾人可稱此系統乃是就人之超越經驗而予以價值之安全與轉化上論人性之系統。其二是告子之立場，告子主張生之謂性，……此所謂『食、色，性也』。而此食與色實乃一生命之經驗內容與事實，……告子此種人性論完全是以人之經驗內容爲根據而有之論，此其爲經驗主義之立場也。」〔註4〕由於管子、韓非都是注重實踐的理論家，其人性論思想應該也是建立在實踐基礎上的經驗之論，下面我們就分別作以具體分析。

首先來看一下管子的人性論的思考路徑。《管子・禁藏》篇云：「夫冬日之不濫，非愛冰也；夏日之不煬，非愛火也。爲不適於身便於體也。」也就是說，冰、火之可用否關鍵看是否對身體有利。該篇又云：「其商人通賈，倍道兼行，夜以續日，千里而不遠者，利在前也。漁人之入海，海深萬仞，就波逆流，乘危百里宿夜不出者，利在水也。故利之所在，雖千仞之山無所不上，深淵之下，無所不入焉。」管子正是在這些經驗事實中總結出「夫凡人之情，見利莫能勿就，見害莫能勿避」的趨利避害之人性論思想的。可見，管子的人性論確實是與告子同屬一派，即其人性論是在深入考察社會實際而於經驗中歸納出的人性之理。

再來考察一下韓非人性論思想的分析路徑。韓非同樣以爲現實中的人性

書館，1983年版)，以下只隨文注出篇名。

〔註4〕高柏圓，韓非哲學研究〔M〕，臺北：文津出版社，1994年版，第69頁。

無所謂善惡，只具有趨利避害的特性。《韓非子・備內》篇曰：「故王良愛馬，越王句踐愛人，為戰與馳。醫善吮人之傷，含人之血，非骨肉之親也，利所加也。故輿人成輿，則欲人之富貴；匠人成棺，則欲人之夭死也。非輿人仁，而匠人賊也。人不貴，則輿不售；人不死，則棺不買。情非憎人也，利在人之死也。故后妃夫人太子之黨成，而欲君之死也。君不死，則勢不重。情非憎君也，利在君之死也。」於是在對這些人情世故的經驗事實中，韓非得出「好利勿害，夫人之所有也。」（《韓非子・難二》）也就是說，趨利避害是每個人都具有的自然本性。顯然，韓非人性論的方法與態度也屬於上文所說的告子經驗主義一派。

總之，管、韓二者的人性論都是採用的經驗主義基礎上的歸納方法，這一特點自然使他們的人性論賦予了很強的實用性。在動蕩的春秋戰國時代，這種人性論正迎合了當時重視可行性富國強兵之策的諸侯們的口味，因此在政治生活中得到了很好的實踐和應用。特別是九匡諸侯的齊國與後來一統天下的秦國的眾多治國之策都可追溯到這一人性論思想，這一點將在下文中詳細論述。但是，任何事物都具有兩面性，這種經驗主義的歸納方法也有其不足之處。最重要的是經驗歸納之人性論主張者主要是為了在此基礎上為政治運作提供一套簡易之方法，故必然會將人性中諸多其它因素抽離，而僅剩下基於簡易實用之要求的趨利避害之特性。故此經驗主義的人性論雖有其現實實用性，但也有其片面狹隘性。另外，這種人性論把社會上的人，不分階級、階層、地位，都一律看成是唯利是圖者，就把人之自私自利性，視為所有人的共同本性，這就抹殺了社會中各種不同地位、不同道德意識的差別性。〔註 5〕

（二）二者人性論都是其經世治國之策的理論基礎

春秋戰國時代是「禮樂征伐自諸侯出」的無序動亂時代，在這一歷史階段，學者們大都以政治上的憂慮為其關注點，一直在尋求經世治國之道，以免遭亡國滅家之命運。管、韓也不例外，並且都發展出了各自的治國之策。如果分析其治國之策的理論來源，就可發現，此二者之治國理論雖然分析路徑不同，但卻都是最終建立在趨利避害人性論思想基礎之上的。這顯然也是二者人性論之共同點。

〔註 5〕姜國柱，朱葵菊，中國人性論史〔M〕，鄭州：河南人民出版社，1997 年版，第 235 頁。

管子認爲，治國之道在於取得民心。如《管子・禁藏》篇云：「夫爲國之本，得天之時而爲經，得人之心而爲紀。」《管子・五輔》篇又云：「古之聖王，所以取明名廣譽，厚功大業，顯於天下，不忘於後世，非得人者，未之嘗聞。」那麼，如何取得民心呢？管子認爲，要得民心必須懂得「予之爲取」之道。故《管子・牧民》篇曰：「故知予之爲取者，政之寶也。」而「予之爲取」的根據正是來源於管子趨利避害的人性論思想。《管子・禁藏》篇云：「夫凡人之情，見利莫能勿就，見害莫能勿避。……故善者執利之在，而民自美安；不推而往，不引而來，不煩不擾，而民自富。」因此，順著人性，予人以利，得民之心，然後國才能治。顯然，管子經世治國之理論體系是建立在其趨利避害之人性論基礎上的。

韓非的分析路徑雖與管子不同，但卻是殊途同歸。韓非認爲，君王未必是最智者、最能者，因此，不能對君王有過高的期望，而是應該發展出一套簡易的方法來供人君使用。〔註6〕故在韓非那裏，合理的法律制度才是治國的關鍵因素，正如《韓非子・難勢》曰：「抱法處勢則治，背法去勢則亂。」並且認爲法、勢運作的前提乃是要有一個嚴格執行的賞罰制度，這也是法家思想的核心之所在。那麼，重賞嚴罰的根據又何在呢？這就必須求助於其經驗主義的人性論思想。韓非認爲，由於人們趨利避害的本性，賞罰制度才能順著人性，使民盡智盡力，從而爲王霸天下之功業打好基礎。

總之，正如孟子「王道之治」來源於其性善論，荀子的「禮法之治」根源於其性惡論一樣，管、韓二者趨利避害的人性論都是其經世治國之道的前提基礎。

二、管子與韓非人性論之相異點

（一）二者對儒家式道德的態度不同

一貫強調以道德立國的儒家思想在先秦時代一直是其它各派爭論的焦點，特別是以儒法之爭爲代表的著名論戰，成爲了當時百家爭鳴中非常耀眼的一幕。在這種學術背景下，很容易認爲齊國法家的管子與三晉法家的韓非都應該保持一致的態度，採取反儒家式道德的立場。但是，筆者研究後發現，事實並不如此，二者恰恰相反，一個採取融儒之立場，另一個也非一般的反儒，而是採取徹底反儒之立場。其人性論思想亦然，下面試作具體分析。

〔註6〕高柏園，韓非哲學研究〔M〕，臺北：文津出版社，1994年版，第73頁。

管子趨利避害的人性論並沒有拒斥儒家的道德之學，反而極其重視道德的作用。《管子》在開篇就說道：「國有四維，……一日禮，二曰義，三曰廉，四曰恥。」將禮、義、廉、恥四項道德規範提升到國之四維的高度，可見道德倫理在其思想中的地位。再如，像孔子一樣，管子也講「仁」、講「義」。《管子・戒》篇曰：「仁從中出，義從外作。」又說：「孝悌者，仁之祖也」。《管子・幼官》篇也說道：「親之以仁，養之以義」。管子是將這些儒家式道德規範循著趨利避害的人之本性，教訓民眾「化民成俗」，形成道德至善的觀念，靠輿論的壓力，再加上「選賢」、「舉惡」的制度保證，使有德無德成爲人們精神層面的「利」和「害」加以趨避，從而達到「百姓皆說爲善」(《管子・權脩》）的太平之理想境界。這些倫理思想顯然都與儒家思想若合符節。管子根據其趨利避害的人性論觀點，運用因循利用之道，教化國民，形成以「有德爲利、無德爲害」的社會風氣，倡導道德向善，化民成俗，以利於治國。因此，管子人性論思想體系中已暗含了許多儒家道德的思想元素，這應該是與當時齊、魯之學相互交融的結果有一定關係的。可以說管子的人性論不但不排斥儒家式的道德理論，而且還將其作爲人性論因循利用的一個層面加以重視，這也爲齊魯之學的合流乃至先秦各家學派的相互融合樹立了一個大典範。

如果從「儒家尚德、法家尚力」這個角度來區分儒、法兩大學派的話，管子應不純屬於法家一派，而在這個角度，韓非卻算得上法家的正統代表。韓非認爲，戰國時期的形勢發生了根本的變化，尚力成爲了歷史發展的趨勢。他在《五蠹》篇說道：「上古競於道德，中世逐於智謀，當今爭於氣力。」並且，韓非人性思想不但尚力輕德，而且還從根本上否定了儒家倫理的基礎——親親之情。《韓非子・六反》篇云：「且父母之於子也，產男則相賀，產女則殺之……而況無父母之澤乎！」在《韓非子・備內》篇進一步說道：「人主之患，在於信人，信人則制於人。人臣之於其君，非有骨肉之親也，縛於勢而不得不事也。故爲人臣者窺覘其君心也，無須臾之休，而人主怠慠處其上，此世所以有劫君弒主也。爲人主而大信其子，則姦臣得乘於子以成其私，故李兌傅趙王而餓主父。爲人主而大信其妻，則姦臣得乘於妻以成其私，故優施傅麗姬，殺申生而立奚齊。夫以妻之近與子之親，而猶不可信，則其餘無可信者矣。」因此在韓非看來，夫妻之間的仁愛是不可靠的，父母子女之間的血緣親情也應該被個人利害關係所代替。家庭親情已至如此地步，更何況形同路人的君臣呢？從而「此其所重法、重勢、重術者，無不是立基於此自私之人性論之上也」〔註7〕。從這一人性論基礎上，韓非思想同儒家思想就已徹底分道揚鑣了。

（二）二者人性論所引出的君主類型以及治國方式之不同

正如上文所說，管、韓二者的人性論思想最終都是爲其政治立國而服務的，這是符合春秋戰國之動蕩時代要求的。但是，二者都雖將人性歸納爲趨利避害性，得出的政治理想卻是不同的。一個是強調君主應爲賢人的前提下，注重德法兼治；另一個卻認爲治國者不一定爲賢人，要重法勢而輕德教。這在某種程度上與上文融儒反儒的傾向是一致的。下面我們來具體分析。

管子認爲按照人之趨利避害的本性，如果對社會人不加任何規制，必然會因爭利而「以力相征」。正如《君臣下》篇所言：「古者未有君臣上下之別，未有夫婦妃匹之合，獸處群居，以力相征。於是智者詐愚，強者淩弱，老幼孤獨，不得其所。」也就是說，「以力相征」的無序社會只能是爾虞我詐，以強欺弱，無任何公平正義可言，從而使社會動蕩不安，永無寧日。這確實是一個非常可怕的失序狀態。因此爲了爲防止這種狀態的發生，必須對趨利避害之人性加以引導、規範制約，而不能任其自然發展而使社會達到無序狀態。故管子在此基礎上提出了自己的賢人治國之政治理念。《管子·君臣下》篇曰：「故智者假眾力以禁強虐，而暴人止。爲民興利除害，正民之德，而民師之。是故道術德行，出於賢人。其從義理兆形於民心，則民反道矣。」可見「賢人以德治國」是管子重點加以提倡的。管子又進一步提出，賢人德治對於治理國家並不是充分條件，而是必要條件，在這一條件下還要重視法治的作用。《管子·君臣下》篇曰：「名物處，韙非分，則賞罰行矣。上下設……賞罰以爲君。」故管子認爲只有既堅持以德治國，又重視以法治國，從而德法兼顧，對民之本性才能合理有效地引導規制，國家才能眞正得以治理好。可以說《管子》既繼承了堯舜聖人之治的思想，同時又對其進行了改造，加入了法治的因素，顯然管子在人性論應用方面的思考既融合了儒家思想也包含了法家的思想精華，是二者的結合與昇華，從而也克服了兩家各執其一極的弊端，從而獨樹一幟，走上一條符合中庸之道的思維路線，對後世各代的治國思想產生了巨大的影響。但是管子的這一思想也有其不足之處，其並沒

〔註7〕高柏圓，韓非哲學研究〔M〕，臺北：文津出版社，1994年版，第83頁。

有做到徹底的中庸，在重要性上，德治是優先於法治的，其法治思想是以賢君聖人治國爲前提的，故還是以君主賢德爲治國之根本，這就與君主專制政體存在不可調和性，因爲君主政體講究血親繼承，這就無法保證其繼承之人都爲賢君聖人，一旦是非賢之人繼承爲君，管子的治國理論就會失去根基，由於君主沒有使人信服的威望，從而社會很有可能就會失序而動亂。管子、桓公相繼死後，發生的齊國之亂就是明證。顯然這也是儒家治國思想同樣需要面對的問題。這一問題引起了韓非子的重視，他以深邃的洞察力，敏銳地看到了偏重德治的這一弊端，並且欲克服之，從而提出了自己的重法輕德之思想理念。下面我們來看一下韓非從趨利避害的人性論推出的治國理念。

韓非認爲，要想合理有效地引導規制人之趨利避害的本性，而使社會有序而不亂，不能依靠賢君聖人來治國，因爲現實的政體無法保證治國之人都是有德之聖賢。在《韓非子・顯學》云：「澹臺子羽，君子之容也，……因任其身，則焉得無失乎！」在這種無法保證君主爲賢人的情況下，要想治理好國家，不能對君主有過高的期望，而是應該發展出一套簡易之制度來供君主使用。故其在《韓非子・難勢》篇接著說道：「且夫堯、舜、桀、紂，千世而一出，是比肩、隨踵而生也；世之治者，不絕於中，吾所以爲言勢者，中也。中者，上不及堯、舜，而下亦不爲桀、紂，抱法處勢則治，背法去勢則亂。今廢勢背法而待堯、舜，堯、舜至乃治，是千世亂而一治也；抱法處勢而待桀、紂，桀、紂至乃亂，是千世治而一亂也。」依韓非，君位落在中人手中的機會是最高的，而政治也正是要針對此事實加以回應。〔註 8〕因此，在韓非看來，法、勢的提倡，正是針對中君的情況而提出的應對之策。而法、勢的運作是靠嚴格的賞罰制度作爲前提的。如此法、勢制度立，法、勢發揮作用，即使是非賢人的中君治國，也不會使國家發生動亂而無序，而中君又是最常見的君主類型，故重法就可以使國家得到更長久的治理。而賞罰制度之根基正是趨利避害的人性論思想。可見，韓非子建立在其人性論基礎上的治國理念基本上有效地克服了君主政體之賢人治國理念的弊端，也使採用法家治國理念的秦國避免了內亂紛擾，並且逐步強大而統一天下。韓非這一輕德重法的制度主義思路，也爲後世之君主政體之完善做出了不可忽視的貢獻。但是韓非過度輕視德的態度，又使其走向了另一個極端，君主以法治國，卻無法保證君主自身也能有法可依，這樣君主暴政就變得不可避免，秦朝二世即亡

〔註 8〕高柏園，韓非哲學研究〔M〕，臺北：文津出版社，1994 年版，第 73 頁。

的歷史事實就證明了這一點。

總之，管、韓二者的人性論既有相同之處，又有不同之點。二者的相同之處使其都成爲法家的代表人物，而不同之處則使二者分屬兩派，一個是齊國法家的代表，另一個則成爲三晉法家的代表。可以說，管子的人性論思想更具有包容性和開放性，但缺乏革命性和開拓性；而韓非的人性論思想更具有革命性和實用性，但缺乏包容性和開放性。二者之人性論都是其著書立說的前提基礎，在整個學術史上也具有重要的研究價值。我們今天對二者人性論的研究也要採取批判繼承的態度，以利於我們對人性論這一歷久彌新的人學問題有一個更好的認識。

附錄二：淺析《管子》的孝道思想

韓廣忠〔註1〕

摘要：與三晉法家不同，《管子》一書蘊含著豐富的孝道思想。《管子》孝道之意涵包括兩個方面：其本質是一種利父母的德行；其規範是「養親」、「敬親」。與孟子不同，《管子》孝道之基礎源於趨利避害的人性，父「慈教」是孝道產生之先決條件，父之「勢」是孝道產生的外在誘因，避開「五害」是孝道產生之環境基礎。《管子》爲了「牧民」，而提倡大力推廣孝道，其具體推廣措施是：加強教化，以孝選才，賞罰之法等。

關鍵詞：孝道　慈教　趨利避害　賞罰

一般認爲，先秦法家主要有兩個流派，一個是以韓非爲代表的三晉法家，另一個則是以管子爲代表的齊國法家，兩派雖然都重視國家法治主義，但在對待倫理道德方面立場卻迥然不同，三晉法家不重視倫理道德的作用，而齊國法家卻非常強調以德治國的方面。作爲齊法家的代表作，《管子》不但把禮、義、廉、恥提高到國之四維的高度，而且對許多其它德性範疇都進行了詳細的剖析，其中孝道就包含在內。《管子》中「孝」字出現了 35 次之多，除了一處是以人名「孝己」出現外，其它 34 處都是在明確談論孝道，可以說該書中蘊含著豐富的孝道思想。另外，《管子》一書是以齊國文化爲背景的，而齊文化的主流則來自於先齊東夷土著文化，因爲姜太公被封於齊後，並沒有一味推行「周禮」制度，而是採取了「因其俗，簡其禮，通商工之業，便魚鹽之利」（《史記・齊太公世家》）的政策，從而齊文化保留了先齊東夷文化的主

〔註1〕本文內容發表於雜誌《孝感學院學報》2010 年第 2 期。

要特色，因此齊文化與大力推行「周禮」的中原文化是有不同之處的。故以齊文化爲背景的《管子》孝道思想與以恢復「周禮」爲己任的先秦儒家孝道思想比較起來，必然有其獨特之處。在我們看來，對於《管子》一書中孝道思想的挖掘和研究，是一項有意義的學術工作。

一、孝道之意涵

何謂「孝道」？《管子》一書是從兩個方面來解釋的，這兩個方面就是：孝道的倫理本質以及孝道的具體規範。下面我們就來看一下《管子》是如何從這兩個方面來解釋孝道的。

（一）孝道之本質

《管子・戒》篇曰：「孝悌者，仁之祖也」，也就是說孝是仁的一種原初形態，這與《論語・學而》中的「孝悌也者，其爲仁之本與？」表達的意思基本上是一樣的。而「仁」是什麼呢？孔子認爲是「愛人」（《論語・顏淵》）即認爲仁是人的一種內在情感——愛，而管子卻有不同的看法，《管子・樞言》篇云「彼欲利，我利之，人謂我仁」，也就是說仁是有利於他人的一種德行表現。顯然，在《管子》那裏，作爲仁之原初狀態的孝也是一種利人的德行。仁是處理一般人倫關係的德行，那麼孝應該是處理何種人倫關係的呢？《管子》對此作了明確的回答，《管子・形勢解》篇曰：「孝者，子婦之高行也。」也就是說，孝乃子女對父母應盡的一種高尚德行。結合上文，可以得出，在《管子》中，孝是子女所應做的有利於父母的一種高尚德行。另外需要指出的是，《管子》書中其它講孝道的地方也是從子女對父母的孝來談論的，並沒有把孝用在其它非父子的關係之上，更沒有把孝拓展至家庭之外，這是與儒家孝道所不同的。

（二）孝道之規範

所謂孝道規範就是指如何行孝，在這方面《管子》認爲行孝必須做到「養親」和「敬親」。首先，要做到「養親」，《管子・輕重己》：「教民爲酒食，所以爲孝敬也。」意思是說要孝敬老人就要爲老人提供必要的吃喝之用。其次，要做到「敬親」，《管子》認爲長幼之間要保持距離，正如《管子・五輔》篇曰：「上下有義，貴賤有分，長幼有等，貧富有度。凡此八者，禮之經也。」對父母如何保持距離呢？該篇接著說「爲人子者，孝悌以肅」，也就是說對父母要有恭敬的態度才符合孝的標準。除了這兩條規範之外，《管子》全書再也沒有提出其它的規範要求，這與儒家的養親、敬親、悅親、順親、諫親、無違、不怨、不遠遊、憂其疾、傳宗接代等孝道規範比較起來就差的太多了。筆者認爲這可能與齊國文化背景有關，上文已交代，齊國文化的主流繼承的是先齊東夷文化，這種文化保留著許多上古文化之遺風，在上古時代，「孝道是伴隨著家庭的出現而出現的，其自然意義是指對父母的能養和敬事，屬於私德的範疇」，〔註2〕顯然《管子》孝道保留了這一原初特色。

二、孝道之基礎

孝道的基礎指的就是孝道產生的根源是什麼，或者說是因何而產生的。人們對於這一問題的回答往往是與其所持有的人性觀念緊密聯繫的。例如孟子堅持人性本善的觀點，認爲作爲德目之一的孝道根源於人的天性，《孟子・盡心上》明確指出了這一點：「人之所以不學而能者，其良能也；所不慮而知者，良知也。孩提之童，無不知愛其親者……」

《管子》與孟子不同，其所堅持的是自然主義的人性論思想，並不關心人性之善惡。《管子》書中曾云：「夫冬日之不濫，非愛冰也；夏日之不煬，非愛火也。爲不適於身便於體也。」（《管子・禁藏》）也就是說，冰、火之可用否關鍵看是否對身體有利。該書接著又云：「其商人通賈，倍道兼行，夜以繼日，千里而不遠者，利在前面也。漁人之入海，海深萬仞；就波逆流，乘危百里，宿夜不出者，利在水也。故利之所在，雖千仞之山無所不上，深淵之下無所不入焉。」（《管子・禁藏》）。《管子》作者正是在這些經驗事實中總結出「夫凡人之情，見利莫能勿就，見害莫能勿避」（《管子・禁藏》）。也就是說人性具有趨利避害的本性，按照這種人性論，《管子》認爲孝道之產生與外在之利害是緊密相連的。下面我們來具體分析一下：

首先，父慈教是孝道產生的先決條件。按照趨利避害的人性論思想，《管子》認爲孝道本質是利人的德行，人們要產生這種德行，一定是爲了尋求另一種對應的心理需求或者心理滿足。《管子》認爲這種心理需求或者滿足就是來自父母的慈教，《管子・形勢解》篇說道：「父母者，子婦之所受教也，能慈仁教訓而不失理，則子婦孝。」顯然，父母之慈教能給子女以安全感並幫助其健康成長，子女正是感受到這種來自父母的「好處」而盡孝道的。否則，如果感受不到這種好處，孝道是不可能被奉行的，正如該篇下文所說：「父母

〔註2〕馬新：論孝在中國傳統社會中的異化，《孔子研究》2004年第4期。

暴而無恩則子婦不親」。也就是說，如果父母對自己不好，子女就自然對父母也不親、不孝。顯然此處揭示了一條重要的孝道產生機制，那就是親情之感應。宋儒朱熹認爲：「『感應』二字有二義：以感對應言，則彼感而此應；專於感而言，則感又兼應意，如感恩感德之類。」（《朱子語類》第六卷）也就是說「感應」既有「感」又有「應」，是二者的統一。親情感應也是如此，因感受到親情之愛，而產生感恩之回應。西方學者斯賓諾莎也認爲：「感恩或謝忱是基於愛的欲望或努力，努力以恩德去報答那曾經基於同樣的欲望或努力，以恩德施諸我們的人。」〔註 3〕《管子》的孝道即是如此，子女的孝道是因感受到父母之慈愛而產生的感恩之回報。如果感受不到父母之慈愛，就不會以盡孝來回報父母。這就很好地體現了倫理的相互性，也高揚了人格之平等性。

其次，父之「勢」是孝道產生的外在誘因。《管子》認爲孝道產生的外在誘因就是來自於對父母的依附性。而子女對父母的依附歸根到底是因爲父母掌握著制約子女的「勢」，《管子・法法》篇云：「凡人君之所以爲君者，勢也。……在臣期年，臣雖不忠，君不能奪也；在子期年，子雖不孝，父不能服也。故《春秋》之記，臣有弑其君、子有弑其父者矣。」這裏的「勢」既可以指物質上的佔有之「勢」，也可以指權勢地位之「勢」。《管子》認爲，按照趨利避害的人之本性，只有「勢」在父母一邊才能誘導子女盡孝，因爲這些「勢」可以爲子女帶來物質或地位上的好處，自然可以吸引子女恪守孝道，否則如果「勢」在子女一邊，父母不但無法吸引子女行孝，而且還會無法制約子女，甚至會導致子弑父的悲劇。另外，《管子》認爲人在成家立業之後隨著對父母的各種依賴減小，這就削弱了父母制約子女的權勢，子女對父母的孝心也會減弱，正如《管子・樞言》篇所言：「生其事親也，妻子具，則孝衰矣」。這裏大家會問，窮人家的孩子以及「妻子具」之人由於對父母的依賴性低逐漸就不盡孝了嗎？《管子》認爲按自然情況是會這樣的，但由於國家的存在，政府就會扭轉這一情況，政府會大力宣傳孝道並「化民成俗」以形成行孝的輿論壓力，以及通過賞罰激勵人們行孝，顯然通過這些途徑其實就變相地增加了父母的「勢」。

最後，避開「五害」是孝道產生的環境基礎。上文已述，孝的本質是「利

〔註 3〕斯賓諾莎：《倫理學》〔M〕，賀麟譯，北京：商務印書館，1962 年版，第 161 頁。

父母」，但這種「利父母」首先是建立在「自利」的基礎之上的，而「自利」的第一步就是解決自己的生存問題，正如馬克思所說：「一切人類生存的第一個前提，也就是一切歷史的第一個前提，這個前提是：人們爲了能夠『創造歷史』，必須能夠生活。」〔註 4〕《管子》就是從去除人之生存障礙的角度來討論孝道之產生的。《管子・度地》寫道「故善爲國者，必先除其五害，人乃終身無患害而孝慈焉。」即行孝必須先除去五害。五害指的是什麼呢？書中接著說道「水，一害也；旱，一害也；風霧雹霜，一害也；厲，一害也；蟲，一害也。此謂五害。五害之屬，水最爲大。五害已除，人乃可治。」（《管子・度地》）也就是說，只要這五害不除，人的自身安全就得不到保障，按照人之本性，人避害都唯恐不及，哪有心思去考慮孝道問題？另外，五害不除，必然會導致家破人亡、妻離子散，家庭都沒有了，又怎麼會產生依託於家庭父子關係的孝道呢？這是有一定道理的，因爲孝道必然是以人過上安定生活並組建家庭爲前提條件的，正如馬新先生所說，孝道是伴隨著家庭的出現而出現的。

三、孝道之推廣

《管子》開篇即用「牧民」一篇點出了全書的主旨，即全書就是圍繞如何「牧民」（治理國家）而展開的，該篇第一段點出「牧民」所需注意的經濟、法度、道德等問題正是書中後文各章得以展開的主題。因此，如何才能治理好國家呢？《管子》認爲首先是要加強道德建設，正如《管子・牧民》篇所言：「守國之度，在飾四維。」在這種背景下，《管子》是非常重視孝道之作用的，《管子・山權數》篇曰：「桓公曰：『何謂決塞？』管子曰：『君不高仁，則國不相被；君不高慈孝，則民簡其親而輕過。此亂之至也……』」也就是說君主不高揚仁孝，國民就會輕視親人而易於犯錯，這樣就會導致天下大亂。那麼君主如何推廣孝道呢？下面我們就談談《管子》孝道推廣的措施。

（一）加強教化。

加強教化是國家推廣孝道的重要途徑。如何更好地進行孝道教化呢？《管子》認爲首先要「定民之居」，《管子・小匡》篇云：「桓公曰：『定民之居，成民之事奈何？』管子對曰：『士農工商四民者，國之石民也，不可使

〔註 4〕馬克思：《馬克思恩格斯選集》第一卷〔M〕，北京：人民出版社，1995 年版，第 78～79 頁。

雜處，雜處則其言哤，其事亂。是故聖王之處士必於閒燕，處農必就田野，處工必就官府，處商必就市井……』」也就是說只有同一類人居住在一起，才能使其言行更易於統一，以便更好地化民成俗，使道德教化更易於進行，甚至不用國家出面，民眾特別是知識階層也能自發互相進行教化，《管子・小匡》篇接著就說：「今夫士群萃而州處，閒燕則父與父言義，子與子言孝，其事君者言敬，長者言愛，幼者言弟……是故其父兄之教不肅而成；其子弟之學不勞而能。」另外一個加強孝道教化的途徑是通過學校的教育。春秋戰國時代中國的私塾學堂已經興起，而禮儀道德是學堂的主要授課內容之一，《管子・弟子職》就描寫了當時學堂授課的內容：「先生施教，弟子是則。溫恭自虛，所受是極。見善從之，聞義則服。溫柔孝悌，毋驕恃力……」顯然孝道已經納入了當時的教學內容之中了。再加上，當時的齊國不但私學盛行，而且國家還創辦了公辦學堂——稷下學宮，許多道德教育的名師都曾在該學宮講學，諸如孟子、荀子、愼子等，學堂教育漸漸成爲了齊國道德教化的主要途徑。

（二）以孝選才

《管子・君臣下》認爲：「選賢遂材，而禮孝悌，則姦僞止。」意思是指只有選材與禮孝悌結合起來，國家才能得以安寧。另外《管子》還認爲「匹夫有善，可得而舉」（《管子・小匡》），後來又說：「孝者，子婦之高行也」（《管子・形勢解》），也就是說國家要唯善是舉，而孝則是一種高行、大善，那麼孝理所應當作爲國家選拔人才的一個標準。並且《管子》還給出了以孝選才的程序：「凡孝悌、忠信、賢良，俊材，若在長家子弟、臣妾、屬役、賓客，則什伍以復於游宗，游宗以復於里尉，里尉以復於州長，州長以計於鄉師，鄉師以著於士師。」（《管子・立政》）也就是說要從基層一級級上報，然後「桓公親見之，遂使役之官」。（《管子・小匡》）如果瞞報，就會受罰，「有而不以告，謂之蔽賢，其罪五」。（《管子・小匡》）這種把孝作爲選官任官的標準，與後世儒家「舉孝廉」制度有相通之處，這種制度的好處就是確實把許多有德之士選入了官員隊伍，使得官員隊伍更加清明，對於鞏固國家統治起到了重要作用，但這種制度也有其僵化的一面，例如在漢朝時期，許多人打著舉孝廉的幌子，而唯親是舉，按自己的喜好是舉等，由此滋生了許多腐敗現象，連漢明帝都感歎：「今選舉不實，邪佞未去；權門請託，殘吏放手」。（《後漢書・明帝紀》）

（三）賞罰之法

《管子》的孝道推廣非常注重因循人性，由於人性都是趨利避害的，因此孝道推廣也要以利害引導之。管子在回答桓公決塞問題時說道：「君不高仁，則國不相被；君不高慈孝，則民簡其親而輕過。此亂之至也。則君請以國策十分之一者樹表置高，鄉之孝子聘之幣，孝子兄弟眾寡不與師旅之事。」（《管子・山權數》）意思是指孝道對於國家穩定至關重要，君主高揚孝道，就要用金錢獎賞孝子孝行，用免去兵役的獎勵來激勵孝行，以樹立起行孝的表率和模範。《管子・大匡》篇也認為：「士庶人聞之吏賢、孝、悌，可賞也。」而對不孝的懲罰也是很重的，甚至要以殺頭之罪論處，《管子・大匡》篇云：「從今以往二年，嫡子不聞孝，不聞愛其弟，不聞敬老國良，三者無一焉，可誅也。」這種利益引導的孝道推廣方法對人們的孝行激勵作用是很大的，但也有其不完美的地方，「賞」問題不大，但是「罰」問題就來了，其一，訴訟問題，一般情況下，父母鑒於親情只會選擇忍讓，而不會狀告自己的不孝之子；其二，程度判斷問題，不孝一定會有程度的差異，但對其程度判斷是很難的，因為孝是外在行為與內在感情的綜合體，這就對取證帶來了難度。

小　結

可以說，《管子》走的是先國家，後家庭，再個人的法家路線，強調功利主義，看重孝道的外在誘導因素，認為治理國家，必須發揚孝道。如何發揚孝道呢？那就要按照趨利避害之人性，先由國家幫助人們除去五害，再通過「教化」、「惟孝是舉」、「獎懲」等措施激勵孝行，然後進行宣傳「父慈」、「父勢」對孝道的激發作用，這樣就會極大地調動人們的行孝積極性。人人都行孝，自然「姦偽止」，國家也就易於治理了，這就是《管子》孝道思想所追求的東西。這種孝道思想最大的弊端就是缺乏從內在修養的角度來論述，經驗證明，道德的弘揚既需要外在之激勵，也需要人們內在之修養。在當今社會，我們要從這部巨著中汲取智慧，揚其長，避其短，以服務於今天我國的孝道之弘揚。

附錄三：商品的「衡無數」規律與輕重調控之術——淺議《管子》的經濟調控思想

韓廣忠〔註1〕

摘要：《管子》是對於古代輕重論闡發最詳、理論地位最高的一本書。《管子》的輕重理論是以「衡無數」理論爲思想前提的，該理論不僅認爲商品供求關係、流通渠道是物價的重要影響因素，而且還認爲物價與一般等價物的價值對比關係也是至關重要的因素。《管子》的輕重之術主要內容就是嚴禁囤積居奇以保證物流暢通，再通過「以重射輕、以賤泄平」的方略調節市場物價，使之達到平衡狀態。《管子》的經濟調控理論對於當今中國盡快建立強大的戰略儲備以及如何打擊囤積居奇、稅收改革方面具有重要的啓示意義。

關鍵詞：輕重之術；經濟調控；物價

《管子》根據商品價格「衡無數」變化規律所闡發出的輕重理論可以說是《管子》在經濟思想史上留下的濃墨重彩的一筆，著名經濟史學家胡寄窗先生在其《中國經濟思想史（上）》中曾指出：「對古代輕重論闡發最詳、保存最多的現只《管子》一書。其餘典籍談輕重論之處固屬不少，大都是一知半解，不足爲訓。在《管子》的全部經濟概念中，以其輕重論爲最突出而又最複雜，可謂變化多端，在這裏我們看到《管子》作者『天才的閃耀』。」〔註2〕《管子》

〔註1〕本文核心內容發表於雜誌《經濟師》2013年第11期。

〔註2〕引自司馬琪主編：《十家論管》〔C〕，上海：上海人民出版社，2008年版，第281頁。

書中的「輕重」一詞具有廣義和狹義之分，從廣義上講，古代統治者在政治、經濟甚至法律等方面的舉措，都可以被囊括在《管子》的「輕重」理論之中，諸如，「作算術」、「修建城郭」、「合陰陽」、「素賞之計」等等，無不爲「輕重」理論的研究對象；從狹義上講，主要是指封建國家通過運用商品輕重變化的規律，而實行的穩定物價政策，以達到富國之目的。〔註3〕本書所論及《管子》之「輕重」思想，主要是從狹義上來分析的。本書的「輕重之術」指的是按照商品價格的「衡無數」變化規律，利用輕重理論進行調節經濟運行的方法。

一、商品的價格「衡無數」變化規律

西方經濟學認爲，發現商品價格的平衡理論，其重要性並不亞於物理學中牛頓力學定律的發現，可見平衡理論在經濟學中的重要地位，因爲認識了它，就可以找到調控價格的主穴道，而在中國，最早提出平衡概念的就是管子學派。〔註4〕《管子》作爲記錄管子學派思想的主要載體，也把價格平衡理論作爲其經濟思想的主要內容之一。《管子》的價格平衡理論是通過其「衡無數」的理論來表達的，在《管子・輕重乙》篇中通過桓公與管子的一段對話描述了這一理論：

> 桓公問於管子曰：「衡有數乎？」
>
> 管子對曰：「衡無數也。衡者使物一高一下，不得常固。」

管子所說的「衡」指的就是價格的變動具有內在的平衡性，而這種平衡又是一種價格上下波動的動態平衡，是沒有「定數」的。

《管子》認爲按照「衡無數」輕重變化規律，商品的價格首先是隨著市場上的供求水平而上下變化的。《管子・國蓄》篇有言：「夫物多則賤，寡則貴，散則輕，聚則重。」意思是，市場貨物供應增多，物價則下降，供應減少，物價則上陞；並且商品均勻地散佈於市場中，由於能使民眾輕易得到，而變得低廉，如果商品被聚集於某些商賈手中，就會因普通民眾難以獲得而變得貴重，《管子・輕重甲》篇所言：「君章〔註5〕之以物則物重，不章以物則

〔註3〕參見馬非百：《管子輕重篇新詮》〔M〕，北京：中華書局，1979年版，第53～54頁。

〔註4〕任繼亮：《〈管子〉經濟思想研究》〔M〕，北京：中國社會科學出版社，2005年版，第192頁。

〔註5〕此處的「章」指的是「障」的意思，參見郭沫若：《郭沫若全集》歷史編第八卷《管子集校》（三），人民出版社，1985年版，第253頁。

物輕；守之以物則物重，不守以物則物輕」以及《管子・揆度》篇所言：「物臧則重，發則輕」都是指的後一層意思。因此，《管子》不僅重視商品供應多少的問題，而且還關注到供應渠道是否閉塞的問題，二者都會對物價產生影響。當然，供應以及供應之渠道暢通與否是物價高低的關鍵因素，但如果不考慮需求多少的問題，同樣會失去其影響的價值，例如，會有這種情況出現，商品供應增多，而人們的需求增長的更快，那麼物價同樣不會降低，反而升高。《管子》同樣也看到了這一方面的問題，認爲商品價格之高低最終還是取決於供與求的相對變化，如《管子・國蓄》篇所言：「夫民有餘則輕之，……民不足則重之。」有餘指的是供大於求的情況，不足指的是供不應求的情況。

此外，《管子》認爲物價不僅與供求關係相關，而且與一般等價物的價值對比關係也是密不可分的。所謂「一般等價物」指的是從商品中分離出來表現其它商品價值的商品，在商品交換過程中充當交換媒介的作用。在人類歷史上，牛、馬、羊以及糧食等都曾經作爲一般等價物，後來固定貨幣產生後，金銀等貨幣形態成爲了常見的一般等價物。《管子》的經濟理論中，商品交換的媒介既包括穀物糧食，也包括貨幣。首先分析一下糧食作爲一般等價物對於物價的影響情況，《管子・國蓄》篇曰：「凡五穀者，萬物之主也。穀貴則萬物必賤，穀賤則萬物必貴。兩者爲敵，則不俱平。」意思是說，當穀物作爲萬物交換標準的時候，其與萬物的價格變化是負相關的關係。貨幣作爲交換標準的情形與上述情形相同，如《管子・山至數》所言：「幣重而萬物輕，幣輕而萬物重。」當然，此處的萬物包含穀物在內。也就是說《管子》所言的「穀物」兼具兩個職能，梁啓超已對此做過說明：「吾初讀之而不解其所謂，及潛心以探索其理，乃知當時之穀兼含兩種性質，一曰爲普通消費目的物之性質，二曰爲貨幣之性質。當其爲普通消費目的物也，其價格固與百物同，爲貨幣之價格所左右。當其爲貨幣則反是，而其價格常能左右百物之價格。」〔註 6〕

《管子》這種對物價平衡理論的動態描述，雖然與英國經濟學家馬歇爾和法國經濟學家瓦爾拉斯所創立的市場均衡理論相比，因未提出明確的量化分析工具和手段而顯得具有較強的樸素性，但是在早於西方 2000 多年提出這種眞知灼見已非常彌足珍貴了。

那麼，按照上述商品價格變化的「衡無數」規律，是否商品價格就是無

〔註 6〕梁啓超：《管子傳》〔M〕，中華書局，1943 年版，第 74 頁。

序發展變化了呢？《管子》給出的答案是否定的，認爲物價無論如何變化，都會萬變不離其「中」，這個「中」《管子》稱之爲「準平」，《管子・國蓄》篇說：「萬物之滿虛隨時。準平而不變，衡絕而重見。人君知其然，故守之以準平。」由於《管子》認爲萬物確實在客觀上都有自身的「準平」（不變的），所以人君必須認清這一客觀規律（知其然），利用輕重調控之術「守之以準平」，使經濟健康、有序發展，這就是後文即將介紹的輕重之術。

二、經濟調控之輕重方略

《管子・心術上》有言：「無爲之道因也。」強調要因循規律來行動。在經濟領域也是如此，《管子》認爲，認識了商品的「衡無數」規律性，就要按照這種規律性來制定調控經濟的具體方案。《管子》認爲國家調控政策首先要考慮的是使貨物流通順暢的問題，在此基礎上再根據市場實際之供求關係，反其道而行之，從而達到平衡物價的目的。

首先，嚴禁囤積居奇。正如上文所說，商品供應渠道是否通暢是影響商品輕重的因素之一，欲使商品價格不要過度高於民眾的期望值，穩定物價，政府就必須疏通供貨渠道，使商品自由流動起來，正如《管子・輕重甲》所言：「萬物通則萬物運，萬物運則萬物賤，」意思是說，萬物供應渠道通暢，萬物就會在市場上自由流轉，萬物能夠自由流轉於民間市場，其價格自然就會回落（當然這是建立在沒有其它因素影響的基礎上）。而《管子》認爲妨礙商品自由流通的原因主要是商賈囤積居奇以獲得暴利的現象，因此要使「大賈蓄家不得豪奪吾民」（《管子・國蓄》），就要嚴禁商賈私自聚集商品而壟斷市場的行爲，是貨物散於市場，而由重變輕。

其次，以重射輕、以賤泄平。《管子》強調任何行動都要因循規律而動，如《管子・輕重戊》篇曰：「聖人因而理之。」《管子・輕重丁》亦曰：「故可因者因之，乘者乘之，此因天下以制天下。」當然宏觀調控也是如此，必須因循商品輕重規律而行動。《管子》認爲按照「衡無數」的經濟平衡規律，商品過輕或過重都會使物價失去平衡，而失去價格平衡就會產生問題，如《管子・山權數》云：「彼重則見射，輕則見泄，故與天下調。泄者，失權也；見射者，失策也。」本地區物價過高，外地區的物質就會湧入而對本地區進行傾銷；如果本地區物價過低，則物質就會泄散外流，這種物價的大幅度波動都會造成不公平的交易發生，使某些人從中牟取暴利，破壞經濟秩序，加劇貧富兩極分化，因此必須與天下的物價趨於一致，否則就是本地區市場失衡、政府失策的表現。方法就是國家運用輕重理論進行調節，利用自身的「重輕」來對付市場的「輕重」，使市場物價恢復平衡。正如《管子・輕重乙》所言：「故善爲國者，天下下，我高；天下輕，我重；天下多，我寡。然後可以朝天下。」《管子・國蓄》篇提供了具體的做法：「凡輕重之大利，以重射輕，以賤泄平。」我們先來討論「以重射輕」的策略。所謂「以重射輕」，指的是政府用自己所掌握的重商品來換取市場上的輕商品，使市場物價過輕的現象得以緩解。政府所掌握的重商品主要表現爲可以作爲一般等價物的穀物和貨幣，按照上文所說「萬物輕則穀重」、「萬物輕則幣重」的規律性，當市場物價過低的時候，則穀物或貨幣的價值相比就會升高，政府就拿出儲蓄的穀物或貨幣以高於市場價的價格來換取市場上價格過低的商品，這樣就會使物價過低的商品在市場上數量減少，影響了供求關係，物價自然提升而趨於正常價格，這一過程類似於當代經濟學中的「通貨膨脹」策略。下面再來分析「以賤泄平」的策略。所謂「以賤泄平」，正好與「以重射輕」策略相反，指的是市場上物價水平過高時，這時就會形成「萬物重則穀輕」、「萬物重則幣輕」的狀況，政府就拿出儲備的商品物質以低於市場價的形式銷售到市場上，換取民眾手中的穀物或貨幣，使市場上的商品數量增加，而貨幣量減少，物價自然會向正常情況回落，這就類似與當代經濟學中的「通貨緊縮」策略。

當然，在實施「以重射輕」和「以賤泄平」的策略過程中，政府不會有所損失，反而還會使財政收入大幅度增加。正如《管子・國蓄》篇所云：「故善者委施於民之所不足，操事於民之所有餘。夫民有餘則輕之，故人君斂之以輕；民不足則重之，故人君散之以重。斂積之以輕，散行之以重，故君必有十倍之利，而財之櫎可得而平也。」其實原因很簡單，當市場物價過高時，政府以低於市場價的方式銷售物質到市場上，以使物價回落，這時雖然政府的售價低於當時的市場高價位，但仍然處於正常物價水平之上，因爲政府調控之後，物價由於供求變化帶來的慣性會進一步降低而趨於正常價格水平；同樣，當市場物價過低時，政府會以高於市場價但卻仍然低於正常物價水平的價格來收購物質，然後物價再通過慣性進一步提升而趨於正常價格水平。如此一來，政府在市場上一進一出，自然取得了鉅額差價帶來的豐厚利潤。於是，政府不但成功調控了物價，使之趨於平衡，而且還會收益頗豐，可謂是一箭雙雕之功績，在兩千年前就產生了如此高明的宏觀調控政策，我們不得不佩服《管子》作者所具有的高超智慧。

三、《管子》經濟調控理論的現代啓示

（一）國家要建立強大的戰略儲備

在實施「以重射輕」和「以賤泄平」的策略過程中，必然要具有強大的戰略物質儲備力量，否則就很難利用輕重之術來調節物價平衡了。當今中國，國家戰略儲備的意識還比較淡薄，尤其是一些影響民生的重要戰略物資，例如石油能源，目前美日等發達國家的石油儲備天數高達 200 天以上，而中國的石油儲備天數僅爲 30 多天，與國際能源署石油儲備需要的 90 天標準線相距甚遠，嚴重不及格，〔註 7〕況且中國如此小的石油戰略儲備主要是應對突發戰時之需的，很大部分是不能隨時動用的，留給應對國內市場變化的儲備調控力量是很微弱的，這也是中國石油價格經常高出國際均價的主要因素。因此，爲了社會主義市場經濟的穩定、可持續發展，中國亟需對於各種戰略物資制定長期的儲備計劃，大力建設儲備基礎設施，增加國家宏觀調控的砝碼。

（二）要繼續探索禁止私自囤積居奇的有效方式

《管子》認爲，投機倒把、囤積居奇是危害經濟良性運行的重要因素，但是如何禁止這種行爲，《管子》也沒有給出明確的答案，這也是自古以來的經濟領域一大難題。傳統的做法主要有兩種：一是通過政治手段嚴厲打擊，強行把投機倒把的物資收繳後重新投入市場，以穩定物價；二是動用國家戰略儲備平衡物價，以抑制投機倒把者的可乘之機。在當今社會，以上兩種方式都是很難有成效的，第一種方法需要建立強大的政治執法隊伍，這種強制方法也與當今的市場經濟體制有背道而馳之處；第二種方法不僅需要建立強大的戰略儲備，而且這種事後調節的行爲也很難對投機倒把者產生作用。因此，我們還需要繼續探索解決問題的方式和方法，其實通過稅收改革的方法也許是一條不錯的路徑，例如盡快探索實施差別房產稅、差別倉儲設施稅等方式（所謂差別，就是對於一些生活必需品按量實行差別稅收政策）加大囤積居奇者的成本，當然稅收方法的可操作性還會遇到一些難題，需要我們繼續探索。

〔註 7〕參見「中國石油儲備合格了嗎」〔N〕，中國商報，第 7554 期 A4 版。

參考文獻

一、原典注疏與辭書工具

1. 陳慶照、李障天：《管子房注釋解》，濟南：齊魯書社，2001 年版。
2. 陳鼓應：《〈管子〉四篇詮釋》，北京：商務印書館，2006 年版。
3. 郭沫若：《郭沫若全集·歷史編·〈管子〉集校》，北京：人民出版社，1984 年版。
4. 黎翔鳳撰，梁運華整理：《管子校注》，北京：中華書局，2004 年版。
5. 劉柯、李克和：《管子譯注》，哈爾濱：黑龍江人民出版社，2003 年版。
6. 馬非百：《管子輕重篇新詮》，北京：中華書局，1979 年版。
7. 滕新才、榮挺進：《管子白話今譯》，北京：中國書店，1994 年版。
8. 顏昌嶢：《管子校釋》，長沙：嶽麓書社，1996 年版。
9. 趙守正：《管子注譯》，南寧：廣西人民出版社，1987 年版。
10. 趙守正：《管子通釋》，北京：北京經濟學院出版社，1989 年版。
11. 周瀚光、朱幼文、戴洪才：《管子直解》，上海：復旦大學出版社 2000 年版。
12. 《諸子集成》，杭州：浙江古籍出版社，1999 年版。
13. 楊伯峻譯注：《論語譯注》，北京：中華書局，2006 年版。
14. 楊伯峻：《孟子譯注》，北京：中華書局，2005 年版。
15. 〔唐〕楊倞注：《荀子》，上海：上海古籍出版社，1996 年版。
16. 〔清〕王先謙：《荀子集解》，北京：北京：中華書局，1988 年版。
17. 北京大學《荀子》注釋組：《荀子新注》，北京：中華書局，1979 年版。
18. 周振甫：《詩經譯注》，北京：中華書局，2002 年版。
19. 周振甫：《周易譯注》，北京：中華書局，1991 年版。

20. 王文錦：《禮記譯解》，北京：中華書局，2001年版。
21. 王利器：《文子疏義》，北京：中華書局，2000年版。
22. 〔漢〕韓嬰：《韓詩外傳集釋》，北京：中華書局，1980年版。
23. 〔清〕王聘珍：《大戴禮記解詁》，北京：中華書局，1983年版。
24. 陳鼓應：《老子今注今譯》，北京：商務印書館，2003年版。
25. 陳鼓應：《莊子今注今譯》，北京：中華書局，1983年版。
26. 〔清〕孫詒讓：《墨子閒詁》，北京：中華書局，2001年版。
27. 高亨：《商君書注譯》，北京：中華書局，1974年版。
28. 〔清〕王先愼撰，鍾哲點校：《韓非子集解》，北京：中華書局，1998年版。
29. 陳奇猷：《呂氏春秋校釋》，上海：學林出版社，1984年版。
30. 〔清〕蘇輿：《春秋繁露義證》，北京：中華書局，1992年版。
31. 陳士珂：《孔子家語疏證》，上海：上海書店，1987年版。
32. 〔清〕陳立：《白虎通疏證》，北京：中華書局，1994年版。
33. 〔漢〕班固撰、〔唐〕顏師古注：《漢書》卷二十四，北京：中華書局，1962年版。
34. 閻振益、鍾夏：《新書校注》，北京：中華書局，2000年版。
35. 〔漢〕劉向：《說苑校正》卷四，北京：中華書局，1987年版。
36. 〔漢〕許愼著，〔宋〕徐鉉校定：《說文解字》，北京：中華書局，1963年版。
37. 〔漢〕許愼撰，〔清〕段玉裁注：《說文解字注》，上海：上海古籍出版社，1988年版。
38. 〔魏〕劉邵撰，任繼愈斷句：《人物志》，北京：文學古籍刊行社出版，1955年版。
39. 〔魏〕徐幹：《中論》，〔漢〕揚雄：《法言及其它一種》，北京：中華書局，1985年版。
40. 〔晉〕陳壽：《三國志》，北京：中華書局，2006年版。
41. 〔唐〕李善：《文選》，北京：中華書局，1977年版。
42. 〔宋〕司馬光：《太玄集注》，北京：中華書局，1998年版。
43. 〔宋〕司馬光：《資治通鑒》（卷一），北京：中華書局，1956年版。
44. 〔宋〕黎靖德：《朱子語類》，北京：中華書局，1986年版。
45. 李逸安：《歐陽修全集》，北京：中華書局，2001年版。
46. 〔宋〕蘇軾：《蘇東坡集》（中卷），上海：商務印書館，1958年版。

47. 譚松林、尹紅：《周敦頤集》，長沙：嶽麓書社，2002 年版。
48. 〔元〕脫脫等：《宋史》，北京：中華書局，1977 年版。
49. 〔明〕洪自誠：《菜根譚》，南京：江蘇古籍出版社，2001 年版。
50. 〔清〕王夫之：《讀通鑒論》卷五，北京：中華書局，1975 年版。
51. 〔清〕戴震：《孟子字義疏證》（下卷），北京：中華書局，1982 年版。
52. 〔清〕顧炎武著、黃汝成集釋：《日知錄集釋》，上海：上海古籍出版社，2006 年版。
53. 劉釗：《郭店楚簡校釋》，福州：福建人民出版社，2003 年版。
54. 〔清〕王念孫：《廣雅疏證》，北京：中華書局，2004 年版。
55. 〔清〕朱駿聲：《說文通訓定聲》，北京：中華書局，1984 年版。
56. 羅竹風主編：《漢語大詞典》（第四卷），上海：漢語大詞典出版社，1989 年版。
57. 韋政通：《中國哲學辭典》，臺灣：水牛出版社；北京：世界圖書出版公司北京公司重印，1993 年版。
58. 郭沫若：《卜辭通纂》，北京：科學出版社，1983 年版。
59. 羅國傑主編：《倫理學名詞解釋》，北京：人民出版社 1984 年版。

二、馬克思主義文獻類

1. 馬克思、恩格斯：《馬克思恩格斯選集》第 1 卷，中共中央馬克思恩格斯列寧斯大林著作編譯局譯，北京：人民出版社，1995 年版。
2. 馬克思、恩格斯：《馬克思恩格斯選集》第 2 卷，中共中央馬克思恩格斯列寧斯大林著作編譯局譯，北京：人民出版社，1972 年版。
3. 馬克思、恩格斯：《馬克思恩格斯選集》第 4 卷，中共中央馬克思恩格斯列寧斯大林著作編譯局譯，北京：人民出版社，1995 年版。
4. 馬克思、恩格斯：《馬克思恩格斯選集》第 13 卷，中共中央馬克思恩格斯列寧斯大林著作編譯局譯，北京：人民出版社，1962 年版。
5. 馬克思、恩格斯：《馬克思恩格斯選集》第 20 卷，中共中央馬克思恩格斯列寧斯大林著作編譯局譯，北京：人民出版社，1971 年版。
6. 列寧：《列寧選集》第 4 卷，中共中央馬克思恩格斯列寧斯大林著作編譯局譯，北京：人民出版社，1995 年版。
7. 普列漢諾夫：《普列漢諾夫哲學著作選集》第 2 卷，汝信等譯，上海：三聯書店 1959 年版。
8. 劉少奇：《劉少奇選集》，北京：人民出版社，1981 年版。
9. 江澤民：《江澤民文選》第 3 卷，北京：人民出版社，2006 年版。

三、著作類

（一）思想史類

1. 蔡元培：《中國倫理學史》，上海：上海古籍出版社，2005 年版。
2. 陳瑛、溫克勤等：《中國倫理思想史》，貴陽：貴州人民出版社，1985 年版。
3. 陳瑛主編：《中國倫理思想史》，長沙：湖南教育出版社，2004 年版。
4. 陳少峰：《中國倫理思想史》，北京：北京大學出版社，1996 年版。
5. 樊浩：《中國倫理精神的歷史建構》，南京：江蘇人民出版社，1992 年版。
6. 馮契：《中國古代哲學的發展邏輯》（上），上海：華東師範大學出版社，1997 年版。
7. 馮達文、郭齊勇主編：《新編中國哲學史》，北京：人民出版社，2004 年版。
8. 馮友蘭：《中國哲學史新編》，北京：人民出版社，1998 年版。
9. 馮友蘭：《中國哲學史》，上海：華東師範大學出版社，2000 年版。
10. 馮友蘭：《中國哲學史史料學》，南京：江蘇教育出版社，2006 年版。
11. 關鋒、林聿時：《春秋哲學史論集》，北京：人民出版社，1963 年版。
12. 胡適：《中國哲學史大綱》，北京：東方出版社，1996 年版。
13. 翦伯贊：《先秦史》，北京：北京大學出版社，2001 年版。
14. 金景芳：《先秦思想史講義》，天津：天津古籍出版社，2007 年版。
15. 勞思光：《新編中國哲學史》，桂林：廣西師範大學出版社，2005 年版。
16. 梁啓超：《先秦政治思想史》，天津：天津古籍出版社，2004 年版。
17. 李澤厚：《中國古代思想史論》，天津：天津社會科學出版社，2003 年版。
18. 劉澤華主編：《中國政治思想史》先秦卷，杭州：浙江人民出版社，1996 年版。
19. 羅熾、白萍：《中國倫理學》，武漢：湖北人民出版社，2002 年版。
20. 錢遜：《先秦儒家》，瀋陽：遼寧教育出版社，1991 年版。
21. 沈善洪、王鳳賢：《中國倫理思想史》，北京：人民出版社，2005 年版。
22. 唐凱麟、鄧名瑛：《中國倫理學名著提要》，長沙：湖南師範大學出版社，2001 年版。
23. 韋政通：《中國思想史》，上海：上海書店出版社，2003 年版。
24. 蕭公權：《中國政治思想史》，北京：新星出版社，2005 年版。
25. 蕭萐父、李錦全：《中國哲學史》，北京：人民出版社，1982 年版。
26. 徐復觀：《中國人性論史》，上海：華東師範大學出版社，2005 年版。

27. 徐復觀：《中國人性論史》（先秦篇），上海：三聯書店，2001 年版。
28. 許倬雲：《中國古代社會史論——春秋戰國時期的社會流動》，桂林：廣西師範大學出版社，2006 年版。
29. 張岱年：《中國哲學大綱》，南京：江蘇教育出版社，2005 年版。
30. 張岱年：《中國哲學史史料學》，北京：三聯書店，1982 年版。
31. 張岱年：《中國倫理思想研究》，南京：江蘇教育出版社，2005 年版。
32. 張豈之、陳國慶：《近代倫理思想的變遷》，北京：中華書局，2000 年版。
33. 朱貽庭：《中國傳統倫理思想史》，上海：華東師範大學出版社，2003 年版。
34. 左言東：《中國政治制度史》，杭州：浙江古籍出版社，1986 年版。
35. 〔日〕三浦藤作：《中國倫理學史》，張宗元、林科棠譯，北京：商務印書館，1926 年版。
36. 斯賓諾莎：《倫理學》〔M〕，賀麟譯，北京：商務印書館，1962 年版。

（二）管子研究專著類

1. 程國政：《管子雅話》，武漢：長江文藝出版社 2002 年版。
2. 戴東雄：《管子的法律思想》，臺北：中華文物供應社，1985 年版。
3. 胡家聰：《管子新探》，北京：中國社會科學出版社 2003 年版。
4. 樂愛國：《管子的科技思想》，北京：科學出版社，2004 年版。
5. 梁啓超：《管子傳》，北京：中華書局，1943 年版。
6. 任繼亮：《〈管子〉經濟思想研究》，北京：中國社會科學出版社，2005 年版。
7. 司馬琪主編：《十家論管》，上海：上海人民出版社，2008 年版。
8. 湯孝純：《管子述評》，臺北：東大圖書股份有限公司，1995 年版。
9. 王德敏、劉斌等：《管子十日談》，合肥：安徽文藝出版社，1997 年版。
10. 王瑞英：《管子新論》，臺北：臺北大立出版社，1983 年版。
11. 巫寶三：《管子經濟思想研究》，北京：中國社會科學出版社，1989 年版。
12. 徐漢昌：《管子思想研究》，臺北：臺灣學生書局，1990 年版。
13. 徐慶譽：《管子政治思想的探討》，JOURNAL OF ORIENTAL STUDIES 1955 年 1 月第二卷第一期抽印本，University of Hong Kong.
14. 謝雲飛：《管子析論》，臺北：臺灣學生書局 1983 年版。
15. 周俊敏：《〈管子〉經濟倫理思想研究》，長沙：嶽麓書社 2003 年版。
16. 章炳麟：：《管子餘義》，《章太炎全集》（六），上海：上海人民出版社，1986 年版。

17. 張固也：《〈管子〉研究》，濟南：齊魯書社，2006 年版。
18. 張力：《管仲評傳》，成都：四川大學出版社，2005 年版。
19. 張連偉：《〈管子〉哲學思想研究》，成都：巴蜀書社，2008 年版。
20. 戰化軍：《管仲評傳》，濟南：齊魯書社，2001 年版。
21. 趙宗正、王德敏編：《管子研究》第一輯，濟南：山東人民出版社，1987 年版。

（三）倫理學範疇類

1. 葛榮晉：《中國哲學範疇通論》，北京：首都師範大學出版社，2001 年版。
2. 荊惠民主編：《中國人的美德——仁義禮智信》，北京：中國人民大學出版社，2006 年版。
3. 馬振鐸：《仁・道——孔子的哲學思想》，北京：中國社會科學出版社，1993 年版。
4. 王策：《禮義廉恥概論》，臺北：正氣出版社，1947 年版。
5. 張錫勤：《中國傳統道德舉要》，哈爾濱：黑龍江教育出版社，1996 年版。
6. 張岱年：《中國古典哲學概念範疇要論》，北京：中國社會科學出版社，1987 年版。
7. 張立文：《中國哲學範疇發展史》（人道篇），北京：中國人民大學出版社，1995 年版。
8. 趙雅博：《中外基本道德論》，臺北：正中書局，1994 年版。
9. 騰新才、曾超等：《中華倫理範疇——仁》，北京：中國社會科學出版社，2006 年版。
10. 仝晰綱、查昌國等：《中華倫理範疇——義》，北京：中國社會科學出版社，2006 年版。
11. 傅禮白：《中國倫理範疇——信》，北京：中國社會科學出版社，2006 年版。
12. 曾振宇、齊金江：《中國倫理範疇——孝》，北京：中國社會科學出版社，2006 年版。
13. 李玉潔、任亮直：《中華倫理範疇——恥》，北京：中國社會科學出版社，2006 年版。
14. 柴洪金、董偉：《中華倫理範疇——慈》，北京：中國社會科學出版社，2006 年版。
15. 吳燦新：政治倫理與政治體制改革，《中共天津市委黨校學報》2001 年第 4 期。

（四）倫理學原理類

1. 羅國傑、馬博宣等編：《倫理學教程》，北京：中國人民大學出版社，1985年版。
2. 羅國傑主編：《倫理學》，北京：人民出版社，1989年版。
3. 魏英敏主編：《新倫理學教程》，北京：北京大學出版社，1993年版。
4. 鄔昆如：《倫理學》，臺灣：五南圖書出版公司，1993年版。
5. 宋希仁主編：《道德觀通論》，北京：高等教育出版社，2000年版。
6. 王海明：《新倫理學》，北京：商務印書館，2001年版。
7. 何懷宏：《倫理學是什麼》，北京：北京大學出版社，2002年版。
8. 高兆明：《倫理學理論與方法》，北京：人民出版社，2005年版。
9. 高國希：《道德哲學》，上海：復旦大學出版社，2005年版。
10. 林火旺：《倫理學入門》，上海：上海古籍出版社，2005年版。
11. 崔宜明：《道德哲學引論》，上海：上海人民出版社，2006年版。
12. 張傳有：《倫理學引論》，北京：人民出版社，2006年版。
13. 〔德〕弗里德里希·包爾生：《倫理學體系》，何懷宏、廖申白譯，北京：中國社會科學出版社，1988年版。
14. 〔美〕湯姆·L·彼徹姆：《哲學的倫理學——道德哲學引論》，雷克勤、郭夏娟等譯，北京：中國社會科學出版社，1990年版。

（五）其它著作類

1. 白奚：《稷下學研究》，上海：三聯書店，1998年版。
2. 甘紹平、余湧主編：《應用倫理學教程》，北京：中國社會科學出版社，2008年版。
3. 高柏園：《韓非哲學研究》，臺北：文津出版社，1994年版。
4. 高占祥《唯義是守》，廣州：花城出版社，2001年版。
5. 葛晨虹：《人性論》，北京：中國青年出版社，2001年版。
6. 葛晨虹：《中國禮儀文化》，北京：經濟科學出版社，2001年版。
7. 葛晨虹：《德化的視野：儒家德性思想研究》，北京：同心出版社，1998年版。
8. 龔群：《青年倫理學》，北京：解放軍出版社，1988年版。
9. 龔群：《人生論》，北京：中國人民大學出版社，1991年版。
10. 龔群：《道德哲學的思考》，鄭州：河南人民出版社，2003年版。
11. 郭沫若：《十批判書》，北京：科學出版社，1956年。
12. 焦國成：《中國古代人我關係論》，北京：中國人民大學出版社，1991年版。

13. 焦國成主編：《德治中國——中國以德治國史鑒》，北京：中共中央黨校出版社，2002 年版。
14. 焦國成：《中國傳統理想人格與當代青少年教育》，《傳統倫理及其現代價值》，北京，教育科學出版社，2000 年版。
15. 梁漱溟：《中國文化要義》，上海：上海人民出版社，2005 年版。
16. 劉澤華主編：《中國傳統政治哲學與社會整合》，北京：中國社會科學出版社，2000 年版。
17. 羅焌：《諸子學述》，上海：華東師範大學出版社，2008 年版。
18. 彭安玉、胡阿祥：《政治與道德教化》，南京：江蘇古籍出版社，2002 年版。
19. 鄞愛紅：《品德論》，北京：中國人民大學出版社，1997 年版。
20. 童年成：《宏觀調控理論與政策》，北京：高等教育出版社，2001 年版。
21. 王國維：《觀堂集林》（一），北京：中華書局，1959 年版。
22. 王正平：《中國傳統道德論探微》，上海：三聯書店，2004 年版。
23. 王淑芹：《信用倫理研究》，北京：中央編譯局出版社，2005 年版。
24. 吳燦新主編：《政治倫理學新論》，北京：中國社會科學出版社 2000 年版。
25. 蕭群忠：《孝與中國文化》，北京：人民出版社，2001 年版。
26. 蕭群忠：《道德與人性》，鄭州：河南人民出版社，2001 年版。
27. 蕭群忠：《倫理與傳統》，北京：人民出版社，2006 年版。
28. 蕭群忠：《中國道德智慧十五講》，北京：北京大學出版社，2008 年版。
29. 余英時，《士與中國文化》，上海：上海人民出版社，1987 年版。
30. 張岱年：《中國倫理思想研究》，上海：上海人民出版社，1989 年版。
31. 張曙光、胡禮忠主編：《倫理與國際事務新論》，上海：上海外語教育出版社，2004 年版。
32. 周桂鈿主編：《中國傳統政治哲學》，石家莊：河北人民出版社，2001 年版。
33. 〔德〕費爾巴哈：《費爾巴哈哲學著作選集》上卷，榮震華、李金山等譯，北京：商務印書館，1984 年版。
34. 〔美〕特里·L·庫珀：《行政倫理學》，張秀琴譯，中國人民大學出版社，2001 年版。
35. 〔美〕阿拉斯代爾·麥金太爾：《倫理學簡史》，龔群譯，北京：商務印書館，2003 年版。
36. 〔美〕A. J. M. 米爾恩：《人的權利與人的多樣性——人權哲學》，夏勇等譯，北京：中國大百科全書出版社，1995 年版。

37. 〔英〕洛克:《人類理解論》,關文運譯,北京:商務印書館,2009 年版。
38. 〔英〕霍布斯(Hobbes):《利維坦》,黎思復、黎廷弼譯,北京:商務印書館,1985 年版。
39. 〔英〕布倫達・阿爾蒙德:《探索倫理學:通向善惡王國的旅行》,劉餘莉,楊宗元譯,北京:中國社會科學出版社,2002 年版。
40. Denise, White, Peterfreund: Great traditions in ethics, Beijing: Peking University Press, 2002.

四、論文類:

1. 陳夢家:戰國楚帛書考,《考古學報》,1984 年第 2 期。
2. 陳世放:《管子》人性論思想初探,《社會科學輯刊》,1997 年第 4 期。
3. 遲丕賢:試論《管子》的道德經驗方法,《管子學刊》1999 年第 3 期。
4. 丁原明:論《管子》的廉政思想,《管子學刊》1990 年第 1 期。
5. 黄釗:淺論《管子・水地》篇成文的時限,《管子研究》第一輯,山東人民出版社 1987 年版。
6. 胡家聰:《管子》中以法治國的法理之學,《管子學刊》1988 年第 3 期。
7. 金敏:法出乎道:論《管子》的道法觀,《浙江大學學報》(社科版),1997 年第 3 期。
8. 李存山:《内業》等四篇的精氣思想探微,《管子學刊》,1989 年第 2 期。
9. 李零:《管子》三十時節與二十四節氣——再談《玄宮》和《玄宮圖》,《管子學刊》,1988 年第 2 期。
10. 李學勤:「《管子新探》序言」,載自胡家聰:《管子新探》,北京:中國社會科學出版社,1995 年版。
11. 李學勤:《管子・心術》等篇的再考察,《管子學刊》1991 年第 1 期。
12. 李偉迪:論以法治國與以德治國結合的基點,http://www.law-lib.com/lw/lw_view.asp?no=1426&page=2。
13. 林永光:《管子》認識論初探,《管子研究》第一輯,山東人民出版社,1987 年版。
14. 孫聚友:《管子》的君主人格思想探析,《管子學刊》,1989 年第 2 期。
15. 孫開泰、宣兆琦:近年來《管子》與齊文化研究述評,《中國史研究動態》,1991 年第 3 期。
16. 吳燦新:政治倫理與政治體制改革,《中共天津市委黨校學報》,2001 年第 4 期。
17. 徐漢昌:《管子》書作者,《管子學刊》,1989 年第 1 期。
18. 余敦康:論管仲學派,《中國哲學》第二輯,上海:三聯書店,1980 年版。
19. 張岱年：《管子》書中的哲學範疇，《管子學刊》，1991 年第 3 期。
20. 張岱年：《管子》的法教統一觀，《管子學刊》，1989 年第 3 期。
21. 周立升、王德敏：《管子》中的精氣論及其歷史貢獻，《哲學研究》，1983 年第 5 期。
22. 褚兆勇：簡論《管子》的君道觀，《淄博學院學報》（社會科學版），2001 年第 9 期。
23. 〔蘇〕史太因：《管子》研究導論，周一沙譯，《管子學刊》，1988 年第 1、2 期。
24. 馬新：論孝在中國傳統社會中的異化，《孔子研究》2004 年第 4 期。
25. 《管子學刊》1987～2010 其它各期相關文章。

後　記

幾個月前，恩師蕭群忠先生向臺灣花木蘭文化出版社推薦我與同門霍國棟的博士論文在該社出版，並發來微信讓我們與該社聯繫，經過該社內部對論文內容的審核，我們兩人的論文都通過出版社內審並同意出版。屈指算來，博士畢業已五年有餘，由於不在大學工作，再加上之前高級職稱已取得，論文沒有急迫發表之動因，另外大陸出版社對於學術書籍（很難盈利）一般還要作者出錢贊助才同意出版，我一直認爲無必要破費求人出版自己汗水換來的成果。臺灣花木蘭文化出版社是一家專門出版學術書籍的機構，由於採用了降本增效的特色營銷手段（成輯一起銷售），不需作者贊助即可爲學者出版著作，並且追求質量致勝，我瞭解後對該社頗生好感，於是也就有了躍躍欲試的感覺。

以我追求完美的個性，當然需要在出版前好好修改一番，但由於在單位承擔的工作較爲繁忙，平時很難找出時間用於修改論文，於是只能利用幾個周末和國慶假期了（出版社要求國慶節後的 10 月 10 日交稿）。經過幾個日夜的鏖戰，博士論文出版前的修改基本完成，但由於擔心仍有漏洞沒能被發現和彌補，心情依然難復平靜，恰如古人描述之狀態：月明星稀，烏鵲南飛；繞樹三匝，何枝可依。換言之，倫理思想是《管子》這一先秦巨著的核心內容，對其進行系統的梳理和分析無疑具有重要的學術意義，但是筆者能力有限，深恐無法參透古人之本義，故此時此刻並無大功告成之喜，卻有貽笑大方之憂。

在論文即將出版之際，還是要再次感謝教我、育我的導師蕭群忠教授！本書的選題、開題、寫作和歷次修改，都是在蕭老師的精心指點和大力支持下進行的，並且又欣然應允爲本書出版撰寫序言。尤記八年之前，蒙蕭師不棄，有幸入學蕭門，得以與蕭師同門暢遊在豳風軒（蕭老師的書齋）。蕭師那嚴謹的治學態度和慈祥謙和的人格形象對我影響至深，先生在學業上的言傳身教和生活上的關心備至一直都令我感動不已。當時每周三晚上六點，蕭師按時與我們相聚豳風軒，展開經典，與古人暢談，一部部典籍都是逐字逐句精心研讀，外加蕭師高屋建瓴的點評和引導，每次都是收穫頗豐。讀書會後，蕭師繼續教授我們樂理知識和吹奏葫蘆絲，一點一滴對我們進行音樂教化，以前五音不全的我，如今能有一音樂愛好相隨，實乃恩師教化之惠！此外，恩師常教誨我等，要踐行生活之倫理，使倫理生活化，我一直銘記在心，而不敢須臾離之！常言道，一日爲師，終生爲父，何況恩師育吾三年！師愛滔滔，以何爲報，惟願以後勤能補拙，奮起後進，不枉師父一番苦心！

在人民大學的三年學習生活中，一値得到哲學院倫理學教研室各位老師的教導和關愛，尤其在中期考覈和論文開題之時，焦國成先生、龔群先生、葛晨虹先生、吳潛濤先生、曹剛先生、郭清香先生等對於本書的內容和結構設計給予了諸多寶貴的意見，在此一併表示衷心的感謝！

還要感謝學界羅國傑先生、宋希仁先生、陳瑛先生、魏英敏先生、張立文先生、葛榮晉先生、趙馥潔先生、陳來先生、何懷宏先生、萬俊人先生、陳少峰先生、楊國榮先生、樊浩先生、高兆明先生、王淑芹先生、劉餘莉先生、鄯愛紅先生等前輩時賢的大作，對我啓發良多，在此一併敬致謝忱。

本書的寫作與蕭師門下諸位師兄弟的關心和幫助是分不開的，他們是師兄（姐）林貴長、陳叢蘭、崔雪茹、陳偉功、任雋、李偉哲、趙麗等，師弟（妹）霍國棟、郝玉明、李傑、歐陽輝純、武叢偉、過辰辰等，另外還有支持和幫助過我的博士班諸位同學，在此一併致以由衷的感謝！

此外，家人亦爲我提供了無私的支持，由於當時博士論文寫作工作緊張非常，期間照顧家庭的重任就落到了賢妻班運華的身上，忙裏忙外，辛苦異常。妻子上班之時，就由我的母親幫忙照顧小孩，慈母已近古稀之年，未享清福，還要爲我排憂解難，內心爲此一直惴惴不安。小女悠然，懂事乖巧，但由於寫作論文，我長期住在學校，很少有空回家陪她玩耍，有時回家，對我都產生了陌生之感。這段時間對家人的關愛的確不夠，惟願以後能有機會彌補之！

最後感謝花木蘭文化出版社的各位老師尤其是楊嘉樂副總編輯以及許郁

翎編輯等對於本書出版的大力支持以及傾心修正。

由於能力所限，本書的不足之處，敬請各位方家批評指正！

韓廣忠

2015 年 10 月 9 日於北京芍藥居